邓小平

真情实录

于俊道○主编

天地出版社 | TIANDI PRESS

图书在版编目（CIP）数据

邓小平真情实录 / 于俊道主编. —成都：天地出版社，2020.2（2022年1月重印）
ISBN 978-7-5455-4545-6

Ⅰ.①邓… Ⅱ.①于… Ⅲ.①邓小平（1904-1997）－生平事迹 Ⅳ.①A762

中国版本图书馆CIP数据核字（2019）第043350号

DENG XIAOPING ZHENQING SHILU
邓小平真情实录

出品人	杨　政
编　者	于俊道
责任编辑	杨永龙　聂俊珍
封面图片	CFP
封面设计	蒋宏工作室
内文排版	盛世博悦
责任印制	王学锋
出版发行	天地出版社 （成都市槐树街2号　邮政编码：610014） （北京市方庄芳群园3区3号　邮政编码：100078）
网　址	http://www.tiandiph.com
电子邮箱	tianditg@163.com
经　销	新华文轩出版传媒股份有限公司
印　刷	北京文昌阁彩色印刷有限责任公司
版　次	2020年2月第1版
印　次	2022年1月第7次印刷
开　本	710mm × 1000mm　1/16
印　张	27
字　数	384千
定　价	58.00元
书　号	ISBN 978-7-5455-4545-6

咨询电话：（028）87734639（总编室）
购书热线：（010）67693207（营销中心）

“共和国领袖真情实录”系列编委会

目 录

第一章 出川：乡村少年的革命之路

◎随着年龄和知识的增长，邓小平的眼界逐渐打开。特别是在新文化运动风潮的激荡下，他不再满足于中学堂里“之乎者也”一类内容的学习，他渴望能学习自然科学方面的知识，企求能掌握一门可以富国强民的实用技术。

◎邓小平于1920年8月21日，和80多名川东子弟一道在重庆码头登上了开往万县方向的“吉庆”轮，沿宜昌、汉口、九江一路顺水东下，最后抵达上海，乘法国邮船“鸯特莱蓬”号驶出吴淞口，开始了他赴法求学的漫长旅程。

第二章 “家庭是个好东西”

◎卓琳，她深深地理解邓小平，为邓小平的事业即中国人民的事业和党的事业，付出了个人的一些牺牲；她深深地爱着邓小平，既有妻子之爱，也有同志之爱和战友之爱；她深深地相信邓小平，在邓小平蒙受屈辱的情况下，忠贞不渝，成为邓小平的终身伴侣。

◎邓小平的一生，之所以能够为中国的革命和建设事业作出那么大的贡献，与他有一个温暖、幸福的家，有一位温柔、善良，不断给予他支持、帮助的妻子是分不开的。

第三章 “人民是一切的母亲”

◎临走之前，邓小平还再三叮咛王政委：“要关心战士们的生活，这不是小事情啊！越是在艰苦的条件下，越是要关心战士们的生活，这和打仗同样重要。你们独立营仗打得不错，生活上的困难也应想办法解决一下。一是小米要淘净；二是每个战士要有个针线包，衣服破了好自己随时缝补；三是你们要开荒生产，从根本上解决吃饭穿衣问题。吃饱肚子才好打‘东洋’嘛！……”

第四章 往事：总设计师的生活点滴

◎邓小平对体育的爱好简直可以说是“全方位的”，足球、游泳、桥牌、棋类、散步、登山等都是他的业余爱好。他对体育的广泛爱好与支持源于他对体育运动的深刻理解。

◎打桥牌，也是邓小平休息的一种特殊方式。他说：“唯独打桥牌时，我才什么都不想，专注在牌上，头脑能充分休息。”

第五章 风云起落：邓小平交往实录

◎邓小平的女儿毛毛曾问邓小平：在一起留法勤工俭学的人中

间，你与哪个人的关系最为密切？邓小平深思了一下，答道：还是周总理，我一直把他看成兄长，我们在一起工作的时间也最长。可以说，周恩来是邓小平的兄长，而在长达半个多世纪的岁月中，邓小平是周恩来的得力助手和忠诚战友。

第六章　世纪伟人的晚年生活

◎退休，是邓小平多年来的心愿。从他第二次复出开始主持工作以来，就在着手安排接班人；从 20 世纪 80 年代开始，他就力排众议，带头退出一些领导职务。今天，他的愿望终于完全实现了，他的心里怎能不自觉欣然呢！作为邓小平的亲人们，又怎能不为他感到由衷的高兴呢！

◎从 50 层上下来，邓小平观看了京广大厦的一些设施，并在贵宾簿上签了名。临行前，邓小平对陪同人员说："现在我是个老百姓了，总想多出来走走。北京建设得这么好，我要多看几个地方，看了高兴！"

/第一章/

出川：乡村少年的革命之路

◎随着年龄和知识的增长，邓小平的眼界逐渐打开。特别是在新文化运动风潮的激荡下，他不再满足于中学堂里“之乎者也”一类内容的学习，他渴望能学习自然科学方面的知识，企求能掌握一门可以富国强民的实用技术。

◎邓小平于1920年8月21日，和80多名川东子弟一道在重庆码头登上了开往万县方向的“吉庆”轮，沿宜昌、汉口、九江一路顺水东下，最后抵达上海，乘法国邮船“鸯特莱蓬”号驶出吴淞口，开始了他赴法求学的漫长旅程。

巴蜀地灵生人杰

出身于崇尚读书识字的家庭

邓小平生前曾多次说过：我不要别人为我写传，不要过分地宣传个人。他平时很少对别人包括自己的家人讲述他的家世。邓小平谢世后，随着大型电视文献片《邓小平》的播放，人们才对邓小平的家乡与身世有了进一步的了解。

长期以来，中国的社会基层结构是一种以自然经济为基础、家族血缘为本位、儒家思想为伦理规范的封建宗法专制社会结构，宗法血缘关系是把社会成员组织起来的天然纽带。在这种文化氛围下，子孙繁衍，代代相传。为了不使先世显绩被遗忘，许多宗族都赓续不断地修撰家谱。文坛奇人梁启超曾自豪地宣称："我国乡乡家家皆有谱，实可谓史界瑰宝，如将来有国立大图书馆，能尽集天下之家谱，俾学者分科研究，实不朽之盛业也。"

然而，邓小平的家谱却鲜为人知，人们更是无缘得见。

没想到邓小平的远房弟媳陈玉德老人竟翻出来一本发黄的家谱。

这是一本破旧的、普普通通的、四川农民家庭中常见的家谱！然而，它却有着弥足珍贵的价值。那发黄的家谱记载：

> 我姓始于周之邓国，盛于汉之高密，一朝三驸马，一门二十九侯。唐宋元明，代有伟人，所书之谱，则各执一本，各书其分派，各叙其来历，世世加添……

这本家谱披露了一个重要的史实，即邓氏先祖是从江西迁到四川的。据此我们可以知道，明一世祖邓鹤轩，祖籍江西吉安府庐陵县人，娶曾氏，明洪武十三年，以兵部员外郎入蜀，遂家广安，卒葬邓家湾。除二、四世祖，三、五、六、七世祖均为举人或进士。八世祖邓士廉曾任明朝的历官、尚书。九世祖为廪生。这九个世祖中的六、七、八世祖兄弟，都是士大夫，分别出任明朝的户部郎中、监察御史、按察副使、府教授等职。

降及清朝，一至九世祖，只一世祖邓绳其公的第三代 10 个孙子中有 6 兄弟分别为清朝的副榜举人、翰林、大理寺正卿、增生、文生。自此以后，则立邓氏字辈为“以、仁、存、心、克、绍、先、型、培、成、国、用、燕、尔、昌、荣”，使这一家族的命名一应准此。

邓氏家谱又记载：“清纪，七世祖邓心泰字容安，长子克远、次子克丰；八世祖邓克丰字裕元，八十生辰寿文……堂侄绍昌顿首恭祝。”该谱文还说：“克丰字裕元，妣李氏所生六子，长绍瑄、次绍圣……民国九年与其侄邓先圣留法，至十五年旋入俄……”由此考证，邓心泰是邓小平的曾祖父，邓克远为邓绍昌之父、邓先圣之祖父。邓小平的祖父邓克远、祖母戴氏生独子绍昌。1927 年，邓小平的父亲邓绍昌、母亲淡氏为祖母所立的墓碑上的铭文即可为佐证。其文曰：“故显妣邓母戴老太君之墓，男绍昌、媳淡氏，孙先圣、修、治、清。”此外，墓上还刻有一副对联，横额是“人杰地灵”，上联是“阴地不如心地”，下联是“后人须学好人”。

邓小平的祖父、祖母都是俭朴善良的农民。他们以种田、织布、推粉为业。当时，中国农民最大的愿望大都是买一块自己的土地，为后人留下一所安身的房屋。日复一日，年复一年，他们风里来雨里去，早起晚睡，对买田置产这个切切实实的目标孜孜以求。通过勤劳节俭，邓小平的祖父积攒下了一些钱粮，在前辈茅舍地基上建造起一幢 16 间的传统风格的 U 字型木结构瓦舍。在生产力水平不甚发达的清末，在国事惆怅的岁月里，能够如此大兴土木，绝非一蹴而就的事情。邓氏家业之兴旺发达，于此可见一斑。如今，这些房舍虽然年久失修，但昔日的隆盛景象却不难想象。

到了邓小平父亲的时期，仍然开设一个小丝绸厂和制粉场。邓小平的父亲邓绍昌，又名邓文明，由于出生在这样一个经济条件比较好而且又崇尚读书识字的家庭，所以从小受到良好教育，清末就学于成都政法学校，以后长期在外谋事。根据 1969 年海外出版的《共产党中国名人录》记载，邓文明曾是哥老会的成员，并且充任这个组织的“旗手”职务。

邓绍昌有四男三女，长子先圣（小平），学名邓希贤，乳名贤娃子。1927 年，为了在武汉从事地下工作，才开始用“小平”这一化名。邓绍昌的次子邓先修原为湖北省副省长、中共湖北省顾问委员会委员；三子邓先治生前曾任贵州省六枝市副市长；四子邓先清曾在四川省政府供职。邓绍昌的长女邓先烈，系家庭妇女，在重庆安度晚年；次女邓先芙，原在四川省委办公厅从事机要、档案工作，后退休在家；三女邓先群，在解放军部队中任职。

邓小平的生母淡氏出生于四川广安县恒升乡小有名气的“淡家牌坊”，称得上是较为富有的家庭。她是长女，从小受中国传统的良好教育，贤惠勤劳。由于邓小平父亲长期在外谋事，所以家里就由邓小平的祖母戴氏、母亲淡氏操持家业，抚育后人。邓小平的祖母戴氏、母亲淡氏严于家教，要求子孙学圣、修身、治家、清廉。

可惜，天有不测风云，人有旦夕福祸。邓小平的祖母戴氏辞世后，母亲淡氏不久亦撒手人寰。邓绍昌续娶了嘉陵江支流涪江船工的女儿夏伯根。与当时绝大部分农村妇女一样，夏氏终身目不识丁，但她的心灵像嘉陵江水那样清澈洁净。也许，因为她的血管里流淌的是坚毅的嘉陵江船工的血液，所以她到邓家后便挑起了理家育子的重担，勤劳不辍。当时，邓小平正在外面从事革命工作，家里有邓小平的三个姊妹、一个亲戚和一个长工，全家里里外外，全靠夏伯根独立操持。十多亩地的经营、几个女儿的上学、全家人的吃穿用以及应付国民党的各种苛税和差事，使她终日忙之不暇。夏伯根对人宽厚和善，周围的人都很尊敬她，亲热地称她为“夏伯娘”。

伟大生于平凡

公元1904年8月22日，在四川省广安县协兴乡牌坊村一个当地人称为“邓家老院子”的农家里，一个婴儿呱呱坠地。这个婴儿除有着邓家人惯有的圆鼻头儿这个明显特征，其宽额圆脸、稀淡眉毛、白皙皮肤、黑亮眼睛等实在与当时降生的成千上万个婴儿没有什么不同。

当时谁也没有料到，这个婴儿后来会对当今中国乃至世界产生如此不可替代的影响。

俗话说：天下未乱而蜀先乱，天下已治而蜀未治。这是因为，蜀道艰难，四川盆地地形封闭，故而在全国经济的全面增长过程和社会发展中往往慢若干节拍；与此同时，四川长期以来是中国人口最多的省份之一，这片狭

1904年8月22日（清光绪三十七年七月十二日），邓小平诞生在四川省广安县协兴镇牌坊村的一座普通农家三合院里。邓家老院子是一座坐东朝西的传统农家三合院（历史图片）

小的生存空间容纳着全国十分之一的居民，稍有天灾人祸，脆弱的经济便会濒临崩溃，酿成社会的震荡与紊乱。

正因为如此，当清朝统治黑暗无比、希望几绝之际，四川已处处显示出“天黑云低燕飞急，山雨欲来风满楼”的兆头了。

广安，地处四川省东北部，位于成都以东300公里、重庆以北100多公里处。从广安县城到牌坊村，有7公里的路程。邓家老院子跟村里其他农舍相仿，是当时川东北农村中常见的木结构的三合院，青瓦土墙泥地。院子里是一块晾晒谷物用的约莫200平方米的平坝，屋后是大片苍翠浓密的竹林。夏风吹过，飒飒声中带有阵阵凉意，同时也给人一种古朴之感。堂屋门前，悬挂着一块横匾“邓小平同志故居”。如果没有这个横匾，初次来到这里的人们绝不会想到邓小平竟会诞生在这样一座普通的农舍院落里。

据说，由于邓小平的祖先是前清翰林，当地人为褒其学绩功名，曾在村头立牌坊为记，牌坊村由此而得名。20世纪60年代初期，一位副县长到牌坊村视察工作，他说：“牌坊村出了伟人，在中央工作，我看牌坊村应改叫伟人村。”就这样，牌坊村便改称为“伟人村”。到了“文化大革命”时，全国山河一片红，许多地方纷纷更改厂名、街名、店名。北京的造反派来到广安，又“义愤填膺”地勒令将“伟人村”改为“反修村”，以示革命。

沧海桑田，峰回路转。

邓小平故居一仍其旧，四周的竹子郁郁葱葱，一块块明镜似的水田、一畦畦嫩黄的油菜花田，使人赏心悦目。20世纪50年代初期，邓小平担任西南局党的最高领导职务，他的继母便搬到重庆和他们同住，邓家的房子就给了村政府。20世纪70年代末期邓小平复出后，四川省政府和广安县政府曾有意在此筹建纪念馆。但邓小平坚决不同意，他说：“照现在样子原封不动，让乡亲们继续住在那里。”故而，邓家的房舍归村里所有，由大约9家住户占去11个房间（邓小平离家后这里可能又增添了一些房间）。当地人将邓小平的旧居拨出老房三间供来访者参观。在正房内陈列有数十幅邓小平会见世界各国领导人的官方照片，包括尼克松和卡特两位总统。另一个房间放着一张清代木床，据说这床曾经是邓小平家的。第三个房间陈列着中国最高领导人赞扬雷锋的题词。此外，这三间房屋里还摆着一些邓小平年少时用过的桌、椅、凳、柜之类，极其简单。

邓小平自1920年离开家乡之后，一直没有回去过。

1975年，邓小平来到四川省会成都，曾向广安县的代表发出邀请，请他们到北京人民大会堂来见他。

时任广安县的县长追忆说："邓小平同志当时说，如果广安的农业能够达到亩产千斤粮时，他是要回去看看的。"

事实上，广安县的粮食生产在1983年就已达到亩产千斤的水平，当地部门立即向四川省政府上报，可是邓小平仍认为还没有必要回家乡一次，直至1986年春节期间，邓小平因视察工作来到成都时，才和他夫人向家乡发了一封贺年电报。

邓小平在家乡的直系亲戚，1990年前只剩下他的舅父淡以兴和舅母淡杨氏了。淡氏夫妇与担任村干部的儿子淡文全同住在邓小平旧居中。据说，1982年，邓小平夫人卓琳代表丈夫亲笔修书给二位老人，一者问安，二者嘱其不可给当地政府添麻烦。出于这种缘故，二位老人依靠邓小平每月寄回的几十元钱和淡老先生微薄的薪俸过着简朴的生活。1984年，淡老先生担任了县政协委员，与早些时候担任县政协副主席的杨森先生的公子杨汉翔和担任县政协常委的谷正纲先生的外甥女桂秀明，共同参与政事，在乡里传为美谈。

近年来，许多游人到牌坊村参观，目睹邓小平旧居如此简陋，心头总是不免泛起一股歉疚的滋味。不过，著名老作家马识途先生在旧居门前秉笔直书一副楹联，似乎使人们的心境多少得到些慰藉。

上联：

扶大厦之将倾，此处地灵生人杰，解危济困，安邦柱国，万民额手寿巨擘。

下联：

挽狂澜于既倒，斯郡天宝蕴物华，治山秀水，兴工扶农，千载接踵颂广安。

1994年新春佳节之际，位于四川省广安市城北7公里的协兴镇牌坊村的邓小平故居喜添一副长达500字的新联。对联红底白字，耀眼夺目，气势恢宏。

上联：

小事宏观，大事微观，成事纵横观，败事主客观，牢树英雄宇宙观。卓与壮哉！深谋善断，手理万机，争朝夕，筹议唯勤。忆往昔峥嵘岁月，旅法留苏，备尝艰险话长征，桂岭打狼，中原逐鹿，

1986年春，邓小平夫妇在成都与来自家乡广安县的舅父、舅母合影（历史图片）

淮海缚龙，巴川捉鳖。为解放鸿基，屡建殊勋，抗群魔，扫重灾，竟落得抄家削籍，愁抱初衷匆悔；耿耿兮，积愤萦怀，笃信马列志弥坚。十年浩劫，几度沉浮，不减英雄本色。九州思治，回挽狂澜，净扫红羊甘受命。昭雪顺民情，错冤假案全甄，洗余污，消余悸，废墟拨乱，弘扬务实精神。无那鼙鼓乍喧，仰赖才通韬略，赫赫军威震障陲，还我金瓯。推贤荐智，古崇舜让尧禅；夺位抢班，近斥江欺林篡。高风亮节，彪炳千秋，举世尊称当代伟人。堂堂仪貌，秩秩德音，岱岳登峰天下小。

下联：

平时剑气，战时勇气，穷时傲骨气，达时豪迈气，素标俊彦凌霄气。多且好也！灼见真知，身兼数任，辨是非，指挥若定。看今朝锦绣河山，翔鸾集凤，犹记忧欢国永固，农渔包产，厂矿扩权，税盈同课，党政分工。对共和绪业，常抒构想，统一国，存两制，已会签复港收澳，喜传夙愿将酬；拳拳者，至诚置腹，早合台澎心更切。廿纪嘉猷，双番增值，倍钦俊彦襟灵。亿户脱贫，振兴华夏，紧催赤骥欲腾骧。律科孚众望，残陋陈规尽破，开自锢，启自封，肃弊纠偏，控占攻尖领域。漫谓特区刚辟，敬蒙斗盖研桑，频频捷报拓琼岛，琢斯玉璞。革故鼎新，外引欧资美技；择优蕴粹，内联私贾公商。裕庶强邦，晖荣百族，环球盛赞亚洲奇迹。奕奕神功，皇皇正道，乾坤转斗泰阶平。

这副新联是四川省楹联学会会员刘利创作的，用四块云南红松木精雕细刻而成。新春之际，各地群众排队在此留影，有的细心抄录这副新楹联，更多的则是见物思情，赞颂小平的丰功伟绩。

邓小平故居陈列馆位于邓小平故居旁，是国内唯一一家以纪念邓小平为专题的博物馆。陈列馆以“我是中国人民的儿子”为主题，全景式地展现了邓小平和中国共产党人为国家富强、人民幸福而不懈奋斗的光辉历程（历史图片）

邓小平，不愧为广安人民的骄傲！

如今，邓小平故居小有修葺，宅院整洁，朴素无华。人们来到这里参观，见物思人，肃然起敬。

“伟大生于平凡。”人们将永远记住他给人民带来的实惠！

广安学子

私塾发蒙练就一手毛笔字

如同千百万旧式家庭一样，对邓家老院子的主人邓绍昌来说，儿子邓小平的降生，使他燃起了对生活的希望。这一天也成为全家上下最为喜庆的日子。邓家祖上自明初由江西迁来，其间虽也曾中过进士，封过翰林，但后来家道渐渐中落。到邓绍昌这辈时，家境已日益零落困窘，除一所住房外，田地不多，岁收很少，而且人丁不旺，子嗣稀疏。邓绍昌把重振邓家家业的希望寄托在这位长子身上。他为儿子取名为邓先圣，5 岁时就送他进私塾发蒙，6 岁时送他进家乡的初级小学，11 岁时送他进全县唯一的高等小学堂，15 岁时又把他送进了广安中学。这对一个仅有十几亩田地、家境并不非常宽裕的家庭而言，无疑是一笔不小的负担。但不管遇到多大的困难，邓绍昌对此始终不渝，最后通过变卖家产，将年仅16岁的爱子送上了万里求学的漫漫征程。

邓小平发蒙的私塾，就设在昔日邓翰林的“翰林院”。这是牌坊村当年最显眼的一所大宅第。只是盛时不再，家道中落，这所声名显赫的“翰林院”竟卖给了外姓旁人。私塾之所以设在这所大宅院的一角，固然是因为其院落颇大，堪以利用，但其中大概也蕴涵着欲借助邓翰林的福荫，使牌坊村子弟通过念书得仕，重复翰林昔日荣华的企盼！

私塾先生是位老夫子，对邓先圣的名字极为不满。他对邓绍昌说，祖师爷孔夫子不过尊为圣人，区区乡间小儿怎敢僭越为“先圣”呢？于是他自作主张，将“邓先圣”改为“邓希贤”。邓绍昌认可了长子的这个学名，然而对他而言，先圣和希贤并无二意，都能表达他望子成龙的愿望。只是邓绍昌和那位今天谁也记不起他的名字的私塾先生并未料到，他们给这位发蒙幼童所起的名字竟然真的应验了。

邓小平童年时的小学堂——协兴乡初级小学旧址（历史图片）

入私塾后已改名为邓希

贤的邓先圣，没有辜负父亲的殷切期望。因为他此时所处的是一个特殊的年代，使得他有可能把个人的抱负与整个国家民族的命运紧紧地结合起来，走上一条与自己父辈迥然不同的人生道路。

当时私塾除教读《三字经》《百家姓》《千字文》之类幼学读物，主要功课就是描红习字。塾师评定蒙童成绩优劣高下，就是看他诵背是否流畅，字是否写得正确工整。习字作业以红笔圈或打“×”来区别，错写或结构不当的就在旁边画一个“×”，写得好的就画一个圈。蒙童互相之间常常以自己所得圈圈的多少来炫耀自夸。

邓小平资质聪颖，悟性好，记忆力强。在先生教读后，他很快就能流利地诵背课文，深得先生的喜爱，常常被先生叫起来为其他同学示范领读。教室里不时传出他那稚嫩然而十分认真的诵读声。对描红习字，他更是一丝不苟，反复临摹练习。他的习字本上的红圈圈总是最多的。邓小平的母亲虽然不识字，但十分能干，通晓事理。每当看见放学归来的儿子又得到了好些个红圈圈时，她就照例忙不迭地煮上一个鸡蛋以作奖励。

经过私塾写字课的严格训练，邓小平的书法有了良好的基础，直到晚年他的字依然刚劲有力，这可以说是童年时代私塾学习的最大收益。据说，有一年过春节，邓家请来一位能写会画的地主写春联。这个人思想反动，便趁机挖苦讽刺参加过进步党的邓绍昌及其家人。淡氏不识字，把春联贴了出去。邓小平回家后见到对联，怒气大发，愤然撕下，自己上街买了几张红纸，重新写了春联贴到门上。那时，他不过是个 10 岁左右的孩子，字虽写得并不规范，但却写出了邓家的志气。望着儿子亲笔写下的大红春联，母亲高兴得流下了眼泪。以后她经常用这件事教育邓小平的弟弟妹妹，鼓励他们向大哥学习，要有骨气，要求上进。

1992 年春节，邓小平视察深圳。当邓小平所乘的车行至深圳火车站时，邓林指着火车站大楼上苍劲有力的“深圳”两个大字对小平说：“您看，这是您的题字，人们都说写得好。”

邓楠这时在一边打趣说："这是您的专利，也属于知识产权问题。"说得邓小平笑了起来。

平心而论，邓小平的毛笔字确实写得不错。虽然不像毛泽东的书法那样龙飞凤舞、狂放豪迈，但邓小平的书法犹如其人的性格一样，实在、稳健、厚重。

当然，邓小平从不对自己的毛笔字矜夸自诩。这也是其性格使然。

邓小平的舅父淡以兴回忆当年他和邓小平孩提生活时曾说："幼年时，我和小平一起上学念书，我太笨，他很聪明，每回考试他都名列前茅。因此，受到老师的表扬，大家都选小平当学生代表。但我姐夫和姐姐对小平要求甚严，向老师提出'不要小平当代表，表扬多了就会骄傲'。"

勇破迷信，从小就不怕邪

出身于当地小康之家的邓小平，从小就和周围农家孩子一起玩耍、游戏。童年的邓小平十分活泼、顽皮，而游戏则是儿童天赋的权利。在邓小平家屋后的山丘下有一条清澈的小溪，每年春夏时节，邓小平常和小伙伴们到溪中捉鱼虾、打水仗或者在石坝中打泥巴仗玩，欢乐的笑声传得很远很远……

邓小平和邻家孩子相处总是十分友善、和睦，没有丝毫少爷派头，从不称王称霸，以势欺人。而邻家孩子也喜欢跟他一起玩，他说搞什么游戏大家就立即响应。

不仅如此，邓小平还胆识过人，不信邪。

离邓小平家半里之路有一石坝，从协兴到广安的大路穿石坝而过，路旁有两块神道碑，是清朝嘉庆年间朝廷为表彰两名广安籍高官邓时敏和郑人庆的功绩而赐造的。石碑高三米，宽一米多，镶立在两个巨大的石乌龟背上。

当地百姓对这两个大人物是尊崇的，流传着一些敬畏两人的神话，连两块神道碑似乎也摸不得、攀不得。

有一次，邓小平与几个小孩子在石坝里玩耍，看着硕大的石乌龟，突发奇想，对小伙伴说："我们爬到乌龟背上去耍好不好？"

小伙伴都吓住了，纷纷拒绝说："爬石乌龟会肚子痛！"有的还说："听大人们讲，得罪了神碑家里要招灾的！"

邓小平却壮起胆子说："一个石头打的乌龟有那么大的本事，我不信。你们不敢爬，我去试试！"

说着他走向神道碑，爬到石乌龟伸出的脑袋上，坐在上面踢打着两腿喊道："快来哟，好耍！好耍！"其他小伙伴见了都大惊失色，跑过来在下面喊道："贤娃儿，快下来，你要惹祸的！""你惹了祸我们也跑不脱！"

邓小平还是若无其事地玩着，扭转身来向乌龟背上爬去，说："惹祸就惹祸，看它怎么奈何我！"最后他爬到神道碑上坐着，小伙伴们又惊怕又羡慕地注视着邓小平。

以后，邓小平经常爬到石乌龟及神道碑上去玩，其他小伙伴慢慢地胆子也大起来了，跟着邓小平一起爬到石乌龟背上玩。

在旧中国，神祇林林总总，人们出于功利的心理供奉各种神祇，毕恭毕敬，小心谨慎，因此迷信色彩十分浓厚。但许多有识之士却冲破这种文化的羁绊，表现出了难能可贵的叛逆精神。

革命先行者孙中山青少年时，为破除封建迷信，和陆皓东毁坏村庙北殿中的偶像，为豪绅地主所不容，最终被迫离乡赴香港。邓小平童年时惊世骇俗的举动与孙中山何其相似！

也许，邓小平后来在政治上反对个人崇拜与少年时不信邪的秉性之间存在着某种联系。

为了帮助同学，他“偷”了五块银圆

6岁时，邓小平进入了协兴乡的北山小学，接受新式教育。在学习方面他更加勤奋自觉，刻苦认真。当时，从邓家老院子到北山小学堂是一条近两公里的乡间小道。小路高低不平，曲曲弯弯，一遇雨天，路面十分泥泞溜滑，很不好走。邓小平年龄虽幼，但从不畏难。不管春夏秋冬，他始终风雨无阻。每当看到他浑身湿透，母亲常常心疼地劝他雨天就留在家里自习。可是到了雨雪天气，邓小平又照旧说服母亲，坚持按时前去学校。在北山小学四载寒暑中，除了一次因病重无法起床，邓小平从未落过一次课。除了那次因病没得第一，每次考试他均拔得头筹，成为学校中人见人夸的好学生。

在北山小学堂上学的时候，邓小平不仅自己刻苦用功，对那些家境不好、学习有困难的同学，也常常给予力所能及的帮助。胡德银老人每每谈及童年伙伴的善举，都感慨不已。

当年在班上胡德银正好与邓小平同桌。由于家境贫寒，胡德银时常需要帮父母干一些农活和家务活，没有更多的时间用于功课，描红习字总也写不好。他是多么羡慕和希冀自己哪一天也能得到那红圈圈的嘉奖啊！可是无论他多着急，习字总不见起色。

邓小平将这一切看在了眼里。有时放学后，他便留下来帮助胡德银学习，俨然是一个小先生，耐心细致地帮助胡德银掌握习字的要领，手把手地帮助他纠正写字的动作，一遍又一遍地为他示范。日积月累，胡德银的习字终于有了进步。他的习字本上，“×”渐渐少了，红圈渐渐多了。当老师和同学们得悉其中的缘由时，都不禁对邓小平投来赞许的目光。

类似这样的故事还有许多，其中邓小平“偷”钱帮助同学的故事更为动人。事情的经过是这样的。

一天放学的路上，邓小平碰到一个同学在哭泣。他和其他同学急忙围上去询问原因，这位同学流着眼泪说，妹妹得了重病，躺在床上发高烧。“那快去请医生呀！”有的同学急忙建议说。听到这话，那位同学哭得更伤心了。邓小平知道这位同学家里很穷，是没有钱请医生治病的。怎么办？邓小平一路思索，盘算着回到了家。

第二天，邓小平一进学校就跑到那位同学身边，悄悄塞给他从家里偷来的五个银圆，嘱咐他拿去给妹妹治病。

没过多久，父亲一点账，发现丢了钱。这是家里从未发生过的事，因此父亲很生气，便把全家召集起来，要审个水落石出。当邓家全聚时，未等父亲开口，邓小平就站了出来，坦白地承认是自己偷的，并递给盛怒的父亲一根竹片认打。父亲怒气冲天，抽起竹片就揍。邓小平挺着身子挨了几下，痛得眼泪汪汪，却强忍着没哭。父亲怒气稍平之后便开始产生了疑问：这娃平时节俭得很，给他的零钱都舍不得花，怎么突然偷去这么多的钱呢？莫非发生了什么事情？父亲试探着向儿子提出询问，儿子告诉了实情。父亲一下呆了，一把扔掉竹片，摸着儿子身上的伤痕，说：“偷得好！但你为什么不哭，又不说出来？”

邓小平回答说：“偷钱该罚，所以该打；既然该打，为什么要哭？”听到这里，父亲心里受到极大的触动，他感到儿子仿佛一下子长大了。

从这一事件中，邓小平的父亲看到了儿子倔强的性格和不同凡响的品德，同时也看到了儿子身上也有着他那样的坚强与自信，他决心让儿子受更多更好的教育，将来有更大的作为。

他孝敬父母，友爱兄妹

1915年，11岁的邓小平离开北山小学堂，顺利地考入了广安高等小学堂。这所学校当时设在广安县城内的一个小山坡上，是一幢两层的小楼，青瓦砖墙木栏，规模不大，每次只招一两个班，每班 20 人左右。但它却是当时全县唯一的一所高等小学，不是成绩拔尖者，要想考进来是十分困难的。由于学校距牌坊村有 10 公里之遥，邓小平平常只在周末回家添些日常用品，其余时间在校住读。父母不在身边，邓小平的学习更是全凭自觉了。

在读高等小学堂时，班上曾发生过一件轰动全校的奇事，这便是和邓小平要好的同班同学李再标要割肝救母。

李再标出身于广安一个富商家庭，是个深受母亲宠爱的孩子。他对母亲十分孝顺，由于不久前其母得了重病，卧床不起，所以焦急万分。

李再标读了不少旧书，受传统封建礼教的毒害比较深，于是一些古代离奇古怪的行孝故事启发了他。他认为，只要割下自己身上的肉给母亲吃，便会治好母亲的病。为了尽孝和挽救病重的母亲，他决定割肝救母，幸亏被及时发现并阻止，刀子只在胸脯上划了一个口子。

邓小平听说后马上前去探望。他问明了事情的原委后严肃地对李再标说：“你是有点科学知识的学生，肝子是药物吗？能治好你母亲的病？你割了肝后还有命活？既然你母亲很爱你，她又重病在身，如果你割肝而死，你的母亲一定会为你的死而伤心，以致命归西天，结果是你想治好母亲的病而适得其反。”

邓小平这番直率而又入情入理的话说得李再标羞愧无言。见此情形，邓小平又耐心地安慰说：“你也是读新学的学生，要相信科学，今后再不要做这样的蠢事了。你还是先请几天假回家，请医生给母亲治治病，好好照顾她老人家，这才是你作为儿子的真正孝心。”李再标醒悟了，听从邓小平的劝导请假回去侍候重病在身的母亲。

邓小平相信科学、能言善辩、开导李再标的事受到了普遍赞扬，一直被县立高等小学堂的师生传为佳话。

数千年来，孝悌便是中国人的美德。邓小平虽然认为割肝救母这类孝行不足取法，但他对父母却是十分孝顺的。在少年时，邓小平在家里尽力帮助母亲干一些力所能及的家务，扫地、照看弟妹等样样都干。到了养蚕季节，他便成为母亲的得力助手。邓小平家每年都要喂养几批蚕，家里的正堂屋和两间厢房都摆蚕簸。这时候母亲很辛苦，除了繁重的家务，还要抽时间来照看蚕宝宝，白天忙家务，晚上侍弄蚕子，经常忙到深夜。邓小平年纪虽小，但很懂事，看到母亲如此忙碌，十分心疼，于是放学后径自回家，帮助母亲做些活。不是背着背篼去采桑叶，就是帮着添蚕叶、捉小蚕，总是忙个不停。捉小蚕是一件细致的活，一家人经常捉到很晚。入夜了，母亲再三催促邓小平先去睡觉，但是邓小平总是要坚持到最后和母亲、姐姐把所有的活干完了才肯去睡，而这时往往已是深夜了。

邓小平的一片孝心，还可以从以下事件得到说明：在距牌坊村两公里的佛手山下，有一座四合群墓，左一为邓小平生母淡氏之墓，左二是邓小平祖母戴氏之墓。左一的墓碑上刻着“故显妣邓母淡氏老孺人之墓，孝男先圣、修、治、清，民国十六年丁卯夏月吉立”。左二的墓碑上刻着“故显妣邓母戴老太君之墓，男绍昌、媳淡氏，孙先圣、修、治、清”。据说，邓小平在20世纪50年代曾寄款回家，为祖母、母亲之墓填土砌石，寄托哀思；80年代初，邓小平胞弟邓先修同邓小平的女儿一起专程到佛手山为二老扫墓。

夏伯根老人对邓小平来说，既不是生母，也不是养母。但邓小平对她如同亲生母亲一样地敬重、关心和照顾。自15岁那年走出故乡，30年后邓小平才率千军万马解放大西南，回到四川，回到重庆。45岁的邓小平当时在重庆建立了一个安稳的家庭后，就承担起赡养继母的义务，把夏伯根老人从家乡广安接到重庆，同全家一起享天伦之乐。邓小平调中央工作后，又将继母一同带到北京，使夏伯根老人同儿孙们一起度过幸福的晚年。

夏伯根老人在跟随邓小平一家生活的这些年里，邓小平夫妇待她很好，从来不分你我，在言语、饮食、卫生、穿戴等生活方面，都十分周全地想到老人，安抚老人，使她晚年心情十分愉快。更值得一提的是，邓小平在“文化大革命”中被打倒，被“流放”到江西住“牛棚”的日子里，夏伯根老人和邓小平夫妇一起，相依为命，熬过了艰难岁月。他们三人的年龄加在一起在200岁以上。卓琳身体不好。邓小平为照顾卓琳的身体，又不让年事已高的继母再承担过重的家务，便挑起了家务劳动的重担，家里的重活、杂活，如劈柴、生火、做饭、擦地、洗菜等都是由邓小平来干。邓小平夫妇与继母和睦相处，几十年如一日，是中华民族传统美德的最好体现。夏伯根老人能够高寿，与儿子和儿媳对她的爱戴、敬重、关心和照顾而心情舒畅是分不开的。

邓小平的继母夏伯根和卓琳在一起的照片（历史图片）

邓小平与姐姐、弟妹关系融洽，长久地保持着亲密关系。邓小平15岁离家后，一直未回老家，在他幼年、少年时代，和他的姐姐邓先烈、大妹邓先珍（10岁时病死）一起玩耍的时间比较多，与后来出生的弟妹相处时间就很少了。

邓小平在5岁以前，主要是和姐姐一起玩耍，打碰钱是他们姐弟俩玩得最多的一种游戏。那时每逢年节或跟父母走亲戚时，邓小平经常会得到一些压岁钱和挂工钱，大都是几枚铜板，渐渐地积攒多了。没有事的时候，他就把这些铜板拿到院子里和姐姐一起玩打碰钱。他常常把自己的铜板分一半给姐姐，然后与她一起打碰钱，看谁先输完这些铜板，输了的就要打手板。一般情况下，姐姐总是玩不过弟弟，往往都输。当姐姐认真地伸出手掌让弟弟打时，邓小平总是一只手拉着姐姐的手，另一只手轻轻拍着姐姐的手掌，同时嘴里还轻轻地数着数，姐姐也笑着记着数，仿佛怕被多打一下似的。姐弟俩玩得十分开心。

邓小平还时常把祖母或母亲给他的一些吃的或玩的东西，拿出来与姐妹一同分享，从不独自占用。他上学读书以后，每天回到家中，便把姐姐和妹妹叫到一起，让她们坐好，自己便站在她们对面学着课堂老师的样子，一只手叉在腰间，一只手不停地挥动比画着，脑袋摇晃着，嘴里背诵着刚刚学会的诗文，逗得姐姐、妹妹和周围的人哈哈大笑。11 岁时，邓小平在广安县立高等小学堂读书，每天吃住在学校，只有在周末才能回家。母亲经常给他一点零用钱，让他在城里买点自己需要的东西，但邓小平从不乱花钱，总是利用回家的时候，给祖母、姐妹买点乡下不容易见到的东西带回来。邓小平特别喜爱小他几岁的妹妹邓先珍，经常从城里买些糖果给妹妹吃。邓先群是邓小平最小的一个妹妹，他们虽不是一母所生，但邓小平待她如同一母所生一样。邓小平一家从重庆搬到北京后，就把邓先群一起带到北京，供她上了大学。邓先群的子女也经常住在邓小平的家里，他们相处得十分融洽，感情极深。

去欧洲学点真本事

1918 年，邓小平顺利地完成了在广安高小的学习，考入了全县唯一的一所初级中学——广安县立中学校。

随着年龄和知识的增长，邓小平的眼界逐渐打开。特别是在新文化运动风潮的激荡下，他不再满足于中学里“之乎者也”一类内容的学习，他渴望能学习自然科学方面的知识，企求能掌握一门可以富国强民的实用技术。

1919 年暑假，父亲邓绍昌从重庆回来，带来了重庆成立留法勤工俭学重庆分会，并准备开设留法勤工俭学预备学校的消息，他主张儿子中断中学学业去报考留法预备学校，将来以勤工俭学的方式去法国学习。邓绍昌做出这样一个不平凡的决定不是偶然的。因为，他是在成都受到几年新式教育的有远见的知识分子，对军阀统治、教会横行不满，希望儿子到欧洲学点真本事，将来能够光耀门庭，报效社会和国家。对于父亲的意见，邓小平当时是十分高兴的，因为这与他科学救国、工业救国的想法是一致的。65 年后，邓小平回忆当时的情景说：我们感到中国衰弱，希望它强大起来，我们认为现代化是必由之路，所以我们到西方去求学。

1918 年下半年，邓小平和他的远房叔叔邓绍圣、同乡胡明德离开了广安，来到了 100 多公里外的重庆。

重庆留法勤工俭学预备学校，是由当时重庆商会会长汪云松和教育局局长温少鹤等社会贤达倡议创办的，校址就在重庆市夫子祠内。它是当时这个西南重镇的最高学府，要想考进去也是很不容易的。但如同此前每次入学考试一样，邓小平这次也是一试中的，如愿地成为首期100多名学子中的一员。据邓小平当时的同学回忆，他是稍晚才进入这所预备学校的。他那时就显得非常精神，总是精力十分充沛，他的话不多，学习总是非常刻苦认真。

1919 年北京爆发五四运动，消息传到重庆已是 5 月中旬，但各界闻之依然热血沸腾。11 月，重庆以青年学生为主体举行了大规模的抵制日货运动。15 岁的邓小平和全校同学一块参加了这个运动。他们到卫戍司令部去示威请愿，坚持了两天一夜。回到学校后，他们还集体焚烧了日货。这大概是邓小平参加的第一个革命运动，对此他终生难忘。后来他回忆说，由于参加了这个运动，爱国救国的思想才能有所提高。由此可以认定，15 岁的邓小平，经过五四运动的洗礼，已经具备了初步的爱国思想和进步思想。

经过一年的学习，首期学员中顺利通过学校毕业考试及法国驻重庆领事馆口试和体格检查的，共有 80 多人。邓小平名列其中，而且是年龄最小的一名。这一年，他刚满 16 岁。

1920 年 8 月，邓小平回到了广安，向母亲辞行。对于长子，母亲视为掌

重庆留法勤工俭学预备学校旧址（历史图片）

上明珠，母子感情笃厚。儿子要远离故土留学西洋，母亲似有预感是生离死别，起初说什么也不放儿子去。儿子和亲属们都来做思想工作，终于帮助淡氏以理智战胜了感情，同意儿子远行。母亲为儿子准备了行装，坚持把他一直送到船上。她没想到预感真的应验了。儿子这一走果然是母子的生离死别。从此，邓小平再也没有回过广安。1926 年，淡氏思子心切，身心交瘁，不治而逝。当时，邓小平正在苏联学习。亲人们在淡氏的墓前立了一块碑，立碑人排在第一位的就是她生前魂牵梦萦的长子邓小平。邓小平一生都怀念、感激他的母亲。

就这样，经过 10 年时间的刻苦学习，一步一个台阶，邓小平于 1920 年 8 月 21 日，和 80 多名川东子弟一道在重庆码头登上了开往万县方向的“吉庆”轮，沿宜昌、汉口、九江一路顺水东下，最后抵达上海，乘法国邮船“鸯特莱蓬”号驶出吴淞口，开始了他赴法求学的漫长旅程。

据考证，搭乘这艘邮船去法国的共有 90 名中国学生，为了节省，他们全部睡在底层的货仓里。这些学生年龄在 15 岁至 25 岁之间，全部是第一次出国。他们经中国香港、西贡、新加坡、红海、苏伊士运河、亚平宁半岛，历经 39 天，行程 3 万余里，于 10 月 19 日到达法国的马赛港。下船后，这批学生即转乘汽车，再行 16 个小时，终于到达了法国的首都巴黎。

对于人生第一次历经 39 天的远行，邓小平一直念念不忘。世界之大，天地之新奇，使这位第一次从封闭的四川盆地走出来的农家少年激动不已。行程中，每逢停靠一个码头，他都要上岸观光、猎奇。身临一个全新的境地，他看到了世界各地多种发展模式，他看到资本主义先进的生产力，听到新奇的观念，看到了他的家乡与外部世界的差距，萌发了许多新的念头。这些想法虽然是一闪而过，但对他后来的世界观的形成和革命实践均产生了不可磨灭的影响。

1974 年，江青等人借国产万吨轮“风庆”号远航归来之事大做文章，批评周恩来崇洋媚外，炮制了风靡一时的“风庆轮事件”。对此，邓小平十分蔑视。他多次在不同场合公开驳斥江青：“才一万吨的轮船，就到处吹。1920 年我到法国去的时候，坐的轮船就有几万吨。”虽然“鸯特莱蓬”号邮船究竟有多大吨位说法不一，无法查实，但这件事却足以说明，第一次接触到的资本主义发达的生产力给邓小平留下了深刻印象。

当然，真正了解资本主义，还是他在法国生活的五年。

法兰西岁月

一张编号为 82409A 的工卡

邓小平到法国后不久，便被分到法国西北部诺曼底的巴耶男子中学学习法语，同行共 22 人。当时中国留法学生分三种情况：一是官费生，学费由政府支付；二是贷费生，由国家贷款给学生资助学费；三是自费生。邓小平属于自费生。

当时他的家境很困难，所带费用不多，因此很节省。其他同学每月的杂支费在30至50法郎之间，他只用18法郎。但几个月下来，他还是一贫如洗，不得不中途辍学，走上了一条艰苦的勤工之路。

1921年4月2日，邓小平和几名川籍同学经介绍在克鲁梭的施耐德工厂找到了一份临时工作，开始了他在法国四年多时间的“勤工”生涯。

施耐德工厂是当时法国最大的军工厂，包括铁道、机械、造炮、冶铁、建筑、翻砂、电气等部门，邓小平被分配在轧钢车间当轧钢工。这项工作劳动强度很大，工人在40多摄氏度的车间里，需不停地用长把铁钳夹着几十公斤重的钢条疾跑。每周得工作50多个小时，常常加夜班，一不小心就会被炽热的钢条烫伤、刺伤。这对年仅17岁、身体尚在发育的邓小平来说，苦不堪言。但使他更难忍受的是资本家的压榨和欺凌。每天一上工，工头就在身后监督催促。稍有延误，马上招来工头的辱骂叱责。工厂把中国学生的工钱压得极低，每天只有6.6法郎。这点钱连吃饭都成问题，邓小平他们常常中午只能就着自来水吃几片面包来充饥。一个月后，邓小平离开了这家工厂。

首次勤工俭学的尝试，尽管时间不长，但对久居学堂、第一次踏入社会的邓小平而言，触动很大，获益良多。他不仅对什么是现代化的大机器生产和产业工人有了初步的认识，而且开始接触到了资本主义社会黑暗的一面，亲身体验到工人阶级受剥削受压迫的悲惨境遇。过去在心中无限憧憬的这个美丽富饶、民主自由、平等博爱的西方世界，其斑斓色彩逐渐暗淡。

“生活的痛苦，资本家的走狗——工头的辱骂，使我直接地或间接地受了很大的影响，最初两年对资本主义社会的罪恶略有感觉。”若干年后，对这一段生活以及这段生活带给他的感受，邓小平是这样进行总结的。他甚至还开玩笑地说过，他之所以个子不高，是因为身体发育时期在法国做工劳累过度和营养不良造成的：“每当我能买得起一块羊角面包和一杯牛奶时，我总是感到很高兴。”尤为重要的是，在这里他还接触并结识了在华工和勤工俭学学生中开展工作的中共党员赵世炎等人。这一切都对他日后走上革命道路产生了不可估量的影响。

在经过一段每天靠领取5法郎救济金过活的更加艰难的日子后，1922年

2月14日邓小平在蒙达尼的哈金森工厂找到了一份较为稳定的工作。哈金森规模较大，有数千工人，据说是当时欧洲唯一的橡胶厂，专门生产各类橡胶制品。邓小平被分配到制鞋车间制作防雨用的套鞋。

哈金森工厂的厂房据说是由举世闻名的埃菲尔铁塔设计者古斯塔夫·埃菲尔设计的。当邓小平被领进明亮高大的车间时，扑进眼帘的是正在紧张劳动的黄皮肤、白皮肤、棕色皮肤的各色工人。其中大部分是女工和童工。原来，此时法国经济已出现转机，哈金森工厂在经历了一段紧缩后，已开始大量招收工人，恢复生产。中国留法勤工俭学的学生和来自印度、越南、智利、波兰等地的许多外籍工人纷纷应召而来。跟施耐德工厂拉钢条的工作相比，这里的制鞋车间属轻体力劳动，主要是将鞋底、鞋垫和鞋帮套在木模上，然后用胶水将它们和里衬粘连起来。但这项工作节奏很快，要求眼明手巧，动作干净利索。邓小平很快适应了这里的工作，别人一天做10多双鞋，他通常一天能完成20多双，可以挣15至16法郎。他这样拼命，是为了多挣些钱，以便将来安心学习。

在哈金森攒下一点钱后，他便辞去了制鞋车间的工作，来到夏狄戎中学求学。但由于学校所收费用太高，他这次依然没能持续下去。至此，他试图通过打工来达到学习的梦想彻底幻灭。所以，后来他曾戏言：“我只有中学文化水平。”

求学不成，邓小平只好继续打工。在经过一番周折后，他进入了位于巴黎附近比扬古尔市的雷诺汽车工厂。雷诺汽车工厂是有着1万多人的著名大型企业，来自中国的黄皮肤、黑眼睛的勤工俭学学生和华工最多时曾有600多人。他被分配到钳工车间当钳工学徒。这项工作主要是借助锉、钻、铰刀、老虎钳等手工工具对机器进行装配以及机器零部件的修整。这是到法国勤工俭学几年来，他所从事的唯一一项带技术性的工作，可以接触到部分图纸和简单的工艺技术。

在法国著名的雷诺汽车厂，至今仍完好地保存着一张编号为82409A的

1925年，邓小平在法国巴黎雷诺汽车厂做工时的档案卡（历史图片）

工卡。工卡上清晰地记着，邓希贤（Teng Hei Hien，后改名邓小平，以下均写作邓小平），中国人，1904年7月12日（农历）生于四川，住比扬古尔市特拉维西尔街27号（27，rue Traiversiere）。熟练工种工人，分配在76号车间，磨件单位工价一法郎五生丁。工卡的左下角，贴着邓小平的一张一寸免冠照片，上面印着82409A的编号。

这张工卡，忠实地记录了邓小平在法国的一段勤工的生活。1988年，邓小平的女儿毛毛（邓榕）到法国，在雷诺汽车厂找到了她父亲当年的工卡。

这一段钳工工作经历，对邓小平来说有着意想不到的特殊意义。40年后，“文化大革命”最困难时期，邓小平被“流放”到江西省南昌市郊新建县拖拉机配件厂参加劳动，他又重新当了一名钳工，而且“干活还是那样认真熟练”……

这时的邓小平，较几年前刚到法国时已成熟了许多。通过几年来现代大企业生产的磨炼和体验，他对资本主义社会有了进一步的认识，法语也变得自如流畅多了。几年艰苦的勤工俭学生活，使他的生活、思想、意志、品德方面都得到了极好的磨炼。他开始冷静地思考和进一步探索新的道路。

在法国的勤工俭学生活，是邓小平寻求革命历程的起点。

办《赤光》做“油印博士”

在留法勤工俭学的生涯中，邓小平虽然自始至终没能进过几天正规学校，却获得了一个“博士”的雅号。

十月革命的一声炮响，给中国送来了马克思主义。随着马克思主义在中国的传播及其同中国工人运动的初步结合，一批接受马克思主义的先进分子在上海、北京等地先后建立了共产党早期组织，并于1921年7月建立了对中国革命产生至关重要影响的中国共产党。与之遥相呼应，万里之外旅法的先进分子周恩来、赵世炎等人也于1921年春在法国建立了共产党早期组织，后与旅德的小组合组为中国共产党旅欧支部，下辖旅欧中国少年共产党（以下简称少共）。少共后改名为旅欧中国共产主义青年团。

1922年8月1日，少共创办了她的理论刊物《少年》，担负起传播共产主义理论，用共产主义思想教育团结广大旅欧青年的重任。刊物创办不久，邓小平就来到位于巴黎意大利广场附近的戈德费鲁瓦大街17号的编辑部，成为其中最年轻的一名成员。这是他直接参加革命工作的开端。

在编辑部里，他最初是从事蜡版刻写和印刷、装订方面的工作。每天离开工厂后，常常来不及换下工装，他便匆忙赶到编辑部，在昏暗的灯光下，紧张地伏案工作起来。当时，在刊物里担任领导和主要撰稿人的是周恩来，先后参加编辑部工作的还有李富春、傅钟、李大章等人。每当夜幕降临，他们就挤在旅馆狭小的房间里，开会、讨论、写稿，刻写、油印、装订。饿了，就吃两片面包；渴了，就喝上几口自来水；困了，就在地铺上稍事歇息。为了保证刊物按时出版，常常是周恩来写完或改好一篇，他们就赶紧接过来刻写、印出一篇，工作起来常常是通宵达旦，彻夜不眠。

小时候刻苦认真的习字和参加这项革命工作的神圣感和责任感，使邓小平的蜡版总是刻得一丝不苟，不仅字体匀称工整、美观大方，油印、装订工作也完成得十分干净利落。每期刊物出来后，大家对此都赞不绝口，不约而同地将“油印博士”这项桂冠戴到了他的头上。这既是对他那隽秀漂亮字体的赞誉，更是对他认真严谨的工作态度的高度肯定。

一年半后，《少年》改名为《赤光》，由偏重理论宣传转而紧密结合国内革命的实际，侧重揭露帝国主义列强和封建军阀相勾结、压迫奴役中国人民的黑暗事实。它充分报道了国内国民革命运动的情况及国际劳工运动的消息，转载了中国共产党第三、第四次全国代表大会关于建立统一战线，实行国共合作的方针和办法，以及中国无产阶级在民主革命中的领导权及工农联盟等重要内容，还结合旅法勤工俭学的实际，开展了对国家主义派“中国青年党”的严肃斗争，现实性和战斗性都得到了明显的增强。

1921年3月，邓小平在法国里昂（历史图片）

经过此前一年多时间革命斗争生活的洗礼，邓小平在《赤光》编辑部内，不仅刻写、油印、装订等老本行干得更加得心应手，而且还和周恩来、李富春、蔡畅等在刊物上撰写了大量的文章，仅以“希贤”之名发表的就有《请看反革命的青年党之大肆捏造》《请看国际帝国主义之阴谋》《请看〈先声周报〉之第四批造谣的新闻》等。文如其人，就像《赤光》封面那个手持号角、高擎红旗、正欲跃起的少年一样，邓小平这些文章写得尖锐、泼辣，富有强烈的战斗性。比如，在那篇揭露青年党人的文章中，邓小平这样写道，“当国内直皖战于南，奉直战于北的时候，而他们反歌舞于花都”，他们10月10日所主持的所谓“国庆纪念会”，只是“音乐悠扬地‘奏乐’，肖妙之至地‘扮演’，体态活泼地‘跳舞’。他们干了一夜。这本是青年党的10月10日俱乐会、‘跳舞会’，他们却偏说是旅法华人的纪念会。请看，这是何等的捏造！何等的欺骗”！的确，这样的文章尖锐有力，入木三分，读来是何等的痛快淋漓！

在编辑部全体同人的共同努力下，《赤光》办得生动活泼，形式多样，文章短小精悍，切中时弊，在勤工俭学学生和华工、华人中具有很大的影响，被誉为“我们奋斗的先锋”“旅法华人的明星”。这中间无疑有着邓小平这个“油印博士”的一份功劳。邓小平以手中的蜡版、钢笔作匕首、作投枪，在《赤光》这个阵地上，与帝国主义、封建军阀进行着英勇无畏的斗争。

关于邓小平在法国的革命活动情况，邓小平的胞弟邓垦（邓先修）在接受大型电视文献纪录片《邓小平》摄制组人员采访时谈到了一个值得注意的情况。

他说，我清楚地记得，他去法国两年后，家中突然收到他寄来的一封长信，内容是说他参加了革命，参加了什么革命组织，要为国家富强、为天下穷苦人翻身解放而努力。他在法国参加革命后，曾在周恩来的领导下办一份杂志《赤光》。他经常往家里邮寄，寄了有七八期。我当时才十几岁，还在念小学，只看到封面里有光身子的小孩，里面内容看不太懂。到我念中学后，逐步懂得了，什么帝国主义侵略、劳苦大众、劳农政府、翻身解放、苏维埃、人人平等、为穷人谋利益，等等。我后来去上海找他，参加革命，最早受的影响就是大哥寄回来的《赤光》。

巴黎中华豆腐店

第一次世界大战结束后，整个资本主义世界爆发了新的经济危机，从1920年下半年后，欧洲开始呈现出一派萧条的景象。在法国，伴随着工业由战争到和平时期的转变和百废待兴局面的到来，其经济结构暴露出严重的不适应。许多工厂因工业原料缺乏而相继全部或部分停产，加之一批军工企业的关闭，致使法国失业人数剧增，再加上战后法国政府叠加新税，法郎贬值，百物昂贵，人民生活十分困难，整个法国经济也呈现出凋敝萧条的局面。这种情况严重地影响着中国留法勤工俭学学生的生活和学习，使他们陷入欲工不能、欲学不得的困境之中。到1920年年底，在法国的1600名勤工俭学学生中，“已经做工的不到总数的四分之一”，而“近来冬季失掉工作的又几乎有做工数的四分之一”。也就是说，有五分之四的勤工俭学学生都没有工作。为了节省开支，他们只能住在贫民窟里，有的和其他同学合租房间，自己动手做饭。平时吃面包加卷心菜或洋芋，连西红柿都不敢多买，因为价钱太高。逢年过节或遇喜庆的事情，能吃上腌黄瓜、香肠，就算是改善生活了。

1921年，邓小平（右）与同去法国勤工俭学的远房叔父邓绍圣合影（历史图片）

当时在法勤工俭学的李璜曾经这样描述他的见闻：“我见他们因营

养不良，面黄肌瘦，又因其中有久卧花园草地和地板之上，不免要受潮湿，而有腿肿致不良于行者，我为之心恻然。”“两年不到，病死者 61 人，目前送入公立医院就医者有 80 余人之多！……病死者多系肺病。”这些病死和就医者，都是住在巴黎及其附近的勤工俭学学生，占当地勤工俭学学生的五分之一。

在这种情况下，为了解决勤工俭学的费用问题，1922 年 6 月，在周恩来的倡议下，由邓小平负责主持，在巴黎开办了一间“中华豆腐店”。

大家轮流推磨豆腐，非常愉快。你说一个笑话，他哼一支小曲，周恩来还吟起古人的豆腐诗“旋轮磨上流琼液”，邓小平则和起下句来“煮月铛中滚雪花”。大家听了都拍手叫好。

邓小平热情好客，很有组织能力，这间具有东方风味的豆腐店，很快吸引了法国人。豆腐店闻名巴黎，大有供不应求之势，于是用定时供应、售完为止的办法限制销售。

经过邓小平和同学们的努力经营，豆腐店的销售品种不断增加，由单一的豆腐扩大到豆浆、豆腐脑、豆腐干、冻豆腐、臭豆腐等许多品种。

就这样，邓小平他们开店卖豆腐，解决了留法同学勤工俭学问题，也为中共旅欧支部提供了活动经费。

邓小平等学生回国后，旅法华侨接管了豆腐店。这个豆腐店后来有了很大发展，驰名欧洲。

巴黎咖啡馆

1922 年 6 月，在巴黎郊区布罗尼森林里的草地上，赵世炎、周恩来、李维汉等 18 名中国旅欧学生向一位开咖啡店的老太太租来一些椅子，或坐椅上，或就地而坐。“旅欧中国少年共产党”从此诞生了。

同年 8 月 1 日创办的少共机关刊物《少年》编辑部与少共机关一起设在意大利广场附近的戈德费鲁瓦大街 17 号那个小房间里。据蔡畅回忆："《少年》刊物是轮流编辑，邓小平、李大章同志刻蜡版，李富春同志发行。后来该刊物改名为《赤光》。有时是三日刊、二日刊、月刊，时间不定。《少年》社址在巴黎意大利广场，S 街 5 号，一个咖啡馆的楼上，我在 1948 年还去看过一次。邓小平、李富春同志是白天做工，晚上搞党的工作，而周恩来同志则全部脱产。"

对于这个位于意大利广场旁边的小小咖啡馆，邓小平深怀感情。20 世纪 70 年代，邓小平曾两次到法国。1974 年去纽约参加联合国大会会议途经巴黎时，他还特意请中国驻法国大使馆的工作人员陪他去了巴黎意大利广场边上的戈德费鲁瓦街，他对这条小街怀有一种特殊的感情。看完后，他感慨地说："面目全非了！"喝不上原来那家小咖啡馆的咖啡了，邓小平就让身边的工作人员每天早上从小街上的咖啡店里买咖啡给他喝。没办法，他就是喜欢那种真正的法国小咖啡馆里的咖啡，而且还总爱把法国的小咖啡馆和他家乡四川的小茶馆相提并论。他还告诉身边的工作人员，当年他和他的战友们曾经住在这里，并经常到这里喝咖啡。

1975 年 5 月，邓小平作为中国的第一副总理访问法国，受到了最高的礼遇。法国总统德斯坦两次与他会谈，真挚地指出，希望访法能引起您对法国的回忆，您在法国生活过五年，您对我们的生活方式、思想方式、讨论问题的方法有所了解。邓小平对法国 50 年的变化十分感慨，他又特意去了那家小咖啡馆，仍坚持要使馆人员每天为他从街上的咖啡店买咖啡。他对巴黎有特别的感情，这一次他在法国就当场拍板解决多年悬而未决的法航西线直飞北京的问题，使中国到巴黎一天往返，比以往节约了 2 小时 30 分钟。1978 年他会见巴黎市长希拉克时深情地说，你那个巴黎我还想去，你们的巴黎比纽约好得多。纽约顶多住三天，巴黎住三个月都可以。

据邓小平的女儿毛毛回忆，这两次来法国，邓小平还买了一些法国的

1924年7月，出席中国社会主义青年团旅欧区第五次代表大会的代表在法国巴黎合影。后排右三为邓小平，前排右四为李富春、右六为周恩来、右九为聂荣臻（历史图片）

牛角面包带回国，分送给曾经留法的老同志们，包括周恩来、聂荣臻、蔡畅等。每逢有人送他好的法国葡萄酒和奶酪，他也忘不了分送给这些老战友共同品尝。

1925 年 10 月 24 日，邓小平还在巴黎肖莱大街的一家咖啡馆里，以中共旅欧支部负责人的身份主持召开了一次秘密会议。有 25 名中共党员参加，会议讨论了“重建旅欧中共党的组织的必要性”。由于声援五卅运动示威游行以后，法、德等国政府将一批共产党员逮捕或驱逐出境，邓小平等在法国的旅欧党团负责人及时研究对策，重新组织力量，以继续推动各项工作的开展。

邓小平在法国的活动引起了警方的注意。

从 1925 年 6 月之后，邓小平便成为法国警察厅监视的对象。在法国，大型电视文献纪录片《邓小平》摄制组在国家档案局查到了一份留存了 70 年的档案材料，这是当时巴黎警察局的一份关于一次搜捕经过的报告记录。从这个材料中可以看出，1926 年 1 月 8 日早晨，法国警察在邓小平、傅钟和杨品苏合住的卡斯特雅街3号旅店的5号房间里查获两架带钢板、滚筒的油印机，几包供印刷用的纸，还有一些报纸杂志和小册子，如《中国工人》、布哈林的《共产主义ABC》和《孙中山遗嘱》等。

法国政府决定驱逐邓小平等三人出境，命令是在1926年1月8日签署的。在保留至今的这份命令上注明了“面交”二字，可见没有被送到收件人手中。因为在这一天之前，邓小平已经离开了巴黎。

1926年1月7日，22岁的邓小平受党的指派，和傅钟、邓绍圣等人一起离开法国乘火车前往苏联。邓小平结束了在法国五年多的生活。

在十月革命的故乡

多佐罗夫：莫斯科中山大学的学生

邓小平在十月革命的故乡，进了莫斯科中山大学，在那里较系统地学习了革命理论。

他在莫斯科时曾撰写一份自传，其中写道：“我过去在西欧团体工作时，每每感觉到能力的不足，以致往往发生错误，因此我便早有来俄学习的决心……我能留俄一天，我便要努力研究一天，务使自己对共产主义有一个相当的认识……我来莫的时候，便已打定主意，更坚决地把我的身子交给我们的党，交给本阶级。”

这就是邓小平这个年轻的共产主义战士的战斗誓言。他用自己几十年的革命斗争实践，实现了他的誓言。从这个自传中，我们也可以感受到一个中国人民的伟大儿子青年时代的博大襟胸和崇高志向。

十月革命胜利后，新生的苏维埃政权在全力以赴医治战争创伤、发展经济的同时，列宁所领导的共产国际便开始履行其国际主义义务，帮助东方民族、民主革命高涨的国家和地区培训干部。

1921年，在苏联首都创办了一所“莫斯科东方劳动者共产主义大学”（以下简称“东方大学”），既为苏联东部地区民族训练干部，也为东方国家培训干部。在该校接受培训的有印度人、越南人、日本人等。1921年该校有中国学生35人（大多数为党团员），1922年为42人。1923年，中共旅欧支部派来赵世炎、陈延年、陈乔年、王若飞等12人进入东方大学学习。

1923年6月，中国共产党确定了与国民党建立统一战线的主张。同年，孙中山确立了联俄、联共、扶助农工的三大政策，在共产党帮助下改组国民党。1924年创办了共产党参与领导的黄埔军校，建立了革命军队。第一次国共合作与国民革命战争形势的迅速发展，使国共双方深感革命干部力量不足，要求增加在苏联的培训人数。

在这种要求下，苏联于1925年建立了“莫斯科中山大学”，专门招收中国学生。其目的在于，用马克思主义“培养中国共产主义群众运动的干部，培养中国革命的布尔什维克干部”。

莫斯科中山大学旧址。莫斯科中山大学俄文全称“中国劳动者孙逸仙大学”，是联共（布）中央在孙中山去世后为纪念他而开办的，目的是为中国培养革命人才（历史图片）

1925年年底，在苏联驻广州国民政府政治顾问鲍罗廷的参与下，国共双方共挑选了310名学生准备送往莫斯科中山大学培训。第一批学生118人于1925年11月抵达莫斯科，其中共产党员和共青团员至少有103名，超过87%。1926年1月，又有10名在德国学习的国民党党员进入莫斯科中山大学学习。不久，中共旅欧支部和中国共产主义青年团旅欧支部派遣20名党团员从法国等地赴苏学习，其中有邓小平、傅钟、李卓然等人。他们先进入东方大学，不久转入新办的莫斯科中山大学。

莫斯科中山大学坐落在莫斯科西岸的瓦尔芬（沃尔洪）大街上，是一座规模相当大、四面环抱的四层楼房。从楼上朝下看，中间的院子就像个天井，那既是院子，又是篮球场，竖着篮球架，同学们常在那儿玩球。楼的大门前是大花园，花园中有一条林荫小道。花园的对面，坐落着一所大教堂，建筑甚为别致，其中间突出一个大圆顶，四周环绕着四个圆顶，成莲花形。这便是著名的皇家大教堂。

毛毛在《我的父亲邓小平》一书中对此写道：

> 1990年我率中国国际友好联络会小组访苏时，曾去中山大学的旧址参观。那是一座三层楼房，据说革命前是旧俄一个贵族的府邸，我去参观时是苏联科学院的哲学研究所。房屋里面的装设已是现代形式，但在一些大房间内还留有当年的屋顶浮雕华美依然，室内的吊灯也精致堂皇。每间房屋都高大敞亮，还有一个大厅，已改为礼堂，可见当年这栋楼房之豪华气派。在楼内，有一个厅室，贵族时期是个舞厅，据说俄国伟大诗人普希金和他妻子的婚礼舞会，就是在这个大厅举行的。现在在这栋楼内，大多数屋子已改为办公室和会议室，大礼堂和会议室内都陈设着列宁的半身像。

当时的苏联，内战和帝国主义武装干涉的创伤尚未完全恢复，但是，年轻的苏维埃国家对这些外国学生则尽全力给予了生活上和学习上的保障。苏联国内成立了中山劳动大学促进会，筹集办学经费。莫斯科中山大学每年预算约为当时的1000万卢布，而且为了给外国学生们必要的外汇（如回国费用），还需要动用苏维埃政府本来就十分短缺的外汇。苏维埃政府尽一切可能保证学生生活，外国学生甚至享有优于俄国师生的生活待遇。有一位中国学生回忆道："我们从未断缺过蛋、禽、鱼、肉，而这些在1926年是不容易搞到的。虽然经济困难，但一日三餐的数量和质量却相当高。我认为不会有什么富人的早餐比我们的更丰富了。"学校给学生发放西服、大衣、皮鞋、雨衣、冬装及一切生活日用品，还设有门诊部为学生看病。学校组织学生观看芭蕾舞、歌剧等艺术演出，组织假期的疗养和夏令营，还组织参观莫斯科的名胜古迹和到列宁格勒参观旅行。邓小平后来曾说过，他在1926年就曾随校去列宁格勒旅行。

这种生活，比起邓小平他们在法国的那种生活，简直就是天壤之别。

当然，中国学生来到这里，主要的任务是学习。

莫斯科中山大学要培养政治工作者和革命者，开设的课程有语言（俄语、英语、法语和德语）、历史（中国史、俄国史、东方和西方革命运动史）、哲学、政治经济学（主要是马克思的《资本论》和根据苏联有关著作编写的教材）、列宁主义基础（斯大林的著作为主），还有军事科学和军事训练。

前英国驻中国大使理查德·伊文思在他所著的《邓小平传》一书中写道：现在不清楚邓对这些课程有什么反应，但作为一个把书本知识和马列主义作为智慧来源的人，邓的态度是相当明确的，这可以从他在1992年春的谈话中看出来。

邓小平在南方重要谈话中指出："学马列要精，要管用的。长篇的东西是少数搞专业的人读的，群众怎么读？要求都读大本子，那是形式主义的，办不到。我的入门老师是《共产党宣言》和《共产主义ABC》。最近，有的外国人议论，马克思主义是打不倒的。打不倒，并不是因为大本子多，而是因为马克思主义的真理颠扑不破。实事求是是马克思主义的精髓。要提倡这个，不要提倡本本。我们改革开放的成功，不是靠本本，而是靠实践，靠实事求是。”

邓小平深厚的理论功底和科学的求实精神足以说明他当年在莫斯科中山大学学习期间就不是一个坐而论道的书生，而是一个知行统一论者。

在莫斯科中山大学就学的学生的水平参差不齐，有的已受过中高等教育，有的文化基础比较差。学生中对马克思主义学说的了解程度也相差甚远。针对这一情况，学校根据学生知识水平的差异，按照学生具体情况来分小组。对程度较差的学生设有预备班，进行初级教育。对俄语程度较高的设有翻译速成班。

学校中有一个组，特别引人注目，这就是被称为“理论家小组”的第七组。这个小组里云集了当时在校的国共两党的重要学员。中共方面有邓小平、傅钟、李卓然等，国民党方面则有谷正纲、谷正鼎、邓文仪，还有汪精卫的侄儿和秘书、于右任的女婿屈武，等等。因此，这个组很有名。

邓小平、傅钟和李卓然都是旅法共青团执委会的领导成员，都是在法国接受了马克思主义思想而且具有一定革命斗争领导经验的共产党员，他们在思想和行动上都已成熟，履历也很引人注目。他们与国民党人士相处一个班组，在信仰上、观点上、见解上和阶级立场上都有很大的不同，因此在各种问题上双方常常发起辩论，甚至经常展开一定程度的斗争。这种斗争特别表现在与国民党右派势力的较量中，是和中国国内的政治斗争紧密相连的。

匈牙利作家巴拉奇·代内什在他所著的《邓小平》一书中这样写道：“被同学称为‘小钢炮’（指邓小平的身材以及善于辩论的口才）的邓小平在莫斯科待了近一年。我们没有直接材料说明他学习什么课程，但他很关心校内国民党派去的学生和共产党人进行的辩论。”

1926 年 6 月 16 日，莫斯科中山大学内中共党支部的一份“党员批评计划案”中，记载了有关邓小平当年的一些情况，并包含当时的中共党组织对他的评价，现摘录下来，以供更好地了解那个时期的邓小平。

姓名：邓希贤。

俄文名：多佐罗夫（доэоров）

学生证号码：233

党的工作：本班党组组长。

一切行动是否合于党员的身份：一切行动合于党员的身份，无非党的倾向。

守纪律否：守纪律。

对于党的实际问题及其他一般政治问题的了解和兴趣如何，在组会中是否积极地或是消极地提议各种问题讨论，是否激动同志们讨论一切问题：对党中的纪律问题甚为注意，对一般政治问题亦很关心且有相当的认识，在组会中亦能积极参加讨论各种问题，且能激动同志讨论各种问题。

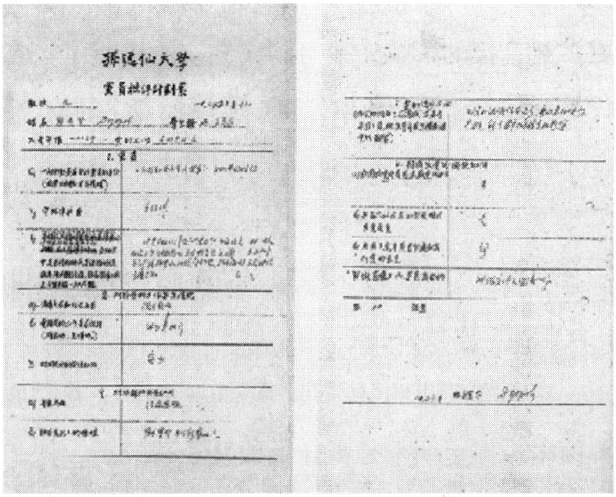
孫逸仙大學

1926年6月16日，邓小平填写的党员批评计划案（历史图片）

出席党的大会和组会与否：从无缺席。

党指定的工作是否执行：能切实执行。

与同志们的关系如何：密切。

对功课有无兴趣：很有兴趣。

能否为别人的

榜样：努力学习可以影响他人。

党的进步方面：对党的认识很有进步，无非党的倾向。能在团员中树立党的影响。

在国民党中是否消灭党的面目：未。

在国民党中是否能适合实行党的意见：能。

做什么工作是最适合的：能做宣传及组织工作。

这份党小组的鉴定，勾画出了一个22岁的年轻共产党员邓小平的基本形象。

邓小平在法国时期就读过马克思主义的一些著作以及考茨基等俄共著作，他曾说："他们旅法青年团小组每周都要组织一次学习讨论。但我想那样的学习毕竟不够系统和精深。在苏联的学习，最重要的是较全面、较系统地学习了马列主义的基本观点和其他知识。"如果说他以前从未有机会进入高等学校就学的话，那么进入莫斯科中山大学便可以算作他接受高等教育，特别是共产党的高级党校教育的一个良好的机会。同时，在这里，他和他的同志们与直接从国内来的国民党人士共同学习、生活，使他们对国民党各派有了更多更直接的了解，并与国民党右派进行了较量。这些，对于他回国以后进行革命活动和革命斗争，奠定了更加充实的理论基础和斗争基础。

一条蓝白道的大围巾

毛毛在《我的父亲邓小平》一书中写道："在莫斯科的同学中，还有两个人值得一提。一个是蒋介石的儿子蒋经国，他和父亲不同班，年龄也较小，当时在学校并不出名。另一个是从国内派到莫斯科培训的一个年轻的女共产党员，名叫张锡瑗。"

全国政协委员徐君虎早年和邓小平、蒋经国等在莫斯科中山大学同窗共读，据他回忆，莫斯科中山大学是1925年秋天正式开学的，第一期学员共有600多人。徐君虎去了以后，不仅和蒋经国分在同一个班，而且分在同一个团小组里。邓小平到来后虽然和他们不同班，但却在一个团小组里，还任他们的团小组组长。

在所有莫斯科中山大学的同学当中，蒋经国年纪最小，是同学们的小弟弟。由于年纪小，顽皮又活泼，爱说爱笑爱唱，走起路来又蹦又跳，整天无忧无虑，像只快活的小鸟。又因为他经常穿一件夹克式工人服，戴着鸭舌帽，皮肤也晒得黑黑的，像个小童工，大伙儿都跟他开玩笑，管他叫“раводи”（俄语“工人”）。

而邓小平比他们团小组里的人都大，经验也比团小组里的其他人丰富。在学校里，邓小平性情爽朗，活泼，爱说爱笑，富有组织才能和表达才能；傅钟则老成持重，不爱言谈；任卓宣（曾任旅法支部书记，大革命失败后叛变，曾任国民党中央宣传部部长）则是个书呆子。这三个从法国来的中国学生的共同特点是：每个人脖子上都围着一条蓝白道的大围巾。

莫斯科是很美丽的，尤其是积雪的冬天，克里姆林宫、楼房、教堂都像一座座水晶宫。每到夜幕降临，路灯映着白雪，直晃人眼。

徐君虎、赵可夫、左权等人初到莫斯科，觉得一切都是那么新鲜、有趣。尽管天寒地冻，但他们晚饭后总爱到学校对面教堂旁边的广场、公园或莫斯科河畔去散步，领略异国风光。

在散步的时候，他们爱开开玩笑、聊聊天。当左权、徐君虎和蒋经国、邓小平一起去散步的时候，除了聊天，还爱听邓小平讲在法国勤工俭学时那些惊心动魄、带有传奇色彩的革命斗争故事。

有一次，蒋经国和徐君虎问邓小平：“你们干吗老围着一条大围巾？”邓小平告诉他们说，在法国留学的中国学生常去当清洁工，尤其是捡马粪，因为在法国就数捡马粪挣钱多，干一天能搞足一个星期的花销，最划得来。法国的清洁工都围那么一条围巾，因此他们每人也有那么一条。

原来，他们是以曾当过清洁工人而自豪啊！

70 多年过去后，即 1992 年邓小平 88 岁生日时，北京外国语学院英语系吴文华同学曾在一本书中读到，16 岁的邓小平在法国留学时，由于没有足够的钱读书、生活，曾有一段上街捡牛马粪挣零用钱的经历。那时，他时常戴着一条蓝白相间的围巾，那是中国留学生当清洁工人的标志。该给他老人家送上这样一条围巾作纪念。小吴来到农贸市场。一位名叫王惠兰的个体户老大娘热情表示要为他帮忙。大娘从存货中找出一条洁白的长围巾，按照小吴的要求，一针一线地绣上蓝色边、三棵青松和“1992”等字样。吴文华将纪念品及信件送到了中共中央（国务院）办公厅信访局。收到礼物，邓小平委托中办转达感谢和希望。

蒋经国和邓小平个头都不高，站队时老站在一起，肩挨着肩。生活和历史就是这样地开玩笑，这两个当年同窗共学的朋友和同志，谁能料想到，50 年后，竟成为台湾海峡两岸的风云人物呢？

后来，80 多岁的邓小平回忆说，蒋经国“学得不错”。

1926 年年底，掌握了先进的思想理论的邓小平离开莫斯科返回了自己的祖国，他要为自己的崇高理想去战斗，去迎接新的生活！

/ 第二章 /

“家庭是个好东西”

◎卓琳，她深深地理解邓小平，为邓小平的事业即中国人民的事业和党的事业，付出了个人的一些牺牲；她深深地爱着邓小平，既有妻子之爱，也有同志之爱和战友之爱；她深深地相信邓小平，在邓小平蒙受屈辱的情况下，忠贞不渝，成为邓小平的终身伴侣。

◎邓小平的一生，之所以能够为中国的革命和建设事业作出那么大的贡献，与他有一个温暖、幸福的家，有一位温柔、善良，不断给予他支持、帮助的妻子是分不开的。

三次婚姻

“张锡瑗是少有的漂亮”

邓小平和张锡瑗，既是同学，又是战友，更是一对感情笃深的年轻夫妻。

张锡瑗生于1907年，原籍河北省房山县良乡。其父张镜海曾任良乡火车站站长，参加过二七大罢工。张锡瑗在直隶省第二女子师范学校读书，1924年是该校学潮中的骨干分子，参加了共产主义青年团。1925年到北京，认识了李大钊、赵世炎等党的领导人，同年加入中国共产党，约于1925年下半年，被党组织送往莫斯科中山大学学习，结识了邓小平。

毛毛在《我的父亲邓小平》一书中写道：“父亲和张锡瑗在莫斯科中山大学时只是同学，只是战友，还未发展到恋爱的程度。但是，他们两个人之间的关系，毕竟是起于斯时，始于斯地。”

1926年年底，邓小平便奉命回国，参加国内的大革命活动。当时，邓小平在武汉任党中央秘书。这时，他惊喜地遇到了刚从莫斯科回国的张锡瑗。

1927年秋天，张锡瑗经蒙古回国后，她领导了一次保定的铁路工人罢工运动。罢工运动后她也到了武汉，在党中央秘书处工作。不久，党中央迁往上海，二人也同往上海，张锡瑗就在邓小平下属的秘书处工作。1928年年初，邓小平和张锡瑗结婚。当时邓小平不到24岁，张锡瑗不到22岁。

为了庆祝这对年轻的革命者喜结良缘，同志们特地在上海广西中路一个叫聚丰园的四川馆子办了酒席。周恩来、邓颖超、李维汉、王若飞等在中央机关工作的30多人参加了婚礼。

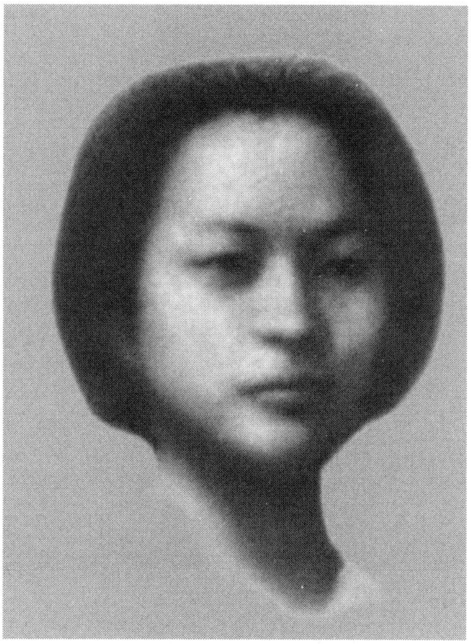
张锡瑗（历史图片）

据参加过邓小平和张锡瑗婚礼的郑超麟老人以及和张锡瑗一起工作过的朱月倩、朱端绶等老人回忆说：张锡瑗人长得很漂亮，白净的脸，很秀气、很温柔、性格开朗、活泼、温和，讲话轻声轻气，待人热情、诚恳、很友好，身高160厘米。因为那时做的是地下工作，扮装的是有钱人，所以张锡瑗也是短头发、穿旗袍、穿高跟鞋，邓小平也是穿长袍、戴博士帽，两人十分相配。

张锡瑗的朋友很多，当时追求她的人也不少，可她最终选择了邓小平。他们俩既是同学又是战友，更是一对感情圣洁而又纯真的年轻夫妻，他们俩志同道合，情趣相投，互敬互爱，经常有说有笑。婚后，曾经有大半年的时间，他们同周恩来和邓颖超合住在公共租界的一幢房子里。周恩来和邓颖超夫妇住在楼上，邓小平和张锡瑗夫妇住在楼下，邓颖超曾经说过：他们常常听见邓小平和张锡瑗在楼下又说又笑的。

有一次，邓小平沉思般地对女儿毛毛说过：“张锡瑗是少有的漂亮。”这是邓小平从内心深处对张锡瑗表达的倾慕之情。

1929年7月到8月间，邓小平奉党中央和中央军委的派遣，告别了妻子，坐船经香港赶赴广西。这时的邓小平已担任了中央秘书长的职务。9月10日，他以中央代表的名义主持召开了中共广西第一次代表大会。会议作出了开展土地革命、建立工农武装、准备武装暴动等重要决议。此后，广西开展了轰轰烈烈的革命运动。

1930年1月，邓小平受命回到上海，向党中央和中央军委汇报广西的工作。汇报完工作，赶忙去看他的妻子。此时，张锡瑗正在上海宝隆医院待产。没想到，偏偏孩子难产，好不容易生下孩子，可是张锡瑗却得了产褥热。邓小平以极其焦虑的心情在医院日夜陪伴着妻子。但因医疗条件差，张锡瑗不幸去世。孩子生下来后便放在徐冰和张晓梅（张锡瑗的妹妹）家里，可能因为难产的关系，没几天也死了。这是一个女孩儿。

这时，广西形势逼人，军情如火。邓小平未来得及料理妻子的后事，便又匆匆赶去广西。后委托李强安葬了张锡瑗。李强是特科的工作人员，当时党内有些同志死后，都由他去安葬。李强把张锡瑗埋葬在上海江湾公墓。墓碑上写的名字是张周氏，但在公墓进行登记时用的是原名张锡瑗。当时给张锡瑗送葬的还有邓颖超和张锡瑗的妈妈以及妹妹张晓梅。

据邓垦回忆说：他在 1931 年去上海念书，5 月份找到了当时正在上海的兄长。邓小平还带他到江湾公墓看了张锡瑗的墓。

1949 年上海解放后，邓小平一进城，就和卓琳一起去查找张锡瑗的坟墓。因为战乱，日本人又在公墓那里动土修机场，许多烈士的墓地都找不到了。幸亏李强的记忆力好，在他的帮助下，终于找到了张锡瑗的墓地。邓小平和卓琳发现那里已被水淹了，于是邓小平叫人把张锡瑗的遗骨取出来，放在一个小棺木中，和当时找到的苏兆征烈士的遗骨一起，两个小棺木，都放在邓小平在上海住的房子楼下，也就是当年国民党励志社的那个房子。不久，邓小平离开上海，率军南下、西进，进军大西南。张锡瑗和苏兆征的棺木，一直放在上海励志社的旧址里，最后于 1969 年被安葬在上海烈士陵园。

毛毛在《我的父亲邓小平》一书中这样描写道："当时正是'文化大革命'最汹涌澎湃的时期，父亲被当作全国'第二号最大的走资派'已经打倒。我想，当时建立上海烈士陵园的人，一定不知道张锡瑗是谁，看到她和苏兆征的棺木放在一起，就一起安葬了。如果他们知道这个张锡瑗是邓小平的妻子，那非但不会将她安葬，而且还不知要怀着多大的阶级仇恨来处置张锡瑗的遗骸以示对邓小平的彻底批判呢。"

也可能，在冥冥之中真有什么力量，在那一片疯狂与混乱之中，就这么把张锡瑗的遗骨保护下来了。

现在，上海烈士陵园已改名为龙华革命公墓。张锡瑗那块朴素简单的墓碑上镌刻着“张锡瑗烈士之墓”，一张端正秀丽的照片镶嵌在石碑之上。这是她在短短的 24 年的生活中仅存的一张照片。那是 1926 年，张锡瑗和莫斯科中山大学的二十几位女同学一起在莫斯科郊区的一个疗养院照了一张集体相，相片中的她，美丽文静的面容，非常精神的短发，和同学们站在一起的亲热姿态，都非常真切。谁能从照片上看出，这个女孩子般的年轻共产党员，已经历革命斗争的锤炼了呢？张锡瑗把这张照片寄给了她在国内的家人，一直到 1978 年，上海龙华革命公墓工作人员才从她的亲人手中找到了这张珍贵的照片。

张锡瑗和苏兆征、杨贤江、顾正红等革命烈士一起，安详地静卧在上海龙华革命公墓的青松翠柏之中。

共产党人不是没有感情，不是没有眼泪。

有多少共产党人同邓小平一样，在他们失掉了亲人和战友之后，把感情

张锡瑗烈士之墓（历史图片）

深深地埋藏在心中，把眼泪强吞进肚里。因为，在他们的心目中，革命利益高于一切。

张锡瑗的不幸去世，使邓小平失去一位好妻子、好同学、好同志、好战友。多少年来，邓小平一直将张锡瑗深深地埋在心里。

艰难时刻，金维映被迫离开

20 世纪 30 年代初，邓小平在中央苏区工作期间，与同他一起工作的同志金维映结婚了，这是邓小平的第二个妻子。

邓小平和金维映是 1931 年在上海相识的。

1931 年 7 月中旬，邓小平经中央批准从上海乘船经广西赴江西中央苏区工作。和他同行的，有一位女同志，名叫金维映，人们都称她阿金。后来两人结为夫妻。

金维映，原名金爱卿，浙江岱山人，与邓小平同岁，1904 年出生。金维映于 1919 年曾在县立女子学校参加声援北京五四运动的宣传工作，在斗争中她表现了不屈的精神和组织才能，抱定“有志者事竟成”精神的她改名为志成。毕业后又到宁波师范学习，三年后再回到女校，任女校教员。1926 年她组织女校师生积极响应五卅运动，同年 10 月，加入中国共产党，并从事工人运动工作。1927 年，金维映被选为舟山总工会执行委员，四一二反革命政变后被捕，经党组织营救释放后到上海中央全国总工会工作，从事秘密的工人运动。1929 年她担任中共江苏妇女运动委员会书记，积极开展妇女革命斗争和工人运动。1930 年她任上海丝织业工会中共党团书记和上海工会联合行动委员会领导人。

金维映和邓小平一起到中央苏区后，曾担任过中共于都县和胜利县的县委书记，领导两县党的军民开展经济建设，扩大红军和支援前线，是一位很有能力的红军女干部。此时她已改名为金维映。

1933年5月，邓小平在政治上遭受王明“左”倾冒险主义的打击和批判以后，金维映离开了他。这是邓小平第二次失去妻子。

月有阴晴圆缺，人有悲欢离合，此事古难全。

人的一生，真不知要经历多少悲欢离合，要经受多少事业和生活上的磨难，才能达到涅槃超俗的境地。

事业上的一沉一浮和生活上的一波一折，都让邓小平赶上了。三十而立的邓小平经受的磨难和挫折已经够多的了，但在30年后，他还将遭到两次更大的政治上的打击。

三次被打倒，又三次复出，而且复出得一次比一次光荣、一次比一次震撼人心，这种经历，的确足以令人惊叹不已！

经受磨难挫折，绝不是一件轻松的事情。但是，一辈子没有经历过任何磨难和挫折的人，其一生，一定会平淡无奇。

金维映离开邓小平，不能不说是人为的原因。邓小平被“左”倾领导者关进“审讯室”的时候，金维映被迫把离婚书送到邓小平面前。邓小平为了不使妻子受株连，狠狠地一咬牙，拿起笔来签了“邓小平”三个字。

起起落落，卓琳始终伴其左右

1939年秋天，邓小平从太行山赴延安开会期间，在战友、朋友们的热心帮助下，又娶了一位新娘，她就是卓琳。这是邓小平的第三任妻子，也是他相濡以沫的终身伴侣。

卓琳和邓小平的相识颇具戏剧性。

邓小平是1939年7月回到延安的。夏天的延安，酷热难当。

据张闻天的夫人刘英回忆说，邓小平从太行山回延安，原来是准备参加中共七大，不料七大推迟召开，由于前方需要，他不能在延安多待。

那时，邓小平没有妻子，大家非常关心这件事，于是，邓发等同志要帮助他找一个。当时延安的女同志倒是不少。抗战时期，很多女同志到延安追求真理，陕北公学、女子大学都有。卓琳很年轻，也很不错，在陕北公学已经毕业了，就被介绍给邓小平。

当时卓琳对邓小平并不熟悉，只知道他是一个老红军战士，一位在前线的领导干部。但是，他到底是干什么工作的，到底担负着什么样的责任，她却并不清楚。

革命者自有革命者的感情世界和情感生活。共同的革命理想、共同的生活追求，把卓琳和邓小平联系到了一起。

卓琳，原名浦琼英，云南宣威人。她的父亲是云南著名的"火腿大王"浦在廷。1916年4月卓琳出生，由于在家排行最小，父母视其为掌上明珠。她从小就非常聪明颖慧，活泼开朗。15岁时就被选为云南省参加全国运动会少年组60米短跑的田径选手。正当她随队出发抵达香港时，九一八事变爆发，日本帝国主义很快就占领了东北三省。国难当头，运动会也不开了，云南省代表团只好中途折返。但这时的卓琳决心走出云南，到北平去读书。于是她给哥哥写了一封信，表达了自己的心情。很快得到家里的支持。她来到北平后，经过几个月的补习，于1932年考入北平第一女子中学。

卓琳性格开朗，喜欢社交活动，结交了一些同乡好友，电影演员张瑞芳、陈云的夫人于若木、胡乔木的夫人谷雨等都是她的至交。

1935年华北事变后，北平的抗日救亡运动迅速达到高潮。卓琳和许多爱国学生一起，参加了著名的一二·九学生运动。对她来说，这是一次灵魂的洗礼，她的思想觉悟发生了质的飞跃。

1936年卓琳中学毕业后，以优异成绩考入北京大学物理系。她积极参加抗日民族解放先锋队组织的活动，开始投身革命。

1937年七七卢沟桥事变后，卓琳决定离开北平奔赴当时中国许多进步青年共同向往的革命圣地延安。几经辗转，来到了延安后，考入了陕北公学。经过三四个月的学习，毕业后被分配在学校的图书馆工作。

1939年9月，邓小平与卓琳在延安相识相爱，结为夫妻。这是他们与孔原、许明夫妇的合影（历史图片）

1938 年年初，卓琳光荣地加入了中国共产党。后来，她在陕北公学担任了一期十二队的队长。不久，她又被调到陕甘宁特区政府保安处的一个特别训练班学习，准备以后到敌后去从事抗日工作。也就是在这个时候，因为工作的需要，她的名字由浦琼英改为卓琳。

1939 年 9 月初的一个傍晚，延安杨家岭毛泽东居住的窑洞前的山坡上摆出一些桌子，中共中央为两对新婚夫妇举行了一个简单的结婚仪式。两对新婚夫妇，一对是邓小平和卓琳，一对是孔原和许明。当时在延安的中央高级领导人，能来的都来了。毛泽东和夫人江青、张闻天和夫人刘英、博古、刘少奇、李富春和夫人蔡畅，还有中央秘书长王首道，相继来到婚礼现场。被邓小平一直尊为兄长的周恩来，因在此前落马摔伤去苏联医治，没能参加他的婚礼。

婚礼非常热闹。没有什么山珍海味，桌子上摆的是金黄色的小米饭、大红枣等，最奢侈的不过是炒了几个鸡蛋。参加婚礼的，虽然都是延安的显赫人员，却都穿着土布做的八路军军服，脚踏布履，膝上打着补丁，然而却显得特别精神。

两对新郎和新娘一起照了一张相。限于当时艰苦的条件，拍出的相片有

邓小平与卓琳在太行山（历史图片）

些模糊不清，但是看得出他们当时都沉浸在幸福之中，邓小平和卓琳的脸上都充满着微笑。这是一张有永久纪念意义的珍贵照片。

婚礼在热烈的气氛中进行着。大家纷纷庆贺两对新婚夫妇，开怀畅饮。孔原在高兴之中，喝酒喝得很多，最后醉了，在新婚之夜就挨了夫人许明的数落。邓小平来者不拒，有敬就饮，一杯接着一杯，竟然未醉。

熟悉邓小平的刘英感到非常奇怪：小平过去是不怎么能喝酒的，今天如此“豪饮”，怎么能够一点不醉呢？她心里很纳闷。丈夫张闻天悄悄地告诉她：“里面有假！”

原来，邓小平喝的是白开水。婚礼上，李富春和邓发念在友情的分儿上，知道邓小平不会喝酒，怕他喝醉了，就悄悄弄了一瓶白水给他充酒，使得他免于一醉。

几天以后，卓琳就和新婚的丈夫、八路军一二九师师政委邓小平一道启程，奔赴前方，奔向太行。

这一年，邓小平35岁，卓琳23岁。

邓小平一回到一二九师师部，便立即投入紧张的作战指挥中去。

卓琳所在的八路军总部，虽说是机关，但是在太行山上，仍然时常要接受枪林弹雨的考验。她毫不畏惧地跟随机关和部队一起行军、转战、反“扫荡”。

卓琳与邓小平在太行山共同度过了五年的艰苦岁月。五年里，夫妻二人患难与共、生死相依、相亲相爱，并先后生了三个儿女。那时候，条件艰苦，无法将孩子带在身边，卓琳只能忍痛将他们寄养在老乡家里。

直到抗战结束，1945 年 12 月，刘邓司令部迁至武安县以后，卓琳才将三个孩子都接回了身边，全家五口人在武安暂居下来。这是有了三个孩子以来，全家第一次团聚。

此后，卓琳每日忙于照看三个吵吵闹闹的孩子，使家慢慢地安顿下来，邓小平则每日忙于军政大事。

后来，他们又到过邯郸、洛阳、上海、重庆。在重庆，家里又增加三人：小女儿、小儿子和邓小平的继母夏伯根。卓琳仍旧担当起教育子女、照顾家庭的重任。随着职务的变动，邓小平更忙了。

1952 年，邓小平奉调到中央工作，卓琳及五个儿女和夏伯根随他到了北京。

进京后，卓琳调到中共中央办公厅工作，任邓小平的生活秘书。这段时期，由于体弱多病，她主要在家中主持家务，照料邓小平的生活。

卓琳除了照顾邓小平的生活，还帮助他整理、抄写文件，干一些力所能及的工作。有时工作忙，她与邓小平一直劳碌到深夜。

多年的共同生活，使卓琳十分了解邓小平爽直、真诚的内心世界。因而，无论政治风云怎样变幻多端，始终挡不住她对邓小平的一片深情，丝毫动摇不了他们夫妻间多年建立起来的信任。特别是在“文化大革命”的年代，邓小平遭到诬陷、迫害的时候，她始终以善良、贤惠的心去爱抚丈夫那颗深受伤害的心。

1969年秋，邓小平以“全国第二号走资派”的身份被下放江西监管劳动。经过战争磨炼的卓琳顶着巨大的精神压力，毫不犹豫地陪伴邓小平到了江西，迎接生活的挑战。

到江西后，他们开始了新的生活。夫妻二人，加上邓小平的继母夏伯根，患难与共，相濡以沫。卓琳给了邓小平许许多多的关心和抚慰，他们共同度过了一段艰难的时光。

在江西的监管劳动，安排在新建县拖拉机修造厂进行。每天，卓琳和邓小平由住地“将军楼”（原南昌步兵学校内）出发走一条小路前往工厂，卓琳总要走在前面为丈夫开道，生怕比自己大12岁的丈夫摔跤。这条路荆棘遍布、杂草丛生、凹凸不平，不利于老年人行走。特别是遇到阴天下雨，更是泥泞不堪。每当这时，卓琳就更加注意邓小平的安全。有时候，她一只手搀扶着邓小平的胳膊，另一只手为他撑伞，嘴里还不断地提醒他多加注意，小心脚底打滑。日久天长，他们踩出了一条“邓小平小道”。

在江西，卓琳伴随邓小平开始了三年多的监管劳动生涯，成了“将军

1966年“文化大革命”开始后，邓小平受到错误批判。1969年10月，他被送到江西南昌新建县监督劳动。这是逆境中的邓小平夫妇及继母夏伯根（历史图片）

楼”里的新主妇。

邓小平回到北京，重新担任党和国家的重要领导职务后，工作十分繁忙。卓琳则投入很多的精力，积极帮助处理一些丈夫无暇顾及的事情。

原新建县拖拉机修配厂一个车间内景（历史图片）

卓琳虽然是家里的主妇，但是，她的烹调手艺并不被孩子们看好。在孩子们的心目中，父亲的烹饪技术要高出母亲一筹，做的菜特别具有川菜风味。因而，有时候，邓小平特意为卓琳寻找“实习锻炼的好机会”。

每逢节日，邓小平总是让工作人员早点回家团聚。节日里，煮饭烧菜的任务自然就落到夫人卓琳身上。

卓琳则一边动手，一边叫女儿帮忙打下手，一阵“叮当、叮当”的锅碗瓢盆交响曲过后，香味就从厨房里散出来。不一会儿，桌上便摆满了美味佳肴。

节日的餐桌上，邓小平总要为夫人倒上一杯葡萄酒，说道：“辛苦了，节日的厨师，我来敬你一杯。”说罢，自己先举起酒杯，小小的敬意寄寓着邓小平对妻子卓琳的一片深情。

1988 年，卓琳、邓小平度过了金婚纪念日。夫妻两人生肖均属龙，那一年，恰好也是龙年。

几十年的夫妻情，简直是一曲和谐动听的交响乐。

卓琳，她深深地理解邓小平，为邓小平的事业即中国人民的事业和党的事业，付出了个人的一些牺牲；她深深地爱着邓小平，既有妻子之爱，也有

相濡以沫（历史图片）

同志之爱和战友之爱；她深深地相信邓小平，在邓小平蒙受屈辱的情况下，忠贞不渝，成为邓小平的终身伴侣。

邓小平的一生，之所以能够为中国的革命和建设事业作出那么大的贡献，与他有一个温暖、幸福的家，有一位温柔、善良，不断给予他支持、帮助的妻子是分不开的。

儿女情深

怜子如何不丈夫

爱儿女，是人之常情。天下父母都有一颗牵挂儿女的心，邓小平夫妇也不例外。

邓小平疼爱子女，从来都是一视同仁，平等相待。他既不重男轻女或重女轻男，也不重大轻小或重小轻大。他对男孩和女孩，对老大和老小，都是不偏不倚的，对所有的子女一样公平看待，不分亲疏，不厚此薄彼。他对在“文化大革命”中被造反派红卫兵迫害致残的长子邓朴方，给予更多的同情和抚爱。

1966年“文化大革命”一爆发，邓小平就被推向灾难的深渊。三年以后，林彪的“一号命令”，使邓小平夫妇离开中南海，并被下放江西劳动。离开北京时，不允许一个子女随行。卓琳作为五个孩子的母亲无限悲伤。她思念着成年与未成年以及被迫害致残的儿女，禁不住泪水涟涟。

作为父亲，邓小平的心中也有万般痛楚。同卓琳一样，他从心底里爱着聪明、活泼、富有朝气的儿女们。尤其在别离的时候，这种感情更强烈。因而，到达江西，住进“将军楼”的第二天，他就主动向监管人员提出了一个要求。

他说：“我来时，汪东兴同志同我谈过，同自己的亲属可以通信……”说到这儿，他停了一下，又补充道：“还有第四、第五个孩子，我来南昌时未见面。第四个孩子（在陕西插队的邓榕），原约定12月到北京会面……其他的都见了面，现在可不可以来？”

邓小平想把原定12月同女儿邓榕会面的地点，由北京改为南昌。

监管人员十分理解这种牵挂孩子的慈父心情。他表示会尽快向江西省革委会党的核心小组反映这一要求。

……

养育儿女，是每一位做父母的人应尽的义务。

作为慈父的邓小平，十分喜爱自己的孩子。然而，出于工作的需要，他很少和孩子相聚，很少享受到天伦之乐。因此，抚养、教育子女的重任就落在了当母亲的卓琳肩上。

邓家子女的事情，无论大小，从生活到学习，都是卓琳里里外外一把抓。

难怪，女儿们说：“我们的事都是妈妈管的，爸爸从来不闻不问。”

“不管怎么说，在我们这个家庭里，爸爸当然是核心了，但妈妈却是中心，我们这一群孩子，是围绕在妈妈身边儿长大的。”

“爸爸忙，教育孩子的工作主要是妈妈的。”

就连给女儿们起名的事，邓小平都授权给了卓琳。

卓琳为三个女儿全取了单名：邓林、邓楠、邓榕。“林”“楠”“榕”都与卓琳自己的名字有关。卓琳的“琳”，去掉“王”字旁为“林”，先用来给大女儿命名；“林”再分成两半为“木”，分别与“南”“容”组合，两个小女儿的名就出来了。此外，以“林”作名和以“木”入名，卓琳显然还有望女成林之意。

如前所述，邓小平与卓琳一共有五个孩子，二男三女。老大、老二和老三出生在战火纷飞的年代，历经艰辛，随着革命的胜利而成长起来。

大女儿邓林，生于1941年9月，是卓琳与邓小平的第一个孩子，因而当她呱呱坠地后，夫妻两人十分高兴。结婚生子，毕竟是人生中的一桩大事。然而，这喜事的降临又给他们心中增加了许多惆怅。当时，抗日战争正进入最艰苦的阶段，日军经常“围剿”“扫荡”，他们没有时间照料孩子。邓林只吃了母亲七天的奶水，就被送到了一个农民家去哺养，卓琳则随部队转移了。

1946年，邓小平、卓琳（左）全家合影。女孩为长女邓林，男孩为长子邓朴方（历史图片）

儿子邓朴方是邓家的长子，生于1944年。出生后卓琳没有奶水，只好也忍痛将他送到麻田镇河对岸的一个农民家哺养。

转年，二女儿邓楠出生。同样，又被送到一个农民家去哺养。

这三个孩子喝着太行山老百姓的奶水和小米粥，在战争的硝烟中，都顽强地活了下来。

1945 年年底，晋冀鲁豫区领导机关迁至河北武安。到武安后，卓琳将三个孩子都接回身边。

后来，中国大陆全部解放，和平岁月来临，卓琳又生下小女儿邓榕和小儿子邓质方。她既要工作，又要照顾孩子，比以前更加忙碌了。好在，邓小平的继母夏伯根来到身边，帮助料理家里的生活，才使得卓琳有精力抓孩子们的教育和学习。

在教育孩子的问题上，卓琳和邓小平观点比较一致，都很民主，注意尊重孩子们自己的选择，培养他们自强、自立的意识。

邓林十多岁的时候非常喜欢唱歌。那时，最流行的抗美援朝歌曲和苏联歌曲，她几乎都会唱。卓琳知道女儿这个爱好后，不但不反对，反而说道：“既然这么爱唱歌，要不就去学音乐吧。”

不久，邓林终于如愿以偿，转入中央音乐学院附中。但不幸的是，她的喉头染了重病，去苏联做了手术，痊愈回国后再也不能学音乐了。

有一次，她看见别人家的女孩子在画国画，虽寥寥几笔，却非常传神地画出了大自然中的生命，她感到很有趣、很神奇，于是，回家后就向母亲提出想学国画的要求。

卓琳把这件事挂在了心上。有一天，她听说薄一波的女儿跟一个叫汪慎生的老师学国画，便想到邓林曾向自己提出过学国画的要求。不久，卓琳带着邓林，找到当时还是右派的汪慎生的家里，让邓林正式拜师。邓林学画后进步很快，于是转到中央美术学院附中读书。1962 年考入中央美术学院国画系，师从著名画家李苦禅。为了她上学方便，卓琳还给她买了一辆小自行车。

邓林对国画艺术兴趣很大，不断执着地追求。每当有了得意之作，便去征求父母的意见。

邓小平的评价总是简单而意味深长："有进步！"

卓琳则更多一份关心，总是提醒女儿："有人捧你的那些话，是真是假？"

邓林回答："起码有一半是真的吧！"

卓琳还会有些不放心地叮嘱："不要让人把你捧晕了。"

在母亲面前，邓林永远是个孩子。

……

邓小平提出申请后，几天过去了，已经到了邓榕按原计划该到北京的时候了，答复却一直没有接到。

12 月 26 日，得到答复："子女可以来这里，但江西省革委会不出证明联系。"

实在是捉弄人的感情。

想到儿女们受父母的影响和牵连在运动中受到刺激和打击，邓小平和卓琳难以压抑悲愤的心情。尤其是卓琳，作为母亲心中更是酸楚难忍。

历史并非总是无情的。

不久，中央办公厅明确答复：邓小平的子女可以到江西探望。

这一喜讯驱散了邓小平家中的一些抑郁空气，邓小平和卓琳脸上开始出现笑容。他们盼望着家人团聚的日子早点到来，盼望着子女们早点来到身边。

1970 年春节前夕，远在陕西富县羊泉公社郭家大队插队劳动的小女儿邓榕最先到达父母身边。刚一看见卓琳、邓小平，她就激动地喊着"妈妈！爸爸！"跑着扑到父母的怀里。

邓榕是邓小平最小的女儿，从小便聪明伶俐，能歌善舞，而且是三个姐妹中最漂亮的一个。

1967 年年初，邓小平被正式宣布为"党内第二号走资本主义道路的当权派"。同年 10 月，刘少奇和邓小平两家的孩子都被赶出中南海的家。

邓榕被赶出中南海时，还是北京师范大学附中高中二年级的学生。作为

“黑帮子女”，她被下放到陕西富县羊泉公社郭家大队插队落户。

从此，她告别了天真烂漫的青少年时代，踏上了风雨历程……

正如邓榕自己所说：“从我成人开始，便历尽那非常时期的世态炎凉。”

……

久别重逢，母亲卓琳更是高兴得流下了眼泪。

从此，孤零、冷清的“将军楼”里不时传来邓榕清脆响亮的动人歌声。每当卓琳和邓小平从厂里劳动回来，未进家门，便先听到歌声，夫妻二人的劳累顿时烟消云散。

继邓榕之后，1970 年冬天，在山西省忻县奇村公社李村插队的小儿子邓质方，回到了父母身边。“文化大革命”初期，只有 14 岁的他，犹如一只孤雁在外飘零，被无情的风暴卷入运动中去，过早地品尝了家庭支离破碎、人各东西之苦。

望着离别两年的儿子个儿长得高了，脸晒黑了，身体结实了，邓小平、卓琳心里充满了喜悦之情。

邓质方从小喜爱无线电，聪明上进，学习非常自觉、刻苦。父母很欣赏他爱学习的劲头。于是，鼓励他上大学深造。后来，在黄文华等人的努力下，经批准，邓质方进了江西工学院。他果然不负父母的期望，学习成绩优异，成为班上的佼佼者。几年后经考试，取得了出国留学的资格，并在国外学有所成。

邓质方假期已满，邓小平为小儿子送行，一直送到车站，父子之情难舍难分。然后，在监管人员的押送下，邓小平由车站直接到工厂上班劳动。由于他心情难受，突然面色苍白，晕倒在机床旁边。这可真是“可怜天下父母心”啊！邓小平何尝不是如此。

最使卓琳、邓小平高兴的是二女儿邓楠领来了她的未婚夫张宏。见到身材魁梧、仪表不凡的未来女婿，他们满心欢喜。这年月，竟有人敢爱“中国第二号走资派”的女儿，二位老人心里感到莫大的安慰。邓楠和邓榕的性格

邓小平、卓琳在江西新建县望城乡和妹妹邓先芙、女儿邓榕留影（历史图片）

相近，比较开朗、直率。1964年，邓楠考入北大技术物理系。由于受在同系就读的哥哥邓朴方的影响，她涉足造反运动不深，也未受到太大打击。

一年后，张宏和邓楠终于来到了邓小平身边。在老人身边，他们举行了简单的婚礼，没有办一桌酒席。

那年，张宏和邓楠都是26岁。

大女儿邓林是最晚回到父母身边的。因为受到邓小平的牵连，学校天天逼她交代问题，她精神上受到长期的折磨。直到1971年冬天，她才得以来到江西。

儿女们因为父母的“问题”受到牵连，做父母的实在感到于心不安。

邓林在1973年回到北京工作后，当时还谨小慎微。她告诉记者说：“我生性喜欢八大山人和石涛的作品。当时怕人家抓辫子、做文章，主动要求到资料室管资料，直至1977年春我才从这个避风港里出来。”

邓林在北京画院先是从事绘画创作，后来曾任北京画院花鸟创作室副主任。

后来，邓林在中国澳门、香港，以及美国、日本、欧洲等地举行过个人画展，对促进中外文化交流作出了有益的贡献。1987年，她在美国举行画展，轰动美国，前来参观者络绎不绝。

她多少有点自鸣得意地对记者说：

“我是我们家的孩子中，人民性最强的。

“有一次在家里和爸爸开玩笑，我说我什么都不要，只要你的政协主席。”

在邓小平一家中，邓林自诩为家里的“政协主席”，但事实上，她这个“政协主席”所管的只有一个，就是她妈妈。因为别的大人都是共产党员，而小孩子都是少先队员。她很坦诚地告诉记者：“我不想当官，我们家也只有我一个不是官。”在这里，邓林犯了数学上的马虎，经提醒，她才想起来，又补充说：“还有一个小弟弟，是个书呆子，正在美国攻读物理博士学位。可别人都是官。大弟弟朴方是中国残疾人福利基金会的理事长，和我这个会长不一样（邓林当时是一个民间组织——中国东方美术交流会的会长），就是个官。大妹妹邓楠是国家科委科技局副局长，小妹妹邓榕是人民代表大会一个国际关系研究室的主任。”

邓小平和卓琳这时最惦念的，还是远在北京已经瘫痪在床的大儿子邓朴方。

邓小平一家合影，摄于20世纪50年代（历史图片）

为儿子邓朴方擦澡

邓朴方原是北大物理系的高才生，由于受父亲“问题”的株连，被聂元梓操纵的红卫兵残酷斗争，无情打击，不幸坠楼，造成脊椎骨严重折裂。幸有一位工人师傅在逆境中挺身而出，伸出救死扶伤之手，把昏迷的邓朴方送进了医院。年仅24岁的邓朴方侥幸保留了性命，但从此开始了残疾人的生活。

在那热衷于“革命”的年代，正常人尚不能正常地生活，更何况一个下半身完全瘫痪的残疾人？当邓小平、卓琳听到邓朴方栖身在北京清河救济院、靠编篓维持生计、日子苦不堪言的情况时，他们心如刀绞、万般难受。

邓小平铺开纸，提笔给毛泽东写信，请求将残疾的孩子接回来，自己照顾。

信由汪东兴转交毛泽东。

邓小平的请求获准。邓朴方得以成行。

1971年元月，邓朴方来到江西。一到新建县望城岗步兵学校，坐在手摇车里的邓朴方加快速度向“将军楼”摇去。

父母闻讯，赶忙迎了上来。

见到日思夜想的儿子，邓小平、卓琳既激动又悲伤。原来活蹦乱跳的小伙子现在瘫坐在轮椅上。对于做父母的来说，这残酷的现实对他们的打击太大了。然而，他们要面对现实，用慈祥的父爱和温暖的母爱去抚平儿子心灵和肉体上的创伤。

晚上，邓小平、卓琳来到儿子的病榻前。邓朴方下肢瘫痪站不起来，连大小便都不能自理。他用手指着对父母说：“从胸口往下，都不是我的了，都没有知觉，我成了半截啦！”

邓小平和卓琳内心十分难受。他们帮助邓朴方脱下衣服，用毛巾一遍遍地擦抚他的肌肤，仔细地询问病情。此后，他们承担起护理儿子的重任，将全部的爱倾注在儿子身上。

夏天的江西，气候炎热难熬。每天，邓小平和卓琳都要为邓朴方擦澡、翻身、换衣服。卓琳先把水热好，然后组织全家人一起将邓朴方抬到洗澡间。邓小平的任务最重，是主要劳动力，既要帮助抬，又要给儿子擦胸擦背，常常累得满头大汗。有时，邓小平还用车子推着儿子出去晒太阳、散步，与儿子一起聊天，调节他的情绪，帮助他鼓起生活的勇气。

为了充实儿子的精神生活，邓小平和卓琳把从北京家中带到江西的藏书送到邓朴方的床头，有《资治通鉴》、《二十四史》、马列经典著作、中外文学名著，等等。

生活上，邓小平和卓琳处处关心照顾儿子，实行“优待政策”，把自己家种的最好吃的菜、自己家的鸡下的蛋都留给他吃。

然而，儿子的病并没有好转，经常发高烧，肌体的各种剧痛不时地折磨着他。

看着痛苦难忍的儿子，邓小平和卓琳的心颤抖着。他们要为儿子解除病痛，并决定不惜一切地为儿子治病。于是，邓小平和卓琳一起，就儿子的病情，给党中央写了一封信。

1972年，周恩来总理代表中央指示：邓朴方的病，还是请301医院来治。

不久，邓朴方在妹妹的陪伴下乘火车告别父母，回到北京住院。但是，由于江青一伙人的干扰，邓朴方到301医院后并没有及时得到应有的治疗。

1973年3月，邓小平、卓琳回到北京。刚安顿好，卓琳便赶到医院看望儿子。见儿子病体依旧，她有如万箭钻心。她听说上海骨科界有一些治疗截瘫病人的办法，便托人私下寻找合适的大夫。

到了1974年的夏天，一些医学界的专家陆续被“解放”，回到原来的工作岗位。这时候，卓琳在一位姓章的中医世家子弟的秘密帮助下收到了上海的来信。上海方面希望了解邓朴方的病情。不久，两名高级骨科专家由上海来北京，和 301 医院的同人共同为邓朴方会诊。

然而，太晚了。邓朴方的病由于没有得到及时治疗，坏死的脊椎已经完全没有起死回生的可能了，这意味着他永远站不起来了，按当时国内医学界的条件，他只能长久地躺卧在床上。

命运又一次向邓朴方开了一个残酷的玩笑。1979 年一天早晨，护士李大姐发现他的背后又鼓起一个大包。

经医院检查，是脊椎再度骨折、断骨形成假关节，邓朴方的生命处于危险状态。

在江西艰难的日子里，刚出生的外孙女给邓小平带来了难得的快慰（历史图片）

当时的中国骨科界对此毫无办法，病人只能卧床等死。

卓琳禁不住哭了。

然而，做母亲的她并不死心，她仍在寻找为儿子治病的机会。

1980 年，经过美国骨科学会主席马克斯博士的积极联系，国际骨科界著名的脊椎专家、加拿大的阿姆斯特朗教授表示愿意为邓朴方治疗。这个消息由当时在美国学习的中国骨科专家吴之康带回北京，向卓琳转达。

邓朴方尚有生存

的希望，卓琳听了异常高兴。于是，邓朴方去加拿大治病一事，很快决定了。

为了帮助邓朴方赴加拿大治病，邓小平和卓琳特意召开了一次家庭会议，动员全家人凑钱。

9月底，全家人用凑好的钱，为邓朴方和护士李大姐买好了去加拿大渥太华的飞机票。

卓琳含泪送儿子到机场。她明白，这一去，儿子将接受生与死的考验。

闯过死亡之路的邓朴方靠阿姆斯特朗教授为他植入的钢盘铁骨，重新坐起来了。几年后，坐在轮椅上的邓朴方领导筹建了中国第一座现代化的康复研究中心。

在康复研究中心的落成仪式上，联合国社会发展和人道主义事务中心副司长沙里夫受联合国秘书长德奎利亚尔的委托，郑重地授予身任中国残疾人联合会主席的邓朴方特别奖，表彰他为联合国“残疾人10年（1983—1992年）”和中国残疾人事业作出的杰出贡献。

在邓朴方向命运抗争以及所取得的成就中，包含着父亲邓小平和母亲卓琳的心血和辛劳。

“我要做个开明人士”

邓小平对子女不偏爱，也不溺爱。他对子女的要求特别严格，经常教育子女要模范地遵纪守法，要求子女加强组织纪律性，不能乱说乱讲。在邓小平最后一次被打倒的日子里，有一次看电视，孩子们指着电视画面上的江青说了一句不好听的话，邓小平听后，立即制止，告诉他们不要随便乱发议论。

邓小平在同子女相处时，抓住各种机会，利用聊天或摆龙门阵的形式，潜移默化地对他们进行革命传统和艰苦奋斗教育。

邓小平对子女的教育，常常是身教重于言教，身教多于言教。他在同儿女谈话、谈心、聊天、忆历史、讲传统时，从来不向他们摆自己的功，诉自己的劳，说自己的好，称自己的能，夸自己的才。有时子女问到他在那些重要关头或重大问题的处理和重大战役的胜利中起到了什么作用时，他总是淡然微笑地说得那么简单。

有一次，毛毛问父亲：“长征的时候你都干了些什么工作？”

邓小平用他一贯的简明方式回答女儿：“跟着走！”

其实，所有参加过举世闻名的二万五千里长征的人，都有许许多多的关于长征的回忆，都有说不完的关于长征的故事。可是，邓小平却只有这么三个字。

邓小平给子女们讲传统、忆历史时对自己的事很少讲，即使讲一点也是轻描淡写。但是，凡对子女有教育意义、有鼓舞作用的战斗故事，或者对别人的长处、部队指战员的英雄事迹，还是很愿意讲给儿女们听的。

邓小平回忆历史，讲这些战斗故事，目的是为了教育子女向革命前辈和革命先烈学习，发扬好的优良传统，也是对子女们在政治思想上的关心和爱护。

邓林是家中的老大，小时候她很怕爸爸，因为邓小平很少和孩子们说话，但说一句又很厉害。谁能想得到关于邓小平的历史，他的子女是“文化大革命”中看小报才知道的。邓林说：“他在家中与我妈妈都不谈自己的经历，从不说废话。”

邓小平老了，才和子女说话多一点，也爱听他们讲话。孩子们也越来越感到他是一个内向、含蓄、感情不外露的人。

以往每次重大政治运动来临之前，邓小平都要将子女们召集在一起，要求每个人自珍自重，出了问题他谁也不保。他的子女们都在社会上各有工作，回到家里总要对外面的所见所闻发表看法、进行评说，如对于某些社会现象、人们的思想情绪、各单位一度没完没了的政治学习等，有褒有贬，有时也有牢骚。对于子女们的议论，邓小平总是静静地倾听，有时笑一笑，从

1989年8月22日，一家人为邓小平过85岁生日（历史图片）

不发表意见。子女们的谈话，是他了解外面社会的又一渠道。但是，他绝不允许子女们干涉国家的政治决策，他要求家中所有人都要维护国家的声誉和利益。

据邓林回忆说，有一天，“爸爸召集我们开了个家庭会议”。那天，邓小平特别严肃，他问子女：“你们政治、经济上有无问题？如果有，要补过，有多少，补多少。没有当然更好。”他说：“朴方、贺平等手下都有公司，政治、经济问题都要检查。邓林、邓楠、邓榕虽与经济无嫌，但政治方面人人都有可能出问题。”他说：“如果你们哪个进了法庭，先向你们打个招呼，我要做个开明人士。”

《邓小平文选》第三卷有一篇文章，题目是《组成一个实行改革的有希望的领导集体》，这是1989年邓小平同两位中央负责同志的谈话要点。文中有这样一段话，可以进一步证明邓林回忆的内容。他说：“对腐败的现象我也很不满意啊！反对腐败，几年来我一直在讲，你们也多次听到我讲过，我还经常查我家里有没有违法乱纪的事。”

在儿女的眼中，邓小平是一个一心为党、不存私心的人，是一个真正懂得疼爱子女的人。

/第三章/

“人民是一切的母亲”

◎临走之前，邓小平还再三叮咛王政委：“要关心战士们的生活，这不是小事情啊！越是在艰苦的条件下，越是要关心战士们的生活，这和打仗同样重要。你们独立营仗打得不错，生活上的困难也应想办法解决一下。一是小米要淘净；二是每个战士要有个针线包，衣服破了好自己随时缝补；三是你们要开荒生产，从根本上解决吃饭穿衣问题。吃饱肚子才好打‘东洋’嘛！……”

爱兵如子

“快穿上，这是命令”

在广西艰苦的革命斗争岁月里，流传着许多邓小平关心、爱护战士的动人故事。

一天，邓小平来到奉议县（后与田阳县合并）花茶屯，准备在这里召集会议，商讨如何从当地的实际情况出发开展土地改革的问题。

离开会还有一点时间，大家聚在关帝庙前面的院子里，有说有笑地与正在做饭的赤卫队员开玩笑。

不久前，敌人曾在这个地区反复“扫荡”，不仅粮食被抢掠一空，就连锅碗瓢盆等也未能幸免。此时，煮饭的战士正拿着一把铁锹在大锅里上下翻动，这成为大家集中说笑的话题。这个战士边挥着手里的家伙边幽默地冲着围观的同志说道：“你们还别瞧不起这把铲子。过去皇帝也使用不起的吧，据说他使用的东西都要比普通人的大，但再大恐怕也大不过我这把铲子！”

听到这里，大家又哄然大笑起来。

从屋内出来正要招呼大家进去开会的邓小平接上去说道：“是啊，皇帝也没有什么了不起嘛。我们今天不也拿起这样的大铲子，把那些皇子皇孙铲掉吗？！”

大家一听，笑得更热烈了。见大家未接话茬儿，邓小平故作严肃地问道：“怎么？你们不敢铲吧？”

“怕什么！要怕的话我们就待在家里拿锄头种地了！”战士们异口同声地

答道。

会议一直开到晚上才结束。邓小平谢绝了村干部的挽留，坚持要连夜赶到伦圩去检查布置那里的工作。村干部拗不过，只好派四名赤卫队员护送他前去。

这天晚上，天气格外地寒冷。阵阵山风迎面刮来，大家不由得缩了缩脖子，加快了步伐。

邓小平发现走在前面的小队员身上只穿着两件单衣，单薄的身子在寒风中止不住微微地颤抖。邓小平连忙脱下自己身上的棉衣，紧走两步，披到了这个小队员的身上。

摸着带有邓小平体温的棉衣，一股暖流涌上了小战士的心头。当他看见邓政委也只穿着一两件单衣时，连忙把棉衣又脱了下来，递回到邓小平手里。他说：“首长，我不冷，我不能要你的棉衣！”

“小同志，你身子单薄，可别冻坏了。以后还指着你们建设新中国呢！”邓小平充满感情地说着，将棉衣又重新披到小队员的身上。

“可是，首长，你要是冻坏了，那我们损失就更大了，我不能……”小队员还在推辞着。见邓小平执意让他穿上，心里不免着急起来。

“没关系，我经冻！”邓小平拍了拍胸膛，笑着说道。见小队员仍要推让，邓小平不由得收起脸上的笑容，故意用严肃的口吻说：“快穿上，这是命令！”说完，大踏步地走到前面去了。

小队员只得穿上这件棉衣，跟着前面的邓小平，激动地紧紧赶了上去。

“这是古人的秘方，也是从群众那里听到的”

由于敌人的封锁，左右江根据地除武器弹药严重匮乏，最感困难的还是缺医少药。

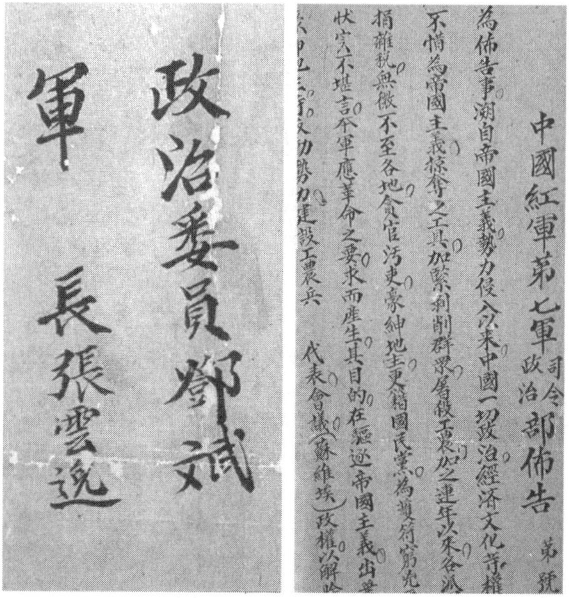

由邓斌（邓小平）和张云逸署名发布的红七军司令部、政治部布告（局部）（历史图片）

当时的临时野战医院设在东兰县武篆附近，各方面条件十分简陋，药品尤其缺乏。但从前线转移下来的伤病员却日益增多，矛盾越来越突出。

一天上午，邓小平来到医院检查工作。他一间病房一间病房地慰问了在这里治疗的战士，关切地询问大家的病情和治疗情况。尽管医药医疗器械的缺乏使邓小平心情十分沉重，但他依然热情地鼓励大家说：“你们在战场上负了伤，流了血，是光荣的。这里虽然条件不好，但我们是革命的战士，大家要发扬不怕流血牺牲的精神，和医护人员积极配合，战胜伤病！”

一席话，说得大家心里暖烘烘的。我们的战士的确是好样的，他们在战场上奋不顾身，躺在病床上也始终保持高昂的革命精神。在没有麻醉药和不打止痛针的情况下，不少战士在手术过程中咬紧牙关，强忍剧疼，始终不吭一声。他们只是渴望能早日痊愈，重返战场。

看着大家脸上焦急的神情，邓小平语重心长地劝慰道：“同志们的心情是可以理解的，但第一位的是养伤。大家要安下心来，不要着急，这对身体康复才有好处。只有伤好了，才能上前线多杀敌人！”

从病房出来后，邓小平马上召集有关人员商讨如何改善医疗条件、减轻伤病员痛苦，让他们能早日康复，重返前线。

邓小平的话，就像一股暖流通向每一位同志的全身。大家一致表示：一定听首长的话，争取早日重返前线。

天已经黑了，邓小平离开野战医院，又要赶到板勉屯去检查兵工厂的工作。

夜渐渐深了。走着走着，邓小平忽然觉得右脚掌一阵钻心的痛。原来，一根锐利的竹刺透过鞋底扎了进去。邓小平忙从口袋里掏出一张草纸垫在伤口下面，又悄悄地紧跑两步，跟上了前面的同志。

不久，远远可以望见兵工厂的灯火，锤击声也一阵阵地传来。看来，工人师傅们正在加班进行突击生产。邓小平直接到车间查看生产情况，慰问了紧张劳动的工人师傅，勉励他们生产更多更好的产品，满足前线的需要。

从车间出来后，邓小平又折进伙房，检查工人们的生活情况。伙房师傅正在准备夜餐，只见他手持菜刀上下飞舞，没多一会儿，一个硕大的南瓜很快便变成了一大堆金黄色的块块。

看到这里，邓小平眼睛不由一亮。他依稀想起小时候玩耍时被扎伤后，母亲就是用南瓜瓤给他治伤的。他动手从切开的南瓜里取一些瓤瓤，敷到右脚的伤口上。顿时，一股凉滋滋的感觉从脚底向上传来，刚才还剧痛不已的伤口竟奇迹般地一下子减轻了许多，鲜血也止住了。邓小平心里这下有数了。他跟伙房师傅要了一个大南瓜，来不及喝上几口滚烫的南瓜稀饭，天蒙蒙亮便又赶回武篆野战医院。

一到野战医院后，邓小平便叫人破瓜取瓤敷在红军伤病员的伤口上。这个办法真灵，不仅止住了血，伤口皮肉还逐渐收缩变成淡白，伤员感到凉津津的，火辣疼痛的感觉大大减轻了。伤员们非常感激和惊奇，纷纷问邓小平：“邓代表，想不到你还懂医道，过去是医生吗？”

“哪里！这是古人的秘方，也是从群众那里听到的。今天这瓜瓤可立了大功！”他又接着说，“我们部队药品极少，不能不想别的办法。用南瓜瓤来敷伤口，可以起到消炎、消肿、化脓、收口的作用，南瓜还可以当饭菜吃，这不是两全其美吗？”

在抗日战争的艰难时期，邓小平也十分关心部队官兵的发病情况和医药情况。

当时，部队在太行山区，生活艰苦，战斗任务又很重，各种疾病流行，尤其是菌痢、疟疾、流感等发病率比较高。由于日寇“三光”政策和国民党对边区的经济封锁，药品供应越来越紧张。许多伤病员因得不到及时治疗，伤口恶化病情加重，卫生处的同志都很着急。

邓小平听到这些情况，心情很沉重。他对卫生处的同志说：“是啊，日本帝国主义和国民党反动派就是妄图困死我们，我们绝不能让他们的阴谋得逞。没有药，光急也不行，要想点办法。”他的声音很低，既是自言自语，又好像是提出问题讨论。经过片刻的沉思，邓小平的眼睛忽然亮起来，接着说道：“其实，药还是有的。李时珍在《本草纲目》中收录的药物近两千种。我们这么大的太行山怎么会没有药呢？前些天，在村外散步时，我们就看到路旁有野菊花、柴胡等。这些都是具有消炎和清热解毒作用的中草药，采回来不是也可以用吗？当然还有其他的药，你们可以到群众中去请教嘛。”然后他又说：“华佗在一千七百多年以前，就采用麻沸散进行剖腹手术。将来，我们一定要让我国的医药学和其他科学重新走到世界前列。”卫生处的同志们听了之后茅塞顿开。

很快，医院的医护人员和当地组织的妇女慰问队员们开动脑筋，想尽各种办法，解决医药紧缺的困难。他们有的四处求教，搜罗了各种民间验方；有的上山采集草药，晒干碾成粉末，做成各种片剂丸散；有的采用拔火罐、艾草灸、小碟刮痧的办法进行治疗；有的化装到外地采买药品，请来擅治骨科刀伤的郎中；有的则组织伤病员开展各种文娱活动，帮助他们树立战胜伤病的信心……通过各种办法，缺医少药的状况有所好转。在当时极其艰难的条件下，一批批伤病员在这里得到康复，生龙活虎地重返战场，投入新的战斗。

“小平同志对人真好”

邓小平进入江西中央苏区后，先后在瑞金、会昌任县委书记。由于邓小平坚决执行毛泽东的“武装斗争的路线”，1933 年春受到了错误路线的严厉批判，还被撤去了职务，这就是他政治生涯中“三落三起”中的第一次跌落。1933 年夏天，在王稼祥和贺昌的帮助下，邓小平被调入红军总政治部任《红星》报主编，成了新的“油印博士”。

1934 年 10 月 10 日，江西中央苏区气氛严肃庄重，红旗在秋风中高高飘扬，中国工农红军开始了举世闻名的二万五千里长征。邓小平和他的《红星》报被编在“红章”纵队随着部队向西转移。

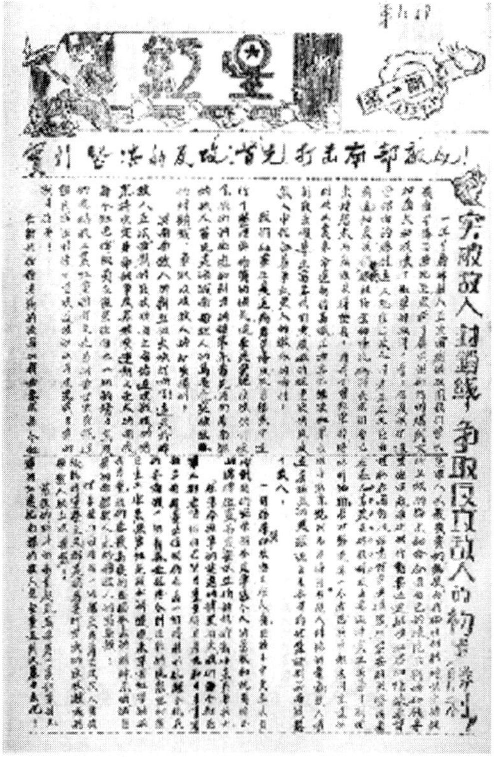
红星
突破敌人封锁线 争取反攻敌人的初步胜利

邓小平在长征中主编的一期《红星》报（历史图片）

在长征路上，邓小平在十分艰苦的条件下手写油印了《红星》报。不久，他又被任命为中共中央秘书长，参加了具有历史转折意义的 1935 年 1 月召开的遵义会议。遵义会议以后，红军战士在毛泽东的领导下，发扬大无畏的精神，忍饥挨饿，不怕牺牲，强渡大渡河，爬雪山，过草地……

中央红军在过草地前，总政治部向官兵们发出通知要大家准备干粮，每天必须筹够五个馍馍的粮食。有一天，李伯钊和黄镇等三位同志到河边洗东西，突然，李伯钊高兴得叫出声来：“看，那不是麦子吗？”原来他们发现不远处的河面上竟然浮着黄灿灿的麦粒，这可是意想不到的额外收获，在粮食如此短缺的日子里，大家都明白粮食比黄金还珍贵！他们像数珍珠似的一粒一粒把麦粒收拾起来。回到驻地，他们就用捡来的麦子多做了几个馍馍。

正当李伯钊他们喜滋滋地欣赏这些额外的战利品的时候，不知谁把这件事报告给了管粮食的同志。这位同志找到了李伯钊，挺认真地告诉她说：“不管你们是怎样弄到麦粒，既然做成了馍馍，你们应该一律交公，不得私存。”

李伯钊感到很委屈，心里想：这些馍馍完全应该归自己所有，但想到纪律，只得把多做的馍馍交了出去。可是她心里还是很不高兴，赌着气不讲话坐在地铺上生闷气。

这时，一位红军走了进来。李伯钊抬头一看，原来是她一向很敬重的邓小平同志，心情渐渐平静下来。邓小平笑眯眯地拿起小布袋，从里面掏出几个馍馍交了公，又从袋子里拿出一个馍馍来，轻轻地递到李伯钊的手上，说：“你饿了吧？给你！”

“我不要，你留着自己吃吧！”李伯钊边说边用手将馍馍退回给邓小平。

邓小平急忙说：“这是我送给你的，不要你还。”

李伯钊用双手从邓小平那里接过馍馍，心里忽然一酸，热泪不禁一涌而出……事后她满怀深情地对别人说：“小平同志对人真好，在困难的时候这么关心人，多么难能可贵啊！”

长征路上，红军战士不要说吃馍馍，有时连草根树皮都吃不上，最困难时甚至把皮带煮着吃。就在同志们饥肠辘辘的时候，邓小平经常为大家制造“精神会餐”，供大家“享用”。所谓“精神会餐”就是邓小平见大家没有东西吃，肚子空空的，就和大家一起摆“龙门阵”，讲各地方的吃经。邓小平带头大讲四川的回锅肉、鱼香肉丝、辣子鸡丁、麻辣豆腐如何如何好吃，大

印刷《红星》报的油印机（历史图片）

家听后直咽唾沫，虽然是画饼充饥，但同志们却被逗得乐开了怀。所以大家都喜欢和他在一起。

正是这种可贵的革命乐观主义精神，使邓小平和他的战友们赢得了长征的胜利，走上北上抗日的道路。

“关心战士们的生活，这不是小事情啊”

在艰苦的抗战时期，邓小平非常关心战士们的生活。

1942年2月的一天清晨，沙河县独立营的王政委正在村外散步，只见六分区政委朱穆之同志跃马飞奔来到面前，兴冲冲地说：“占国同志，今天师首长要来看望大家啦……”听到这个喜讯，王政委高兴极了。不一会儿，果然一位首长骑着高头大马，笑容满面地来到跟前，身边还带着一位通讯员。这位首长个头不高，两只眼睛却炯炯有神，他穿一身退了色的黄军装，两个膝盖处各补着一块大补丁，两胳膊肘上也都缝了小补丁，头上戴一顶旧军帽，帽檐耷拉到眉间。要不是朱政委介绍，谁能料到这位极普通的军人竟是我们八路军一二九师的师首长呢？

原来，邓小平这次来沙河，主要是了解有关生产自救和减租减息问题的。在听朱政委汇报中，邓小平了解到沙河独立营在反“扫荡”中曾摆过一个漂亮的石雷阵，消灭了一个中队的日军、两个中队的伪军，还炸毁了敌人行驶在平汉铁路上的一列军用列车。邓小平对此很高兴，便特意来高庄慰问嘉奖独立营的指战员。

听说师部首长来了，可急坏了司务长王生彬，也忙坏了炊事员白成宝。因为几天前，日军发动了春季大“扫荡”，日军所到之处见人就杀，见房就烧，见粮就抢，再加上去年大旱，庄稼没收成，所以根据地军民生活极端困难。偌大一个县独立营，眼下竟没有一点白面，仅有的就是两袋小米、三斤糠炒面和刚挖来的几筐野菜。司务长想，师首长大老远来看我们，总不能也和战士一样喝小米掺野菜煮的“照明汤”呀！可是，“巧妇难为无米之炊”，拿什么招待首长呢？后来，司务长和炊事员商量了个“借米下锅”的办法，让炊事员到老乡家去借几个鸡蛋，自己去借白面。可炊事员从村东头跑到村西头，连一个鸡蛋也没借着。老乡说，鸡都被鬼子抓光了，哪里还有鸡蛋呢？炊事员一想，可也是呀！他又连忙跑回来，正好碰上司务长端着一升白面回来。炊事员一边给首长擀面条，一边破例给战士熬了一锅小米粥。

饭做好后，司务长请邓小平吃早饭。先找到一连，连长说：“刚才首长是在这儿，他还送给我一个针线包哩。现在到二连去了。”司务长又追到二连，二连长说首长到三连看伤员去了。最后司务长在三连找到了邓小平。回到营部，当司务长把一碗热腾腾的面条端过来时，邓小平立即皱起了眉头，拍了拍司务长的肩膀，用圆润清脆的四川口音说：“小鬼，你让我搞特殊哟，要不得！要不得！快把这碗面送给那位重伤员吧。我自己到食堂去吃饭。”这一下司务长可为了难，不给伤员送去吧，这又是首长的命令。他站在那里一时不知如何是好。后来，还是朱政委给他解了围，让他按首长的指示办。司务长把一碗香喷喷的面条递到重伤员小刘手中，并告诉他这是邓政委让给他送来的，小刘的手颤抖了，眼里顿时涌出了激动的泪花。

邓小平健步来到一连伙房。这时饭已开过，小米粥已吃完，炊事员正在铲锅巴。王政委便不好意思地要领邓小平到二连去吃。邓小平风趣地说：“不必了，小米加步枪是我们的革命传统，我就吃点小米锅巴吧。”说着，他拿起

1938年1月，邓小平任八路军一二九师政治委员。这是一二九师领导人在山西辽县（今左权县）桐峪镇合影。左起：李达、邓小平、刘伯承、蔡树藩（历史图片）

一块锅巴便有滋有味地嚼了起来，还嚼得“咯嘣”“咯嘣”的响。邓小平一面吃着，一面对王政委、炊管人员说：“米里沙子太多了，这可要不得哟。我们是小米加步枪，不是沙子加步枪哟！”说着，邓小平顺手拿起一个水瓢，熟练地给大家做起了淘米的示范动作。

临走之前，邓小平还再三叮咛王政委：“要关心战士们的生活，这不是小事情啊！越是在艰苦的条件下，越是要关心战士们的生活，这和打仗同样重要。你们独立营仗打得不错，生活上的困难也应想办法解决一下。一是小米要淘净；二是每个战士要有个针线包，衣服破了好自己随时缝补；三是你们要开荒生产，从根本上解决吃饭穿衣问题。吃饱肚子才好打‘东洋’嘛！……”

邓小平风尘仆仆而来，又匆匆忙忙而去。他要做的事情太多了。邓小平人虽走了，但是在沙河这片土地上，却留下了他深深的足迹，在战士们的心中，留下了他带来的温暖。可他究竟是谁呢？直到第二天，大家才得知这位师首长，正是大名鼎鼎的八路军一二九师师政委邓小平同志。

从那以后，王政委处处关心战士的生活，在带领全营战士游击作战之余，还在山坡上开荒种地100多亩，在台东沟养了两群羊，很快使连队生活得到改善。同志们的斗志也越来越高，在反“扫荡”中接连打了几个大胜仗。军分区党委先后授予独立营“生产先锋”“威震敌胆”两面锦旗。每当战士们看到奖旗，手里端起香喷喷的饭菜时，心中就不由得想起了邓政委。

在抗日战争最艰苦的岁月，正是在刘邓首长的带领下，太行军民响应党中央毛泽东“自己动手、丰衣足食”的号召，一手拿枪抗击日军，一手开荒种地，纺纱织布。从1940年到1943年间，太行根据地没有向党中央要一个铜板、一颗子弹的接济，不但改变了晋冀鲁豫根据地的困难局面，改善了军民生活，还在物质上支持了其他根据地，受到毛泽东和党中央的表彰。

“地道的中国手工艺品”

1947年10月，大别山的气候已经渐渐转冷。由于晋冀鲁豫野战军刚到新区，群众还没有被发动起来，政权才开始建立，粮食、被服、弹药、药品等十分紧缺。从司令、政委到普通战士，身上穿的还是单衣服，睡觉盖的只有毯子和夹被。然而，在这极度艰难困苦的条件下，刘伯承、邓小平一直与部队同甘共苦，共渡难关，他们的实际行动教育和鼓舞了广大指战员。

刘邓大军千里跃进大别山后，远离后方，十多万人的过冬棉衣如何解决是个大问题。中央深知刘邓所面临的困难，非常关心十多万官兵的冷暖，周恩来副主席及时拍来电报，说党中央和解放区人民非常关心刘邓大军的冷暖，正在筹备棉衣，准备调部队护送过去。但是，关山阻隔，封锁重重，运送十多万套棉衣谈何容易，这要付出多大的代价，会有多大的牺牲啊！邓小平和刘伯承仔细研究商量后，给周恩来副主席复电，表示要自己动手，解决全军寒衣。

决心易下，事实难为。

刘邓大军十多万人，住在大别山的穷山沟里，远离大城市和集镇场所，去哪里找这么多的布匹和棉花？又去哪里找这么多的裁缝师傅和缝纫机？面对困难，邓小平指出：我们千里跃进来到大别山，在敌占区进行无后方作战，现在是最困难的时候，大家都要想办法克服困难。困难确实是有，没有困难还要我们这些共产党员干什么？我们这个军队还有一个最大的长处，只要自己动手，就没有克服不了的困难。

不久，部队转战鄂豫皖三省交界的福田河地区，邓小平和刘伯承号召部队抓紧时间休整，并自己动手解决冬装问题。根据这个指示精神，部队采取战略行动，在长江边上比较富庶的地区一边打击敌人，一边解决布匹和棉花的来源，并把弄来的布匹和棉花分到各部队。刘邓首长带头，动手做棉衣。

有一位纵队首长，出自对野战军首长的爱护，特地派人送来几套已做好的细布新棉衣。邓小平和刘伯承收下后，却立即派人把这些衣服给站岗放哨的战士们送去，他们要和普通士兵一样，自己动手，丰衣足食。

1947年，刘邓大军千里跃进大别山。图为胜利到达大别山后，邓小平在干部大会上讲话（历史图片）

邓小平和刘伯承用树枝弹棉花，动手缝衣服。他们还来到部队，指导战士做棉衣。有个战士费了九牛二虎之力，衣服裁剪好，在上领口时，前边不合拢，后面却背着个大包包。其他的战士往这个包包里放个大碗，看起来可笑极了。战士们正笑得合不拢嘴时，邓小平和刘伯承走进屋来。战士们一看首长进来了，大家都止住了笑。刘伯承见状，走上前去，从后衣领里掏出那只碗，叫战士把衣服脱下，邓小平替他抻着袖子，刘伯承拿起剪刀，比着碗口，裁好了领口，其他同志用针线细缝，一件棉衣终于做好了。

邓小平这时兴致勃勃地把那件刚做好的新军服穿在身上，笑着说："你们看！这穿在身上，不是很好吗？地道的中国手工艺品！"

邓小平幽默乐观的话语极大地鼓舞了在场的战士们，增强了他们自己动手缝棉衣的信心。不久，整个野战军在邓小平、刘伯承的带动下都穿上了新棉衣，顺利地度过了转战大别山的冬季。

"共产党领导的真正红军回来了"

邓小平关心战士、爱护战士，还体现在他严格按照"三大纪律、八项注意"要求战士，秉公执法，严肃军纪方面。

1938 年 1 月的一天，八路军一二九师在山西省辽县（今左权县）召开宣判大会。

会场设在城外清漳河的河滩上。那天天气很冷，部队排成纵队站着开会。会议开始后，军法处宣布处决一名奸污民女的老士兵。当宣读完罪犯的犯罪经过后，这名士兵被就地正法。之后，是邓小平政委讲话。

邓小平神情冷峻，默默走上主席台，沉痛地说："今天我们在这里召开大会，处决奸污民女的一名老战士，当地群众纷纷求情减刑，不少的干部战士也觉得判重了。究竟是不是处理过重了呢？"

邓小平望着台下鸦雀无声的人群，加重了语气："同志们，不论群众怎样求情，我们是不能宽容这个犯罪的战士的。我们共产党领导的八路军同军阀队伍最大的区别之一，就是纪律严明，绝不允许侵犯群众利益。只有做到这样，我们才能得到群众的爱戴，才能在敌后生存。老百姓历来都很怕当兵的，山西的统治者过去还向群众灌输共产党红军是多么可恶，多么可怕。为了让群众真正了解我们八路军，知道它完全不同于旧军队，就需要我们用实际行动来教育群众。应该说，自从出师以来，我们部队的纪律是好的，已经初步得到了群众的信任，但是绝不能因此而懈怠。懈怠会对我军造成很坏的影响，并会破坏我们这几个月来好容易在群众中形成的好印象。所以，尽管有群众代表来部队求情，我们也绝不心软，一定要严肃处理这件事。”

邓小平作战斗动员（历史图片）

邓小平还特别号召大家，一定要从这件事情中吸取教训，严明群众纪律，遵守“三大纪律、八项注意”，真正做到不愧为革命军人。

邓小平对这起破坏群众纪律的事件处理得很果断，表现出他在原则问题上不讲情面，执法如山。邓小平在这次大会上的讲话，对指战员们进行了一次深刻的教育，对整顿全师的群众纪律和提高革命战斗力起到了很大作用。

1947 年 8 月，刘邓大军挺进大别山，同年 11 月的一天，晋冀鲁豫野战军总直属队路过黄岗县总路嘴时，当地的店铺商贩因不了解部队的情况，都跑光了。邓小平走到镇中间时，发现一个军人刺刀上挂着一捆花布、一捆粉条，当即命令“查清这是什么人”。当他知道是警卫团四连副连长时，经与有关人员商议，决定按军法判处死刑。消息传出后，有人认为这位副连长立过战功，可以不杀。邓小平听到反映后，权衡利弊，决定还是按军纪处置，立即执行。邓小平的果断决定不胫而走，很快传遍大别山全区。群众纷纷议论：“共产党领导的真正红军回来了”，进而解除了对刘邓大军的顾虑，恢复了军民鱼水关系。

在1949年接管南京城市工作中，邓小平对某些战士破坏文物和古迹的行为，给予了严厉的批评。

南京是一座历史名城和古都，有许多名胜古迹。值得庆幸的是，南京这些名胜古迹虽历经战火的洗礼，竟基本完整地保存下来，但也出现了一些人为毁坏文物的事件。

解放军攻占南京后，在“总统府”内，有的战士在内墙上悬挂着的一幅三米高、两米宽，由金银丝线绣成的金光闪闪的蒋介石绣像的头、眼、胸等部位各捅了一刀，使这幅当年由浙江省主席聘请能工巧匠历时数月而织成的、献给蒋介石60大寿的艺术精品遭到了人为的破坏。

邓小平很快从有关方面了解了这一情况，他对此非常生气，说：“怎么能干这种蠢事？怎么能用感情代替纪律和政策？立即通令全军，一定要保护好文物和古迹，一定要把保护好南京的名胜古迹当作重要的接管工作教育来抓。”

邓小平还特意把犯了错误的战士找来，语重心长地对他们说：“蒋介石是蒋介石，蒋介石像是蒋介石像。蒋介石是人民的公敌，而蒋介石像是艺术珍品，是劳动人民智慧和血汗的结晶。怎么能够捅坏呢？”

邓小平望着站在身旁的战士，循循善诱地说：“你毁了它有什么意义？毁灭了绣像就打倒蒋介石啦？”一席话说得犯了错误的战士羞愧地低下了头。邓小平接着又以温和的语气说道：“蒋介石绣像是一件艺术珍品，是历史留下来的纪念品，也是我们胜利的纪念品，怎么能破坏自己胜利的纪念品呢？”

不久，邓小平和刘伯承为此通报全军，要求广大将士以此事为鉴，在今后的工作和战斗中要注意保护当地的文物和名胜古迹。南京市军管会也特意两次发出通知，张贴告示，要求注意保护文物和名胜古迹。在以后的工作中，南京的部队和各级领导都对历史文物倍加爱护，有的还对一些文物和古迹进行了初步的修理。邓小平提倡在接管工作中保护文物和名胜古迹的做法受到一些外国通讯社和南京人民的称赞。

“谁要照相就来照”

1979 年 8 月初，邓小平来到青岛视察北海舰队，亲笔题写了“建立一支强大的具有现代战斗能力的海军”的光辉题词，也留下了这位老人与水兵们的故事。

8 月 2 日，75 岁高龄的邓小平登上了国产的第一艘导弹驱逐舰——“济南”舰。在听取了详细汇报后，邓小平乘舰出海视察。为了仔细观察海域情况，邓小平登上军舰最高点——信号灯座。一会儿，他又来到高炮台上。这时小雨绵绵，操舵兵王振同志怕淋坏了这位老人，便给他撑起了伞。邓小平和蔼地对他说：“这点雨，不怕的。谢谢你。”他坚持和大家一起不打伞。海风越刮越猛，雨也越下越大。在大家的劝说下，邓小平回到一号舱室休息。走到舱室，他看见水兵们正在关舷窗，便也和大家一起干起来。

当时水兵们都希望与邓小平合影留念，又不敢冒昧提出。邓小平看出了水兵的心思，他慈祥地向周围的官兵们招招手说：“谁要照相就来照。”听邓小平这么一说，大家都怀着激动的心情朝他围了过去。邓小平见大家都过来了，就笑着说：“这地方太小，我看咱们分批照吧。”说完，他用手梳理了一下被海风吹乱的头发，在前炮甲板的凳子上坐了下来，先和舰上的领导合影，又分别和技术能手、立功受奖的优秀军官、水兵合影，然后同其他水兵们合影。当与水兵合影时，他总是回过头向水兵们微笑着点头致意。为满足水兵们的愿望，老人家在甲板上一坐就是一个小时。

邓小平与水兵们合影的消息传到了在一号舱室服务的水兵盛立中耳内，

1979年8月，邓小平与北海舰队官兵进行深切交流（历史图片）

他为没能与小平同志合影而深感惋惜。于是他想出了请邓小平签名留念的主意。但当邓小平进来后，他又犹豫了，心想：我是一名普通水兵，他能答应我的要求吗？

盛立中犹豫不决的样子被站在邓小平身边的海军第二政委杜义德看见了。杜政委问：“你有什么事吗？”盛立中壮着胆子把自己的心愿告诉了他。

邓小平看见他俩嘀嘀咕咕，就问：“有什么事吗？”

杜政委说：“他想请您签个名。”

“签个名？”邓小平笑了，亲切地对盛立中说：“好，拿本子来。”

盛立中赶忙把本子和笔递过去。邓小平在扉页上认真地写下了“邓小平 一九七九年八月二日”几个字，把本子还给盛立中，问道：“这样写行不？”

“行，行。”盛立中接过本子，激动万分，连给邓小平敬礼都忘了，只是看着本子“嘿嘿”地笑。

许多年过去了，当年在邓小平身边工作的服务人员都已步入中老年，当年“济南”舰上的水兵也走向四面八方，工作在不同的岗位上。但不管岁月如何流逝，不管走到何方，他们始终念念不忘在邓小平身边的那段日子。邓小平亲切的教导、和蔼的笑容，深深地印在他们的脑海中。他们说：“我们永远忘不了这位慈祥的老人。”

心系人民

几把黄豆寄深情

1930年春天，邓小平从上海返桂后，留在右江地区检查指导根据地各方面的建设工作。

一天傍晚，邓小平在几位战士的护送下来到了向都县一个偏僻的山村，准备在一户壮族老大爷家借宿。

“老大爷，打搅您了。我们今晚在您这里开个会，行吗？”邓小平握着老大爷的手说。

“欢迎，欢迎啊！”当听说眼前的这位年轻人就是远近闻名的邓小平政委，老汉忙连声回答。说完，老大爷便领着家人忙开了。

突然，一阵急促的鸡叫声惊动了正在屋内整理材料的邓小平。他意识到什么，连忙站起来走到房门口。果然，老大爷刚将一只四处逃窜的老母鸡逮在手里，正准备宰杀了犒劳部队的同志。

邓小平见状连忙拦上前去说道：“老大爷，我们是一家人，千万不要客气！这只母鸡还是留下来生蛋吧！煮点青菜就行了。”他还怕主人听不懂自己的话，又叫了一个战士做翻译。

见邓小平态度异常坚决，老大爷只好松开了手。他想了想，转身从一只小瓦罐里抓出几把黄豆，说：“邓政委，鸡你不让杀，这几把黄豆总可以吃吧！这可是我们壮家的家常菜哩！”

望着眼前这位热情的壮族老汉，邓小平心情激动，一时说不出话来。他

中国工农红军第七军政治部旧址——清风阁（百色起义红七军诞生后，政治委员邓小平同志曾在这里办公）（历史图片）

刚进门就注意到了，跟其他百姓家一样，老汉家里也是徒有四壁，生活相当贫苦。这个地区的群众跟着共产党闹革命，反动派三番五次来烧杀抢掠，家中什么东西也没有了。这小瓦罐里的黄豆，谁知老汉一家是藏在什么地方才躲过敌人搜掠而保存下来的呢？但壮乡人民一向热情好客，特别是对部队的战士，更是无私地支援帮助。假如你非要辞却主人的一片盛情，就会被视作见外，甚至说你不是“同队”（壮语，“同志”的意思）。邓小平实在不忍心伤害这位老人的一番厚意，只好勉强地点了点头。老汉一直紧绷着的脸这才放松下来，露出了笑容。

护送邓小平的战士们看到这里，眼睛不由得湿润起来，一路上，邓小平无论走到哪里，对老百姓总是这样一往情深。可是，他一路上翻山越岭，常常工作到深夜，长此下去身体怎么吃得消呢？战士们想不出什么好的办法，大家默默无言地为邓小平搭起晚上休息用的床铺。

看着雨天潮湿的地面，战士们把老汉家的门板卸下来准备给邓小平当床。邓小平发现后，连忙让战士又安了上去。他拿起墙边一卷用来晾晒谷物的竹席子，边铺开边说：“这不就挺好吗？又平坦又省事，我们就睡这。”

起初，大家心里还纳闷，这门板明天还可以安上去嘛，邓政委怎么连这也不让呢？

到晚上休息时，大家才明白邓政委的一番苦心。3月的壮乡，阴雨连绵，仍透着寒意。呼啸山风刮来，大门“嘭嘭”作响。要是没有这块门板，老汉一家今晚可就要挨冻受冷了。

邓小平心里只装着人民群众的冷暖，唯独没有考虑他自己！看着身旁的邓政委不胜寒意地侧卧在那里，战士们心潮起伏，久久不能入睡……

天一亮，战士们准备进厨房洗脸，邓小平一手拦住，忙把战士们带到水泉边去。老大爷一看急了，说：“没有什么招待，几瓢水还拿不出来？”

邓小平笑了笑说：“一担水又何尝容易，往返要走几里路啊！”

老大爷以尊敬的目光久久地望着邓小平，眼里噙着激动的泪花。

“当党员就得分瘦田”

在广西革命根据地时期，邓小平经常戴起壮家竹笠帽，身穿旧军装，脚蹬勾勾头草鞋，由武篆干部当向导，到东里屯、旧州屯、板勉屯一带山区考察。

山一座连一座，绿树葱茏，白雾缭绕。几间房子孤零零地坐落在山坡上。“哎，那么高的山上还住着人家？”邓小平指着山腰问。“那是瑶寨。”向导答道。“上去看看。”邓小平边说话，边改道登山。邓小平走进一个山洞。洞里住着一户人家，没有床，没有被，除了一个崩了边的砂锅和半边缺了的锅，全部家当装在一个背篓里。一个赤身露体的娃仔在地上爬，一位赤膊老幺爹在捡野菜。洞内火塘旁，有一块磨得光滑的地方，无疑就是床铺了。

“老人家，你们日子过得清苦啊！”邓小平的四川话通过向导翻译，老幺爹听懂了。

“托红军的福，有米吃了！”他当着客人的面，从一个破袋里抓了一把米，像撒盐一样撒在一锅野菜汤里。

邓小平的眼眶湿润了。邓小平脱下自己的斜纹布外套，披在瑟瑟发抖的老幺爹身上。

“送给你了。”向导说。“你——”老幺爹向邓小平投以疑惑的目光。“我是红军。”邓小平微笑着。老幺爹愣住了。他的鼻子一酸，两行热泪夺眶而出。他望着邓小平，突然双膝着地，给他磕头，口中念叨着：“红军菩萨，大慈大悲……”邓小平连忙扶起，正要说话，听见洞外传来嘈杂的人声，几个赤膊的青壮年奔进来，拿着弓弩、砍刀和木棍，说了一通邓小平一句也听不懂的话。

在不久前，壮村的农会主席把土豪的肥田分给了与自己要好的本家和亲戚，准备把瘦田分给山上的瑶人。

“瘦田就瘦田吧，总比世代无田好百倍！”老幺爹感到很满足。

“幺爹，话可不能那么说！”

“宁可大家都不得，这样做不合情理啊！”

1930年2月龙州起义创建的红八军军部旧址。邓小平任红八军政治委员（历史图片）

“农会主席这样做就不公！”

大家要下山去找农会主席算账。

“等一等！”邓政委站起来拦住他们。

“他说，有什么事可以跟他讲。”向导用瑶语翻译。

“不不！要找就找拔哥（韦拔群），他是清官。”领头的说。

“拔哥到凤山去

了。有事找我吧！”邓小平再次拦住他们。

“你是谁？”领头的问。

“邓斌（邓小平的化名）。”

“邓政委是红七军红八军的总头头，官比拔哥还大啊！”向导挑明了邓小平的身份。

人们以惊异的眼光看着这位“大官”。

“弟兄们！你们都打猎种地去吧！”邓小平拍拍领头的肩膀，“分田的事，我替你们查清楚。你们信得过我吗？”

“信得过，信得过！”老幺爹抢着回答。领头的也点点头。

从瑶寨山洞出来，邓小平转着道直奔壮村。路上一打听，才知道农会主席原来是赤卫军的战斗英雄——韦开强。

“韦开强同志，我叫邓斌。”一进主人的竹篱笆门，邓小平就自报家门。韦开强惊讶得目瞪口呆。邓小平拿了一个草墩坐下。

“你们分田的花名册，能让我看看吗？”

韦开强转入内室，翻了一阵，取出一本纱纸订成的簿子递给邓小平。

“听说你们分给本家亲戚的是肥田，给别人的是瘦田，有这码事吗？”邓小平劈头就问。

韦开强支吾一阵，笑着答道：“哪能呢！土豪的地都是肥的嘛。”

“是吗？”邓小平把脸一沉，翻了翻账本，“哪个是你的亲戚，哪个是瑶寨的？把那份田调换一下好不好？”

“这个……”韦开强吞吞吐吐地说，“有几份田……确实好……好一些。他们都是……党员，是用鲜血换来的呀！”

邓小平锐利的目光射向韦开强：“我知道你们立过功，入了党！但是，你们来革命，就是为了分一块肥田吗？嗯？”

邓小平站起来，把花名册放在木桌上：“你转告你那几位党员亲戚，把分得的肥田退出来，与群众调换瘦田！”

韦开强抬起头说:“已经都分了,只怕他们不肯啊!”

“同志!你们打白匪,连丢脑袋都不怕,让出一份肥田就这样舍不得吗?”

“我的工作难做啊!”

“难做什么?”邓小平动气了,“你问问自己,再问问他们:还当不当党员?还干不干革命?当党员就得分瘦田!——就说这是总政委邓斌说的。两天后给我回话!”

两天后,韦开强找到邓小平说:“我们做错了,感谢总政委的帮助。”

“这就好!”邓小平高兴地笑着说,“这事就像打一场硬仗,你们终于打赢了嘛!拔哥知道后一定很高兴的。”

“快去给大娘治伤”

1937年7月7日卢沟桥事变发生后,伟大的中国人民全国抗日的号角吹响了。8月25日中共中央根据国共两党达成的协议,宣布中央红军改编为八路军,下辖一一五师、一二〇师、一二九师。33岁的邓小平被任命为八路军政治部副主任,次年1月18日改任为一二九师师政委,开赴山西东南的太行山区进行抗日斗争。

邓小平在抗日前线经常教育八路军战士要牢记我们的军队是人民的军队,和人民是鱼与水的关系。

1938年的一天,在山西阳城县的县城里,街上行人熙熙攘攘,路边是各式各样的小摊贩,有卖花生红枣的,有卖针线的,也有算卦的……这时大街上来了一个八路军战士,他骑着一匹高头大马,雄赳赳的好不威武。老百姓都高兴地向他打招呼。他不是别人,他就是邓小平政委的马夫王兴芳,因为邓政委要去延安开会,小王必须到县城找个马店给政委的战马挂掌好赶路。

小王年轻好动，骑着马在街上“噔噔噔”地跑了起来。没想到在转弯的时候，战马突然昂起头举起前蹄嘶叫起来，“叭”的一声仿佛把什么东西碰了，因为马很快往前奔走，小王也没有下马查看。

没多久，小王给战马挂了掌。任务完成了，他笑嘻嘻地骑着马来到邓小平面前。不料，平时很和气的邓小平突然发起火来，他脸色严峻、口气严厉地说：“王兴芳，下来！”

小王愣了！邓政委刚才还笑着同别人说话呢，怎么一下子铁青着脸对待他。心想他自己一定犯了什么错误？正疑惑间，邓小平走到他的面前，用尖锐的目光盯着他说：“你干的好事，骑着马儿过街，撞伤了老百姓，知道吗？”

小王大吃一惊，听了首长的话不知所措。原来他的马撞了一位老大娘，街上的百姓对他很是不满，群众的议论传到了邓小平的耳朵里，他很生气。幸好听说老大娘的伤势不重，小王心上的一块石头才落了地。

邓小平见小王认错的态度好，用委婉的口气开导小王说：“现在是团结抗日的时候，人民一心向往的是共产党，你是共产党领导的一个八路军战士，这样对待群众，影响多不好！我们来自人民，是人民的军队。人民是水，我们是鱼，八路军离不开人民，正像鱼离不开水一样。”邓小平顿了顿，继续说：“小伙子，要爱护人民啊，如果我们不爱护人民，人民就不会拥护我们，我们也就会成为无源之水、无本之木的山间草寇。到了那一步，不要说打日本，恐怕自身都难保哇，这些严重后果，你想过吗？”

邓小平一番话在小王的心海里激起了千层浪，勾起了他对自身遭遇的回忆。他从小死了爹娘，是数不清的穷人把他拉扯大的；长征路上，他陷进了泥潭，是藏族老阿爸救了他的命……想到这里，小王禁不住流出了眼泪，他难过地向邓政委请求说：“邓政委，我错了，处分我吧。”

“不。你应当到当地治安部门去，由他们处理。还应该向群众赔礼道歉。我这儿有几元钱，你也带上，给老大娘作医药费。”邓小平说着就从口袋里掏出钱来交给他。小王知道这几元钱是政委去延安的路费，没有钱怎么赶路？他坚决不接钱。邓小平把钱用力地塞到小王的手里，说:“快去给大娘治伤。”说完一纵身就上了马向延安方向飞驰而去。小王手握着几块银圆，久久地站在路上，凝望着邓政委远去的背影，思绪万千：邓政委是我们的好政委，也是老百姓的好政委啊!

……

1939年春，邓小平率领十七团一营三连插入敌后。当队伍行至山西阳城经过东西洪村时，遇上日伪军“扫荡”。部队受阻，不能按原计划继续前进。当时正值青黄不接，老百姓生活很困难。邓小平就和大家一块挖野菜充饥，度过了七个日日夜夜。一天，一名新战士不忍心看着邓小平和大家一起挨饿，就设法搞了一个玉米棒子，高高兴兴地送给邓小平。

“为了它，你费了不少劲吧？”邓小平问。

“那当然，我好不容易找到一个藏粮食的树洞才搞到的。”新战士擦着头上的汗水回答。

“拿群众的东西，给群众留钱了吗？”邓小平又问。

“当然留了，还写了一张条子呢。”

“好!”邓小平表扬了这个新战士。接着，严肃地对他讲:“这玉米是老百姓留的种子，你立即把它送回去。”新战士知道自己错了，红着脸答应一声“是”，就走了。

事后，邓小平把全体战士集合起来，问大家:“毛主席讲，我们的八路军、新四军同老百姓是什么关系？”

“是鱼和水的关系。”

“那么，鱼离开水会怎么样呢？”

“只有死路一条。”

“对。”邓小平接着说，“毛主席为我军制定‘三大纪律、八项注意’的目的，就是要我们永远不要脱离群众，事事为群众着想。”“绝不能因为自己遇到一点困难，就去违反群众纪律。”

邓小平和刘伯承领导的一二九师依靠军民的鱼水情谊，很快创立了以太行山为依托的抗日根据地。

“大爷，你就是我们的亲人”

在一二九师还流传着邓小平关心米通全老汉的感人故事。

襄垣县城南关有一处住宅，因主人姓樊，人们习惯地叫它“樊家大院”。

1938 年年初，一二九师师政委邓小平同杨勇率领的八路军六八六团来到这里，团部就设在樊家大院。

这个大院有一个“外来户”叫米通全，原住郭庄，为给城里的磨坊打短工方便才搬到南关，租赁了樊家的两孔土窑。他 60 多岁，患瘫痪两年多，生活不能自理。儿子米义精早上天不亮出门，晚上满天星才回，老汉全靠儿媳侍奉。他多次想寻短见，都因儿子儿媳发现而被劝阻。

这事让住在樊家大院的邓小平知道了。一天，邓小平来到他家，像老熟人一样盘腿坐在老汉的炕上，问长问短，聊起了家常，并详细地问起老汉得病的经过。当邓小平听说老汉是因劳累而得病，得病以后又无钱医治，加上缺乏营养，最终导致残废之后，非常同情，说：这都是旧社会那不合理的制度造成的罪恶。共产党八路军就是领导穷人打恶霸、闹翻身的。眼下，日寇侵犯中国，灾难更加深重，这就需要全国人民动员起来积极抗战，赶走侵略者。我们共产党八路军就是帮助像您这样的穷苦人都能过上好日子的，老大爷，要顽强地活下去呀！米通全老汉听后，顿时暖流涌身，感慨万千。他想，活了这么一大把年纪，谁和自己这样促膝坐过，说过这样的知心话呢？

第二天早晨，米通全老汉刚起床，警卫员小郭就端来了热腾腾的蒸馍和菜，恭恭敬敬地放在了老汉面前：“大爷，首长说你年老多病，加强点营养，也许会好一点。”老汉不由得鼻子一酸，眼泪夺眶而出。小郭走后，他让儿媳

1938年，在山西洪洞县马牧村八路军总部。右起：邓小平、萧克、彭雪枫、朱德、彭德怀（历史图片）

把蒸馍和菜放好，非要给村里的人们说一说这件事情不可。谁知，午饭、晚饭也都照例地送来了。一连三天，都是这样按时送来，米通全老汉有些受不住了，拖着小郭怎么也不愿收下。这天晚上，邓小平又来到老汉的屋里，老汉埋怨说："你们同志连俺口水都不喝，说是群众纪律，可我怎么能天天吃你们的饭呢？你们有你们的纪律，俺家也有自己的家规呀！"邓小平忙说："大爷，这是特殊情况，可以例外嘛。再说，我们吃的穿的还不是人民群众给的？你加强点营养，恢复了健康，说不定还能为抗战出把力呢！"老大爷听了这话，万分激动地说："首长，你们想的，真比我们自己家的亲人还周到啊！"邓小平说："大爷，你就是我们的亲人。"

后来，邓小平和杨勇又把部队的医生派去，给老汉进行诊断、打针、治疗。不几天，老汉的病情果真有了好转。在部队离开樊家大院的时候，米通全老汉还扶着拐杖，挥动着不灵便的右手，把他们送到大门外边，并高声喊着："首长，同志们，你们先走吧，看样子我还真有可能上前线呢！"

麦饼红枣迎新年

刘邓大军千里跃进大别山后，为了打开新的局面，决定由刘伯承带领主力部队向淮西发展，与华东野战军配合作战，而邓小平则率领晋冀鲁豫野战军部分兵力坚守在大别山根据地，与敌人展开周旋。

时值隆冬，大别山天气奇寒，敌情严重，邓小平有时只率一个警卫团转战在崇山峻岭之间，环境恶劣，生活艰苦。

挺进大别山的队伍在极艰苦的条件下，迎来了 1948 年春节。

挺进大别山半年了，现在赶上了佳节，又逢休整，大家自然就想改善生活了。有的人到池塘去抓鱼，有的到河里去摸虾，有的上山去打柴，有的去寻找黑木耳。

到池塘抓鱼的同志，手里没渔具。他们围着池塘干着急。这时有人想出个点子：把池塘水放掉。

很快，池塘被挖开了口子，用简单的工具在流水口截鱼。水流干了，得到了几百斤鱼。同志们自然兴高采烈地欢呼这个胜利。这对部队来说，也确实是个大收获了。

正在这时，邓小平从山坡小路上过来了。邓小平严肃地指出，池塘的水是群众备旱用的，“竭泽而渔”，贪图眼前利益，损害了群众的长期利益。

大家后悔莫及，可覆水难收啊。这些同志只好向群众道歉并赔偿损失。

邓小平起草了通知，号召全体指战员处处留心群众利益。

一天，邓小平和李先念、李达，还有鄂豫军区的段君毅等领导同志，带着很少的部队来到了金寨县的一个小村，小村紧临一条淙淙流淌的小河，安详而宁静。邓小平等到来后，几位首长就住在一家地主的大院里。没住多久，与此隔河相望的金寨县委书记便知道了情况，他领着工作人员，带着慰问品，过河来看望邓小平等干部战士。

县委书记一见到邓小平，便握手致意。

他们谈了几句之后，县委书记和工作队同志把慰问品拿出来，有湖北麻糖、花生、羊肉和一只鸡，要首长收下。

“哪儿来的这些东西？”邓小平紧蹙着眉头，问县委书记。

“今天是除夕，是群众慰问的。”

“嘿，真是‘山中无历日，寒尽不知年’哪！”

邓小平稍稍舒展了一下眉宇，但他仍然那样严肃地说：“群众生活够苦的了，这些东西要送还给他们。”

听首长说要退还慰问品，在场的同志有的着急了，他们告诉首长：“这个小村地主和富农都跑光了，生活上的必需品就是花钱也买不到，是不是把这些东西留下，作价还给群众？”

“不行，正因为要过除夕，群众也需要这些东西，要全部退还群众，不要留下。”邓小平作了上述决定，鄂豫军区政委段君毅说：“就这么办，送还这些东西，还要顺便到群众家里，给他们拜年。”

看到首长们如此坚决的态度，县委书记和工作队长只好告别，把慰问品带走，送还给群众。

看见这一情景，邓小平的卫士心里十分不高兴，他委屈地说道：“不拿群众的东西，买总可以吧！不留下东西，除夕你们连晚饭都没有。”

邓小平笑着给屋里的火塘添了一把松毛，一边拿着一本书扇火，一边安慰卫士长说：“不要噘嘴嘛！哪有花钱买慰问品的事，你一定还有什么，拿出来吃嘛！”

卫士长说：“只有几个麦饼，又冷又硬，还有一些枣子。”

“快拿来吃！麦饼烤烤，红枣当菜，蛮好的一顿大年夜饭嘛！”邓小平风趣而幽默地说。

紧接着，他又转过身来，对段君毅、李达快乐地讲述道：“这比我在1926

在有条件的情况下，每逢节日部队都要改善生活。这是过节时蒸的枣糕（历史图片）

年的年底，骑着骆驼穿过毛乌素大沙漠要好过得多。大沙漠都是在夏季通过，一到 9 月，朔风呼啸，商旅不行。我跟着最后一个商队，顶着暴风雪，穿过大沙漠，一路上，只有靠在帐篷休息时，烤点黄羊肉吃……”

邓小平坐在火炉旁，一边讲着，一边吃着枣子，还一边自己烤着麦饼，熊熊的火焰映着他那消瘦的脸庞和一双炯炯有神的眼睛，目光里透出坚毅的性格和乐观豁达的精神。他沉思着，注视着，烤着又黑又硬的麦饼，仿佛他手中拿的是黄羊肉……

从邯郸出发，到中原前线，邓小平冒着枪林弹雨，指挥着千军万马，转战中原。1948 年大年夜，他就是这样围着炉火，吃着一点又糊又硬的麦饼度过的……

“一条铁路人心见”

1949年7月，刘伯承、邓小平根据党中央的指示，率第二野战军进军大西南，肃清了盘踞在西南地区的残余之敌，迎来了西南的解放。

战争刚结束，满目疮痍，百废待兴，西南地区的接管、安置、剿匪和恢复生产的任务十分繁重。为了早日恢复正常的社会生活秩序，安定民心，邓小平全身心投入西南地区的恢复和建设工作之中。为了使西南地区的重建工作有计划、有步骤地进行，邓小平想到了陈修和这位四川老乡，向他请教有关四川的情况。

陈修和是一位爱国的老兵工专家，是陈毅的堂兄，曾留学法国学习兵工，并曾在四川工业专门学校机械科和黄埔军校第五期炮兵科学习过。他曾供职于国民党联勤总部兵工署沈阳兵工总厂，任中将厂长，在解放东北战争

1949年，邓小平与刘伯承、张际春等研究进军西南问题（历史图片）

期间，他竭尽全力保护沈阳兵工厂，并组织力量为解放军抢修了大批武器。上海解放前夕，陈修和毅然拒绝蒋介石让他去台湾的建议，并联络团结一大批兵工技术人员留了下来，投身于新中国的兵工工业之中。为此，邓小平曾对陈修和说：“你在共产党和国民党两方面都有威望，对兵工技术人员很有号召力。”

上海解放以后，邓小平来到上海，并在陈毅家中见到了陈修和。

邓小平礼贤下士，态度非常诚恳，令陈修和这位原国民党高级将领非常敬佩。此后，两人进行过多次交谈。

邓小平非常关心成渝铁路的情况。有一次，他同陈毅和陈修和交谈时说：“清政府突然下令把川汉铁路公司收归国有，并把川汉铁路的建筑权出让给英国、法国。四川人民立即掀起声势浩大的保路运动，并直接由保路运动转到参加辛亥革命。当时我还在广安县协兴场的北山小学堂读书，记得保路运动也传到了广安协兴场这样的偏僻小镇，协兴场出现了一些号召参加保路运动的宣传品，诸如《来日大难歌》这类歌谣在学校广泛地传播开来，协兴场上一些店铺关门罢市，我就读的北山小学也曾罢课放假。”

童年时的经历如刀刻斧凿般印在邓小平的心灵里。邓小平的一番话充分展现了他那爱祖国爱家乡的博大情怀，和四川父老兄弟姐妹一样，他对中国人、四川人要有自己的铁路之事刻骨铭心！

坐在一旁静听的陈毅、陈修和兄弟深为邓小平爱祖国、爱家乡的赤子之情感染。

“成渝铁路的准备工作原来搞了多少啦？”邓小平问道。

陈修和对情况了如指掌，准确而详细地回答：“搞了不少，铁路已经基本勘定。不少段的路基已经筑成。内江铁桥的大桥墩已经修出水面。这些都可以利用，工期可以缩短。”

邓小平深深地点点头，然后又对陈修和说：“你对这一切既熟悉又有感情。修和兄，能不能和我们一起进川去走一趟呢？帮我们做好接收开创的工作？”

这一回陈修和没有立刻回答，他露出了认真思考的神情。

邓小平爱才心切，求贤若渴，又说：“刘伯承司令员和我都希望你去。但是你肯定还有别的任务。请你考虑一下，怎样安排能对大西南的接收和建设更有利？”

邓小平的一席话情真意切，深深打动了陈修和的心，他恨不得立即就赶赴四川，投入家乡的建设事业中去。可是他不能马上就去，一是手上的工作还没有交接，二是他已接到朱德的通知，要他作为兵工界的代表出席将于1949年9月在北平召开的全国政治协商会议。陈修和告诉邓小平，政协会议后，他还要参加全国兵工的计划和调查工作，并向中央提出有关兵工技术方面的建设方案。事情完成之后，他就赴四川。陈修和最后向邓小平保证道：“西南方面有什么需要我效力的话，就请吩咐，我一定尽力照办。”

听完陈修和的述说，邓小平略一沉吟，说道：“一切工作均要服从全局的安排，我赞成你的意见和想法。你在上海和北平期间，务必为我们物色一批兵工技术人才，帮助动员他们去四川，为大西南的建设服务。”

“好的，我一定完成任务。”陈修和想了想，接着说道：“我会尽快向你交差的。”

邓小平笑着回答说：“好！但我希望你个人再另写一份有关大西南建设的意见书，多提些建议，包括那条成渝铁路。”

1952年7月，成渝铁路全线通车（历史图片）

大型电视文献纪录片《邓小平》创作人员还专程采访了陈修和

先生。他回忆说：“当时我是全国政协第一届特邀代表，要去北京开会。我给小平推荐了专家。”

邓小平、贺龙在成渝铁路通车典礼上（历史图片）

为了发展西南地区的经济，中共中央西南局作出了兴修成渝铁路的重大决策，并专门筹建了西南铁路工程局，负责成渝铁路的兴修工作。1950年6月15日，成渝铁路正式动工兴建。

四川几代人盼望的成渝铁路，终于在共产党开始执政的时代修成了。

开工的那一天，连西南局的家属孩子们都来了。

邓小平非常关心成渝铁路的兴修，他出席了成渝铁路的开工典礼，并在典礼中致辞。他说：“我们进军西南就下决心要把西南建设好，并从建设人民的交通事业开始做起。”当时修建成渝铁路既无经验，又无现成的施工队伍和设备，面对如何尽快修通成渝铁路这一难题，邓小平指出：“我们今天建设成渝铁路，是在经济与设备困难的条件下开始的。因此人民对建设的希望是花钱少，事情办得好，我们调出一部分部队参加建筑，也是为着替人民少花一些钱，把铁路建设起来。”

在邓小平和刘伯承的指挥下，共有3万多人民解放军投入了这场紧张而又艰苦的修筑成渝铁路的重大工程之中。经过广大解放军指战员、民工和职工以及工程技术人员的辛勤劳动，前后不到两年，成渝铁路于1952年7月全线通车。在此之前，邓小平曾特地邀请许多四川籍的知名人士参加了通车典礼。

原二野老战士孙振华回忆说：“铺成渝铁路，从大渡口开始铺轨，一直铺到九龙坡。铺到九龙坡时，邓小平同志带他的老师（汪云松，都那么长的胡子了）到大渡口参观，坐的平板车。”

在成渝铁路全线贯通的那一天，重庆发了一列专车去成都，川西平原为之轰动，燃炮击鼓，锣鼓喧天。成都市郊，人山人海，扶老携幼，争看铁路，真是“一声修路蜀江欢”“一条铁路人心见”。成渝铁路的建设成功是中华人民共和国建设事业的一大胜利，邓小平对这一胜利的卓越贡献已被载入共和国史册。

1952 年 7 月 1 日，邓小平参加了成渝铁路全线通车的庆祝典礼后，带着全家离开了四川。

“他们吃不饱肚子，还惦记着我们”

八届一中全会以后，邓小平当了整整十年总书记（历史图片）

1956 年 9 月，在党的八大召开之前的最后一次中央全会上，毛泽东提出要设立中共中央总书记，并推荐邓小平来担任这个职务。邓小平当选为中共中央总书记，一直任职十年。邓小平生前曾说过：自己一生最忙的就是这十年了。

1961 年 8 月的庐山，金色的秋照总是把她映衬得更加秀丽迷人。往年这个时候，山上正是游人如织的热闹季节。但这一年 8 月，庐山却显得有些静悄悄的，只有各种小轿车在山道上、林荫路中疾驰着，一些重要的场所和宾馆门口都有军人把守，山上笼罩着一片神秘严肃的气氛。原来中共中央的一次重要工作会议正在这里召开，党和国家领导人几乎都带着沉重的心情上了山。

8 月底的一天，两辆伏尔加轿车在盘山公路上疾驶着，车中坐着时任中央政治局常委、党中央总书记、国务院副总理的邓小平，他接到参加会议的通知后就赶上了庐山。

一路上，匡庐的奇峰秀色不断地在车窗外闪现。邓小平坐在车中默然不语，虽然是第一次登上这座历史文化名山，但这似乎并没有引发他多大的兴趣。

邓小平的心情是沉重的。中华人民共和国正处在第三年困难之中，经济形势极为严峻：国民经济比例严重失调，工农业生产连年下降，粮食供应紧张，部分地区出现了非正常的人口死亡……为了迅速扭转这一困境，中央决定于 8 月 23 日至 9 月 16 日在庐山召开工作会议，讨论国民经济调整问题。

根据中央的安排，邓小平原本不打算上山，留在北京主持中央日常工作。会议开始后四五天，毛泽东主席和周恩来总理考虑到即将讨论的几个条例和文件是由邓小平主持起草的，他对情况更为熟悉和了解，所以临时通知要他上山参加会议。

邓小平的座车徐徐驶入庐山疗养院 267 号别墅的庭院。车门打开，邓小平和他的夫人卓琳面带微笑从车里下来。早在一旁等候的第七接待服务组的同志赶忙上前迎接，向邓小平问候致意。接待组负责人向邓小平简要地介绍了庐山的气候情况和周围景点，邓小平听了微笑着点点头，表示感谢。

在工作人员的引导下，邓小平来到别墅跟前。这是一栋式样古朴的砖木结构平房，尖尖的屋顶颇有西洋风格，四周古木参天，房前摆着一张石桌、几个石凳，整个庭院显得幽雅、洁净。

邓小平指着房子问道：“这里以前是谁住的？”

工作人员答道：“以前这是外国人的别墅，解放后收归政府所有，现在是作为老干部疗养院的别墅。”

邓小平风趣地说：“现在是中国人住的了。好，我们就住这里。”

1961 年庐山中共中央工作会议期间一个下午，快到吃晚饭的时间，邓小平忙着开会还未回来。生活管理员杨基友趁这个时机征求卓琳的意见，打听邓小平喜欢吃什么菜，准备第二天早晨派人拿。卓琳满脸笑容地报了豆角、茄子、青菜、辣椒和一点瘦肉之类的菜名。杨基友有点不高兴地说：“卓大姐，首长工作很忙，你报的多数是素菜，营养跟不上，我们当生活管理员的可负不起这个责任。”厨师在一旁也附和说：“是呀，那白菜叶子有点发黄了，首长也不让我们扔掉，用开水泡泡，放一点盐、辣椒和味精，就咽稀饭，我也快成了做斋饭菜的厨师了。”卓琳笑着耐心解释说：“你们爱护首长的心意我很理解，我比你们更了解首长，这些菜都是首长最喜欢吃的菜，而且是很有营养的菜。”

伏尔加轿车在朦胧的月色下驶进庭院已经是晚上 8 点钟，邓小平从会场

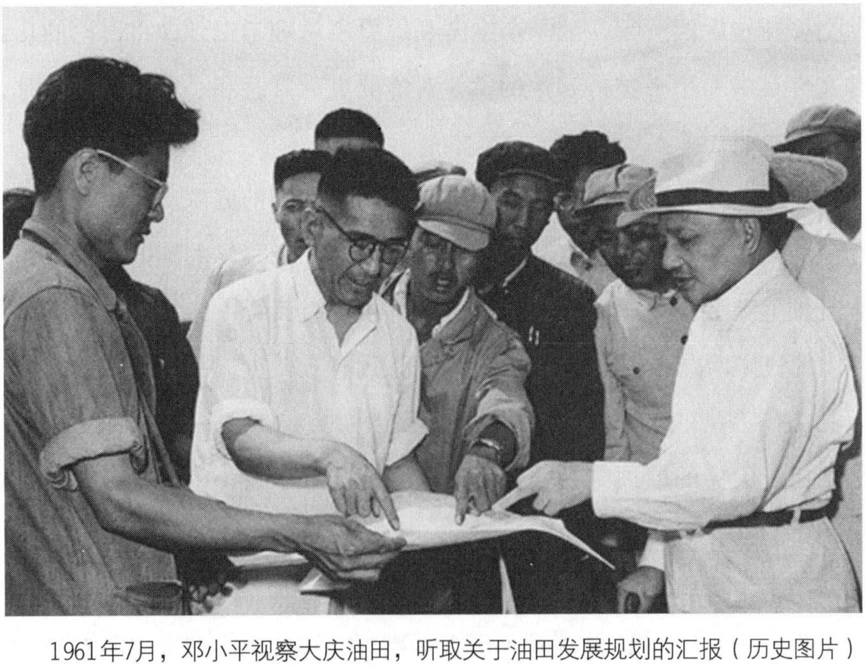

1961年7月，邓小平视察大庆油田，听取关于油田发展规划的汇报（历史图片）

回来了。邓楠已经为父母盛好饭。邓小平端起碗就吃，打趣地说：“会开晚了，肚子闹革命了，这饭菜吃起来好香。”

卓琳一边给邓小平碗里夹菜，一边说：“你说好香，刚才管理员和厨师还提我的意见，说素菜多了，营养跟不上，弄坏了首长的身体，他们负不起责任。”

邓小平感激地说：“群众真好哇，他们吃不饱肚子，还惦记着我们。”

会议期间，邓小平的生活简朴而有规律，在饮食方面从不提任何特殊要求，服务员做什么他就吃什么，唯一例外的就是要求每餐都有辣椒。

由于连受三年自然灾害，庐山工作会议期间，卓琳忧虑地问邓小平：“老邓，会议还没讨论粮食问题吗？”邓小平回答：“快了，讨论完工业问题就讨论粮食问题。”卓琳关切地望着邓小平，意味深长地说：“自古以来民以食为天，你作为党的总书记，要多为党的主席分忧，为六亿五千万人民做主，把粮食问题解决好。”邓小平说：“毛泽东主席在我们未来庐山前，就同周总理、陈云同志和我谈到粮食问题，明确肯定了陈云同志提出先安排好市场的意见，要把衣、食、住、行安排好。这是关系到六亿五千万人安定不安定的大问题。吃完我就起草一个关于粮食问题的发言提纲。”

邓小平草草地吃完了晚餐，立即走进办公室，挑灯伏案，用铅笔在纸上疾书一份“产量指标只能退到长江（亩产 800 斤），不能退过黄河（亩产 500 斤）”的发言提纲，还提出了解决粮食问题的一系列措施。

手表时针指到深夜一点钟，邓小平写完了发言提纲，感到有一点疲倦，就起来伸了一个懒腰，然后走到洗澡间美美地洗了一个热水澡。卓琳已经为邓小平准备了速可眠。他吞服一两片，不到半个小时，经过一天紧张工作的邓小平进入酣畅的梦乡。

9 月 16 日，历时 25 天的会议结束。第二天，参加会议的中央首长陆续下山。

下山前，邓小平要他身边的工作人员把他一家三口（邓楠中途上山）的伙食费、粮票及洗衣费都结算清楚，全部交清。会议接待处发给他一条“熊猫”牌香烟，他也让卫士退了回去。

“吃水不忘挖井人”

1961年4月，春寒料峭。乍暖还寒的北京郊区顺义县，天还是冷瑟瑟的。

处在第三年困难中的顺义人民期盼着生活的转机。当时担任中共中央书记处总书记的邓小平一行到顺义县调查研究，指导工作。从4月7日至21日的半个月中，邓小平轻装简从，走村串户，访贫问苦，留下了一串闪光的足迹和动人的故事。

邓小平在顺义调查研究期间，十分关心那里的手工业、家庭副业和集市贸易发展的问题。他逛商店、赶庙会，了解集市贸易和群众生活的情况。

一天，在县城北街的城关供销社门市部，邓小平让售货员给他拿来小农具和日用杂品，一件一件地看，边看边说：你这木柜台里的东西人家看不见，没法挑选；你这铁锅边沿的毛刺没有打光，用时容易划手。4月17日在牛山赶阴历三月三庙会，看见市面比较萧条，饭店的油饼都是二两一个，邓小平就建议他们改成一两一个，使农民用一个鸡蛋就能换一个油饼。走到供销社的肉案前，邓小平和职工张永海热烈握手，亲切交谈。事后，邓小平对公社的领导说：“你们要把豆腐、豆腐丝、老豆腐、油饼、油条等食品的生产以及社员的家庭副业都发展起来，增加市场上买卖的品种和数量，把农村集市繁荣起来，满足生产和生活的需要，增加农民的收入。”

4月21日，在产业局、供销社、手工业社干部座谈会上，邓小平根据他在商店和庙会集市上了解到的情况，对市场萧条的原因进行了透彻的分析。他说：“从集市上看，各处的买卖都不怎么兴旺，品种单调，数量也少，尤其是社员使用的小农具和日用品缺得更厉害，为农民服务的项目几乎快被消灭光了。导致这种结果的原因主要是政策问题，是流通渠道问题，是过去有人关心的，现在没人关心了、自流了。”“手工业、家庭副业无论如何不能丢掉。这两项收入一般能占家庭收入的四分之一左右。光靠粮食生产，全县每年卖 4000 万斤粮，除去税收和开支，全县人均只得 4 元多，怎么发工资，怎么实行‘三七’开？在农村，必须坚持以粮为主，全面发展的方针。”“归根到底是把生产发展起来，用经济办法，而不用政治办法。把苇编、柳编、荆编烧石灰、砖瓦，黑白铁加工皮匠，瓦木匠做豆腐、豆丝，养猪、鸡、鸭、兔和庭院种菜等手工业和家庭副业统统恢复起来，品种要全，数量要多，质量要好。不是国家统购统销的商品都可以拿到自由市场上来卖，把集市贸易繁荣起来。市场上的物品增多，市场也就活跃了，社员生活也就方便多了。农民的收入增加，对国家的贡献也大了。自由市场上商品价格一稳定，人心也就安定，政治影响也好。”

在谈到当时普遍存在的手工业没有依靠、原料没有人供应、产品没有人销售等问题时，邓小平指出：“目前的主要问题是把县和基层的供销社恢复建立起来。县供销社搞几个人，只搞供销，不搞商店，有些人可以归队。农村基层供销社先把机构搞起来，再建立各种制度和章程。供销社的首要任务是组织生产，要把手工业专管起来，一个行业一个行业地抓。柳条现在就可以插，把现有的苇地经营好，想方设法解决原料问题。你们不能培植荆条，可以搞柳条，可以和别处换。你们要有这些人吃这饭，干这个事。”对手工业人员，“要把他们的积极性调动起来，组织好。要有人关心他们，帮助他们搞原料、搞销路，定出合理价格。要对他们不断加强政治思想教育。”他接着说：“县供销社和商业系统，要认真研究怎样管理自由市场，调剂商品价格问题。”

邓小平还特别指出了发展家庭副业的问题。他说：“社员的家庭副业不能丢，应该是六畜兴旺，尤其是养猪很重要。你们县是一个传统的养猪县，社员喜欢养猪，而且有丰富的经验。若是把这个传统丢了很可惜。一头猪不仅能赚 20 多元钱，肥料还能养二三亩地，不施化肥，也能增产，社会效益就高了。你们县土地、水利条件比较好，就是肥料问题制约了粮食生产的发展。多养猪、养好猪，社员的收入增加了，粮食生产也搞上去了……你们要抓住春天这个大好时机，尽快地把养猪事业发展起来，既满足了城乡人民的生活需要，又能增加农民的收入，这是件好事。”

邓小平的这些话，说到了顺义县广大干部群众的心坎上，为他们指出了发挥优势的方向。此后，顺义县认真落实邓小平的指示，积极发展手工业、家庭副业，努力活跃了市场，增加了群众的收入。

在顺义县调查研究期间，邓小平既不要前呼后拥的陪同，也不要迎来送往的铺排张扬的接待，他要求一切从简，尽量多跑几个村，尽量多开几次座谈会，尽量多真诚地访几家农户。邓小平俭朴的作风给人们留下了深刻的印象。他心里时刻装着人民群众的疾苦。

4 月 17 日，邓小平在牛栏山公社视察时了解到，芦正卷村的土地高低不平，沙地多，粮食产量低，收入很少。1959 年全村人均分配仅 42 元，其中 30%还是从外村平调来的。社员生活很困难，全村吃水靠仅有的一口井，用水浇地根本谈不上。听到这些情况，他心里十分难过。

4 月 19 日，邓小平前往芦正卷村。刚到村口，看见一个老农敞胸露怀，满头热气地推着小车走过来。到近前一看，车上载着黄汤般的两桶水，邓小平关切地说：“你们吃水真难哪！”老农叹口气说：“难？！过几天一栽白薯，这眼大口井就挑干了。要吃水得到五里以外的牤牛河里挑，那才叫难呢！”邓小平边走边访问了几家农户，也是家家困难。

4 月 20 日，邓小平在听县委汇报工作时，对县委书记李瑜铭、孙振英等同志说：“类似芦正卷这样的穷村，各村有各村的困难，每个村都有自己的特点，要帮助他们因地制宜，因事制宜。要帮助他们自力更生、艰苦奋斗，长志气；帮助他们找致富门路，帮助他们把底子搞厚一些，增加收入，彻底改变贫穷落后面貌，充分显示出社会主义的优越性来。”“对三类队的整顿工作，一定要抓住不放，一搞到底，直到改变了落后面貌为止。”在谈到芦正

邓小平在农村视察（历史图片）

卷村的具体问题时，邓小平指出：“像芦正卷这样的穷村，没有人愿意同它并在一起，就让它一个村作为一个基本核算单位吧！这个村沙地多，产粮少，在分配征购任务时，要适当照顾点。还必须扶持它尽快摆脱贫穷落后面貌，使他们早点富起来。这个村吃水困难，全村只有一眼井，连自留地都没能种上。你们县里拿出一部分钱，公社再从工业纯收益中拿出一部分，帮助他们打两眼机井。不仅社员吃水问题解决了，还可以开出几十亩园田，收入就多了。帮助他们把干渠顺过去，就可以解决600亩水浇地。有了水，粮食产量也就上去了，收入也会增加。这个村有会编苇席的，供销社帮助他们解决原料，让他们编，然后帮助他们销售产品。再帮助他们解决些仔猪，让他们养，既能增加收入，还能增加肥料，为种好粮食打基础。”

不久，在北京市委有关同志的主持下，县里调来了打井队，在芦正卷村的村南和村西各打了一眼机井。这也是顺义县历史上最早的两眼机井。打好井后，县里又派专人负责为村里修了水渠，架起高压线，买来水泵。从此，芦正卷村的广大群众不仅吃上了甘甜的水，而且有了水浇地。村里开了十亩菜地，百亩果园，农业连年大丰收，群众的生活水平逐步提高。

邓小平逝世后，顺义人民还深情地回忆说："吃水不忘挖井人啊！我们要永远缅怀邓小平对顺义人民的关怀。"原顺义县委书记和牛栏山公社党委书记彭兴远、王志儒还在大型电视文献纪录片《邓小平》中接受记者采访，回忆邓小平在顺义调查时的情形。正是由于邓小平调查后给毛泽东写信，建议解散公共食堂，中央才决定取消公共食堂和供给制，给生产队一定的自主权。

"这真是雪中送炭啊！"

1964年下半年，党中央根据对战争爆发的可能性和紧迫性的估计，决定实行生产力布局的大调整，进行大规模的"三线建设"。贵州省是"三线建设"的重点地区之一。

1965年，随着东部及沿海地区一部分企业内迁和一批国家重点建设项目的上马，贵州省的经济建设进入了大规模的"三线建设"时期。在这个重要时刻，邓小平于1965年11月12日来到贵州，视察这里的"三线建设"。

在历史上，人们常用"地无三尺平"这句话来形容贵州山多。有的人把这看成发展经济的不利因素。邓小平则用辩证的观点看待这个问题，把山多视为贵州发展经济的有利条件。在视察过程中，他十分关心群众的生活状况，念念不忘群众生活的改善。他对省长李立说："真正富的是山。这里副业比四川好搞。山多，稍微整一下，收入不知有多少。贵州将来比成都坝子富，单是种树，就不知有多大收入。林子太少，要大造林。山区要发展林牧业。贵州人民要多吃肉，要比全国水平高。山上可种木本粮食，如橡子树；木本油料，如核桃。林、牧都要配备好品种。"邓小平强调山上多种树，不只是为了搞多种经营，也是为了改善山区的生态环境。当他了解到贵州的自然灾害主要是旱灾，而贵州的地下水却比较丰富时，就说："四川水不流失，贵州的水流走了，只是洞里存点水。贵州的林木储量有多大！贵州到处可变林区。”

邓小平根据贵州是“三线建设”重点地区的特点、山区自然资源的特点及经济发展的规律，明确指出：“省委重点抓农业，粮食要自给。”山上要多种树，发展林牧业，山下要发挥矿产资源优势，做到能源、交通开路，形成贵州独具特色的能源工业与原材料工业优势，搞好矿产深加工，增加产品的高附加值，真正做到矿产、能源和交通的配套开发利用。当有的同志提出“从贵州运走磷矿石好，不用包装、省纸袋”时，邓小平说：“磷矿石量大了不行，成百万吨运输就是个问题。单向运输出去，没有东西运来，运费贵，成本高。解决办法就是对矿石进行加工。铝进行深加工，产值高。磷也要搞深加工，要算一算 60 万吨磷肥要投资多少？ 60 万吨磷矿石变成 6 万吨黄磷需要多少投资、多少电？要变成黄磷出去，使产值大大增加，将来贵州是大工业区。要把乌江水电站搞上去，把湘黔铁路修好。”六枝煤矿的负责人汇报说：“北煤不南调，六盘水煤炭基地建成后，年产 4000 万吨原煤，东调两千万吨，供应四川攀枝花钢铁基地 1000 万吨，贵州留 1000 万吨。”汇报后，这个方案便马上定了下来。邓小平赞许地说：“南方大煤炭基地在贵州！”他还对省委书记处的负责同志说：“汞在世界上很吃香。要把贵州汞的藏量摸准，搞点现代化开采。”

在贵州考察期间，邓小平看到城镇一些居民拿着票证、排着长队购买东西，感到很不安。他对陪同视察的负责同志说：“现在买东西都要票证，苦了老百姓！”当时为了保证人们买到生活必需品，各地印发了各种商品供应票证，从食肉、香烟、白酒到肥皂、食盐、火柴等，无一不需凭票证购买。对此，邓小平早就认为应予改变，并与有关同志筹划、计算过，此时，他胸有成竹地说：“我们争取在第五个五年计划期间，也就是在 1979 年前后取消票证。”由于十年“文化大革命”的破坏，许多建设计划推迟实现。是 1978 年 12 月党的十一届三中全会召开，党的工作重点转移，才使我国的社会主义现代化建设取得了迅速的进展。几年间，就做到了市场上商品丰富，物资供应充足。票证逐步成了历史的陈迹。邓小平提出的“取消票证”的目标，已经完全实现。

邓小平逝世一周年之际，中共贵州省委书记刘方仁撰写了题为《黔山留下伟人迹》的回忆文章。文中回忆了邓小平这次贵州之行，广泛同工人们接触，亲切地询问、了解工人们的生活工作情况。邓小平从工人那里知道大家想吃到新鲜大白菜时，当即指示秘书长与北京有关部门联系，很快就调进50万斤大白菜支援六盘水矿区。刘方仁深情地说：“这真是雪中送炭啊！”

“邓小平在我们工人眼里不是什么‘第二号走资本主义道路的当权派’”

在特殊的历史时期，邓小平夫妇与江西新建县拖拉机修配厂工人结下了深厚友谊，这是珍贵的永生难忘的情谊。

在邓小平最艰难、最孤独寂寞的时候，新建县拖拉机修配厂淳朴、善良的工人们向他伸出了热情的手，极大地安抚了这位深受伤害的老人，温暖着他的心。

无论外面的政治气候如何变化多端，邓小平始终感到这里散发着春天般温暖的气息。

他刚来厂里劳动时，态度十分严肃，一句话也不说。过了几日，他看到从党支部书记、车间主任到每一个工人，对他都很客气，没有一个人对他有敌对情绪，没有一个人对他有什么恶意。相反，工人们经常关心他，处处想着他，并且时常给他提供方便。

邓小平的心情逐步放松下来。

上班干活儿的时候，工人们时常关照他说：“老邓，累了吧，休息一下吧！”

每当听到工人们的招呼，邓小平就停下手中的活儿，微笑着回答说：“谢谢，不累。”

下班的时候，工人们主动为邓小平拎来热水，招呼说：“老邓，来洗洗手吧！”

邓小平接过热水，惬意地在其中浸泡，用肥皂洗净双手。热流，传递着工人们对他的情谊。

起初，邓小平每天到工厂上班都是从大门进厂。途中要穿过公路，绕道走 20 多分钟的路。为了减少行走的路程，保证他的安全，工人们决定想想办法。

他们发现，从邓小平劳动的工厂车间一侧的篱笆墙上开一道小门，沿着山坡从田间小道行走约两里路，便可直达原南昌步兵学校的大门，从而大大缩短邓小平上下班的行程。路线测定后，他们说干就干。先将篱笆拆开，开了个小门，做了门架，配了锁，将钥匙交给邓小平，供他进出门时使用。

接着，工人们挥锄平地，铲除荆棘，从工厂篱笆墙西侧的山坡上修了一条直通原南昌步兵学校大门的小道。

从此，邓小平到厂里劳动不再绕弯子从工厂大门出入，而改走这个小门了。以后不论是赤日炎炎，还是数九寒天，在原南昌步兵学校通往新建县拖拉机修配厂的小道上，总能见到邓小平的身影。日复一日，年复一年，这条小道上留下了邓小平深深的脚印。

有一次，邓小平上班时，急匆匆行走在一段泥泞的道路上，不慎摔了一跤。工人们知道后，悄悄地在当夜就摸黑修好了那段泥泞的道路，免得再发生滑倒的事情。

种种细小的事儿，工人们都替邓小平想到了。

在一个细雨蒙蒙的早晨，来到邓小平身边探亲的小儿子又离开他们，独自回山西去了，仅有的一点欢乐转瞬即逝，这无疑使邓小平十分难过。上工后不久，邓小平在车间突然面色苍白、冷汗淋漓，一下倒在地上，不省人事。这一突然的变化，急坏了车间的工人。陶端缙、张瑞龙、程红杏等一起跑过来，把邓小平从地上扶起来，让他坐在椅子上。卓琳闻讯也赶忙跑过来，看见邓小平昏厥的情形，心里十分难过。她对邓小平的病情是了解的，断定是低血糖病复发。卓琳问程红杏："小程，你有开水吗？"程红杏听到卓琳的喊声连忙回答："有开水。""你家有白糖吗？""也有。"程红杏机械地回答。卓琳告诉她，赶快去冲杯白糖水，要快！程红杏一听，拔腿就往家里跑，幸好家就在厂区里面。她跑进家中，翻出糖罐子，洗净了一个大茶杯，一下装了半杯白糖约有二两多，冲成一杯很浓的糖水，然后迅速跑回车间把冲好的糖水交到卓琳手中。卓琳接过搪瓷茶缸，以感激和信任的目光望了望程红杏，随即把糖水喂进邓小平嘴里。邓小平一口气喝完大半茶缸白糖温开水后，渐渐苏醒过来，感觉也好多了。

看到他的脸上开始有了红晕，慢慢恢复了血色，工人们悬着的心才放下来。为了让他很好地休息，工人们劝他赶快回家。

当时，新建县拖拉机修配厂是个小厂，没有汽车，更没有小轿车。工人们决定用拖拉机送邓小平回家。

这是一辆丰收 27 型拖拉机，没有拖斗，只有一个机头。为了减轻颠簸，厂里找来一位驾驶技术高超的老拖拉机手。只见他扶正方向盘，脚踩油门，慢慢启动。拖拉机"哒、哒、哒"地开动起来。

一路上，老拖拉机手小心翼翼地扶着方向盘，缓缓地向前行驶着。穿过城岗公路，驶进原南昌步兵学校的大门，慢慢地停在"将军楼"前。

工人们轻轻地将邓小平扶上楼，帮助家人让他安稳地躺下后才离去。

多年以后，新建县拖拉机修配厂的一位工人师傅这样说道："邓小平在我们工人眼里不是什么'第二号走资本主义道路的当权派'，而是我们一位真挚的工友。"

的确，工人们确实把邓小平看作自己的挚友。邓小平的女儿毛毛也曾这

表现邓小平在新建县拖拉机厂劳动时的油画

样写道：在新建县拖拉机修配厂劳动期间，“工人们在劳动中、在生活上时常关心和帮助两位老人（邓小平和卓琳）。我记得，工人师傅常常送给我们一些做米酒的酒药等生活用品，还帮我们磨米粉……三年之中，我父母虽是在这个工厂里劳动改造，但工人同志们却给予他们力所能及的关心和爱护”。

1973年4月10日，经毛泽东和周恩来提议，中共中央决定重新任用邓小平。

邓小平要回北京了。

临行前，回忆起三年来工人们的深情厚谊，邓小平心中充满了感激和难舍之情。他对卓琳说：“咱们不能这样不声不响地就走，应该向工人师傅告别。”

邓小平叫卓琳买来糖果、饼干和香烟，送到曾给予他极大帮助的工人们的家里。

工人们闻讯，前来为邓小平送行。

“老邓，你要走了，厂里还不知道，我们几个先来了。”一位工人首先说道。

邓小平握着他的手，激动地说：“我在厂里三年多，麻烦了大家。”

另一位送行的工人说道：“以后有机会来江西，别忘了到厂里看看。”

“一定，一定。你们太好了。”邓小平感激地说。

车间主任陶端缙怀着歉意对邓小平说：“我们这些工人文化都不高，办事很粗，有很多事未办好，请多原谅。”

“对我们太好了，太好了。”邓小平说话的声音有些颤抖。

“祝您一路平安！”动身之日，工人们一直把邓小平送上车。

汽车缓缓地开动了。邓小平从车内探出头来，频频向送行的人们挥手，依依难舍……

窗外，送行的工人们也不断向邓小平挥手致意。直到汽车消失得无影无踪，他们方才离去。

工人们怀念着邓小平，邓小平也忘不了工人们的深情厚谊。

邓小平重新工作后，一直挂念着新建县拖拉机修配厂的工人们。五届人大期间，他找到江西省委书记黄知真，嘱咐说：“你回去之后，应该扶持一下新建县拖拉机修配厂，增加一些基建投资，再盖一个车间。工人生活，也要尽量地改善一下。”在邓小平的直接关怀下，省里给了厂里一台大型机器和两部汽车，其中一部是客车，作工人的班车用。

1975 年，厂负责人熊廷禄带几位同志到北京出差。邓小平闻讯后，立即派秘书看望大家，并再三询问厂里有什么需要解决的困难没有？熊廷禄代表全厂职工向邓小平表示了深深的谢意。这年夏天，熊廷禄又途经北京时，给邓小平、卓琳写了封信。邓小平见信后，马上委托卓琳代表他前去看望，并嘱咐卓琳写一封信向厂里的工人和领导表示问候。遗憾的是，未等卓琳前去，熊廷禄已经走了。

卓琳随即给熊廷禄写了一封信。信中写道：

“在你们厂的三年劳动、学习中，同广大工人和干部结下了深厚的友谊……对我们的关心，使我们感到难忘，每当提到那时情形，对你们总是十分惦念。为此请你代为转达向他们问好！这次来京虽未能会见，你们如有什么事情和要求可以给我们写信。最后祝你及全厂同志好！致革命的敬礼！”

邓小平的女儿邓榕为了表达对新建县拖拉机修配厂的工人们在三年多的时间里对其父母的关照的感激之情，也欣然动笔在这封信上附言：

“我父亲再次让我母亲去看望你们，又没看成。我的父母对于你们的厂和你们的广大工人、干部怀着深厚感情，他们也愿意表达自己的感情，但一直未有机会，他们一定会尽力而为的。”

1985 年 6 月，原来与卓琳一起工作过的新建县拖拉机修配厂的女工程红杏到北京出差。卓琳得知后，赶紧叫秘书安排见面。

很快，一辆轿车载着程红杏驶入宽街西北角的一个四合院——邓小平的家。

程红杏一下车，卓琳便亲切地拉住她的手，热情地说：“我代表小平同志向你问好，也向全厂工人问好！在那时候建立起来的友情是终生难忘的。”

程红杏也激动地说：“请向小平同志转达我们全厂工人对他的祝愿。我们大家都很惦念他！”

朴实无华的话语，表达了工人们的一片赤诚之心。

程红杏告诉卓琳，那朵卓琳赠送的栀子花她一直挂在帐帘上，直到枯萎了，她都没舍得摘下，卓琳听了十分感动。临别时，卓琳以茅台酒相赠，两人依依难舍。

“我还可以干 20 年”

春风又绿江南岸。

历史的车轮跨入了 20 世纪 70 年代初期。

林彪事件后，在江西省新建县监管劳动的邓小平，先后两次给中央去信揭批林彪反革命集团，并提出到江西老根据地参观的要求。

1972年8月14日，毛泽东在邓小平给中央的第二封信上做了重要批示。从而，在监管劳动约三年之后，这位68岁的党的前任总书记、国务院前副总理及其家人的政治处境开始有了转机。

入秋，北国的原野已经黄叶满地，然而，南方的山岭却仍是一片郁郁葱葱。

11月12日，一辆灰色伏尔加轿车载着邓小平、卓琳和当时正在江西干校劳动的邓小平原来的秘书王瑞林等一行五人，离开新建县望城岗“将军楼”，驶向井冈山地区。

轿车在洒满阳光的公路上稳稳地奔驰着。

邓小平倚靠在松软的座位上，用手轻轻地将窗纱拉开一条缝。顿时，一缕和煦的阳光悄然泻入，把人带入遐思之中，一种轻松、畅快的感觉从邓小平的心底里涌出。

三年，在人的一生中不算很长，然而，对于一位年近七旬的老人来说，却不能算短。

这次获准旅行，真使他心情异常激动。

井冈山，著名的老革命根据地，横跨江西、湖南两省，介于宁冈、酃县、遂川、永新四县之间，景色如画。

邓小平一行乘坐的轿车顺利到达井冈山地区（现在的吉安地区）。邓小平刚一下车，就感慨地对负责接待的同志说道：“好多年没有出来了，这次出来什么都新鲜。”一句话，道出了他愉快、舒畅的心情。

他的兴致很高。

邓小平不顾旅途疲劳，在井冈山地区连续奔走了五天，先后参观了龙源口大捷战斗遗址、三湾改编旧址、朱德旧居、毛泽东旧居等纪念地。

位于赣西九龙山脚下、永新县西面的三湾村，四周被郁郁葱葱的山峦环抱，显得清秀、宁静。村头的枫树高大、挺拔，在秋日照耀下熠熠生辉。这里，就是有名的三湾改编的所在地。

邓小平一行来到三湾村。

13 日中午时分，伏尔加轿车在三湾村枫树坪停下。身着褪色的灰蓝色中山服的邓小平满面红光，神采奕奕地首先下车，微笑着与接待人员一一握手，致以问候。表情是那么和蔼可亲，衣着是那么庄重而又朴素。

邓小平接过服务员送上的清茶，边喝边讲起了三湾改编的情况。他说：“三湾改编很重要，秋收起义部队受挫，甩掉了追赶的敌军而来到三湾，在这个清静的地方采取果断措施，对这支面临崩溃的部队进行改编，这是毛泽东同志的一个创举。三湾改编与古田会议一样重要。”

之后，邓小平进行了参观。

他对党的历史了如指掌，令陪同的同志惊讶。他说：“三湾上去 30 里的

八角楼位于宁冈县城东南16公里处的茅坪村谢氏慎公祠后面，是一栋土砖结构的两层楼房。因为楼上的天窗是八角形的，当地群众习惯地称之为八角楼。井冈山斗争时期，湘赣边界党、政、军领导机关和红军后勤机关曾设立于茅坪（历史图片）

地方有个九陇山，是地方武装游击队的根据地，是打游击的地方。九陇山下面有个村子，名字忘了（陪同的人补充：叫练家村），当时湘赣边特委主要领导成员宛希先，湖北人氏，绰号叫宛麻子，就是在这个村子里被自己的同志捉拿杀害的。宛希先是毛主席在井冈山的得力助手，此人被害太可惜了。”

当听到三湾全村过去被反动派烧尽，革命旧址是按原貌修复，陈列品均属复制品的介绍时，邓小平沉痛地说：“这是历史的见证。”并嘱咐一定要保护好革命旧址。

结束在三湾的参观之后，下午，邓小平乘车直赴茅坪。

在茅坪八角楼，他走进了朱德的旧居。当讲解员讲到前些年林彪篡改“朱毛会师”的历史为“毛林会师”时，邓小平愤愤插言：“假的就是假的，真的就是真的。”

接着，宁冈县的干部向他介绍了茅坪的旧址旧居的保护情况。邓小平深情地说：“井冈山精神是宝贵的，应当发扬，传统丢不得。”“我们的党是好的，是有希望的。我们的人民是好的，是有希望的。我们的国家是好的，是有希望的。”

黄洋界，因毛泽东的一首《西江月·井冈山》而闻名遐迩。14日，邓小平来到这里。想当年，黄洋界上炮声隆隆，一场激战在这里发生。今日置身于其中，心里别有一番滋味。

爬八面山时，邓小平风趣地用工作人员递来的小竹棍，敲着腿说：“我这一身零件除了这条腿，其他都是好的。”话一出口，即引来大家朗朗的笑声。这笑声，伴随着阵阵回音，旋绕在黄洋界上空……

16日，邓小平一行在茨坪参观了毛泽东的旧居。

邓小平走进屋内，仔细地、认真地观看，不时地向讲解员询问毛泽东当年在这里工作、生活的情况，然后，若有所思地微微点头。

此时此刻，在毛泽东的旧居内，他也许回忆起了当年与毛泽东在中央苏区共患难的往事。

参观毛泽东旧居后，邓小平深情地说：“当时蛮艰苦，革命真不容易。”

井冈山，革命的摇篮。邓小平的老战友毛泽东、朱德、彭德怀、陈毅等都是从这里走出去的。

到井冈山是邓小平多年的夙愿。1931 年 2 月，邓小平率红七军转战粤桂进入江西时，曾经到达距井冈山百余公里的崇义县。那里已经是湘赣根据地的外围地带。当时，因为江西的敌情尚不严重，他在此告别红七军的战友，转道赴上海向中央汇报工作，从而与井冈山失之交臂。此后，由于种种原因，邓小平一直没能上井冈山。今天总算如愿以偿。

邓小平忘情于这次有意义的井冈山之行。

毛毛《在江西的日子里》描述了邓小平 1972 年以后被安排到江西井冈山等地参观的情景，其中写道：

“在赣南的行程中，还参观了闻名中外的瓷艺之都——景德镇。可惜，景德镇瓷厂竟被林彪、程世清一伙改成了什么‘水陆两用车’的工厂！车未造

井冈山茨坪毛泽东旧居（历史图片）

出，精美的瓷艺却破坏殆尽。他们参观的时候，瓷厂的工人们正在努力恢复瓷器生产。工人们热情地欢迎父亲一行，并送给他四个特制的花瓶。我的父母十分珍爱这凝结了工人同志们心意的礼品。这四个美丽的瓷瓶，随着我父亲经历了第三次政治起落之后，现在还摆在父亲的办公室内。”

在江西，邓小平度过了三年难忘的羁旅生活。那里的一草一木、一人一物都足以牵动邓小平的思绪。

为纪念邓小平逝世一周年，中共中央文献研究室编写了《回忆邓小平》一书，全书分上、中、下三册。中共江西省委书记舒惠国撰写了《红色大地伟人行》一文。文中回忆了邓小平这次井冈山之行，他说：“邓小平同志对井冈山心仪已久，多年夙愿一旦偿，他的心情十分激动。”是啊，邓小平把他对赣南老区人民几十年的深情厚谊播撒在这片红色的土地上。他当时留给与他患难与共的江西人民一句知心话：“我还可以干 20 年！”

“小平同志很随和，平易近人，没有架子”

邓小平说过这样一句感人至深的话：“我是中国人民的儿子，我深情地爱着我的祖国和人民。”基于这种感情，他为祖国的强盛、人民的幸福操劳一生；基于这种感情，他对山东干部、人民群众倾注了无限的关怀和爱心。

半个世纪前，邓小平和刘伯承同志一起率晋冀鲁豫野战军在强渡黄河时，指挥部的地址选在阳谷县蒋家庄。蒋家庄的群众为照顾好刘邓首长，特意腾出一座两层小砖楼供首长居住。当村干部和群众簇拥着刘邓首长来到楼前时，邓小平沉默了，他打量了一下小楼，然后恳切地对村干部于春梅说：“我们是来为老百姓打天下的，不是来享福的。大家的心意我们领了，这小楼还是乡亲们住吧。”几句朴实真诚的话，说得大家心里热乎乎的。见邓小平执意不肯住小楼，村干部们商量以后，把他们安排到普通农民孔月仙家中。

老实厚道的孔月仙听说刘邓首长来自己家里住，心里感到无比喜悦和感动，就把堂屋打扫干净，让刘邓首长住。邓小平进来环视了一下小院，问孔月仙：“你们一家住哪里？”孔月仙说：“我们搬到东屋和西屋去住。”

与堂屋相比，东屋和西屋又矮又小，风吹雨淋，土墙上留下道道沟痕。邓小平看了看，对孔月仙说：“你们不要搬，我们住东屋和西屋。”

孔月仙一听就急了，忙去阻拦，说：“那咋行！这西屋又脏又乱，再说火辣辣的天，里面又闷又热……”

任凭孔月仙怎样劝说，邓小平和刘伯承还是坚持不住堂屋，并和随从人员一起走进西屋打扫起来。

望着他们忙碌的身影，孔月仙及在场的干部群众感动得眼里闪动着泪花。

在这个小院里，邓小平和刘伯承运筹帷幄，指挥大军同敌人血战，工作异常繁忙。尽管如此，邓小平总要抽空同孔月仙一家聊上几句，问他们村里的情况、家里的情况、生活怎么样。为感谢孔月仙一家的照顾，他临走前，把自己用过的文件箱送给孔月仙家留作纪念。这只文件箱孔月仙一直保存至今。

在鲁西，许多当年邓小平的房东无不留恋邓小平在他们家与他们相处的日子，无不为小平对他们的亲切关怀而感动万分。

中华人民共和国成立后，邓小平公务繁忙，没能再回鲁西，但他始终没有忘记鲁西人民，一直关心着鲁西人民。1959 年 12 月，他派原晋冀鲁豫野战军参谋长李达上将到阳谷县蒋家庄慰问看望乡亲们。1987 年 5 月受邓小平委托，济南军区政委迟浩田到鲁西慰问，又探望了孔月仙老人和群众。

20 世纪 70 年代末，几乎在安徽凤阳小岗村的农民搞“包产到户”的同时，鲁西的东明、茌平、高唐等县农民也偷偷搞起了“包产到户”。当时，新华社山东分社高级记者李锦如实作了报道。1982 年 12 月 31 日，当万里和胡锦涛把新当选为团中央委员的李锦介绍给邓小平时，邓小平关切地问：“现在那里农民生活怎么样？住房怎么样？”当听说山东农民差不多能天天吃上肉、盖新房的人很多时，邓小平欣慰地笑了，连声说："好，好。"

农民能不能吃上肉、住上新房，这些最简单、最具体的事，邓小平都时刻挂在心上，这不能不让8000万山东人民感动。邓小平从这些似乎平常的小事上验证着党的十一届三中全会以来的党的路线、方针、政策的正确性，同时也蕴涵着老人家对山东人民的无限关怀。

时刻想着群众，这是邓小平一贯的作风。他热爱群众，喜欢把自己置身于群众之中，反对人们把他同群众隔开。1979年以来，邓小平多次来山东视察或作短暂停留。李子超（时任中共山东省委书记兼秘书长）回忆了当年邓小平在青岛的几件"平凡小事"。

邓小平喜欢游泳，但有一点他交代得很明确，那就是不能因为他去游泳而赶走群众。李子超万般无奈，便从青岛市公安局挑选了一些政治上可靠、水性又好的民警换上便衣在浴场游泳。邓小平到来后，见有人在游泳，他很高兴。可过了一会儿，他似乎察觉了什么，就问李子超："那些游泳的都是群众？"

李子超一时不知怎么回答，只好含含糊糊地说："都是些可靠的人。"

走向大海。邓小平喜爱游泳，但从不去游泳池，每年夏天他尽量去海滨游泳（历史图片）

邓小平从李子超的表情和语气中已判断出怎么回事了。他看了李子超一眼，满脸的不高兴。

李子超后来讲这件事时，笑着说：“小平同志一贯主张实事求是，在他面前说句假话，心里都发虚。可我们也是没有办法才这么做的。”

邓小平的生活俭朴，不搞排场，不吃请，不扰民，不给地方添麻烦。在离开青岛的前一天，省里和青岛市领导同志想请小平同志吃顿饭，尽尽东道主之谊。李子超把这个意思告诉了邓小平的秘书。结果，秘书请示后说：“小平同志不同意。”

李子超又对秘书说：“小平同志来好几天了，我们做东道主的，不请小平同志吃顿饭，心里过意不去啊。”秘书觉得是这么个理儿，就又去请示邓小平，把李子超的话转告给他，并反复说明情况。邓小平这才同意一起吃顿饭，但指示就在他的住处，人员不要多。就这样，白如冰、李子超和刘众前三人来到邓小平住处，与小平一起，只加了几个菜，简单而又热闹地吃了顿饭。

李子超事后说，他忙活了半天，也没搞“明白”究竟谁请谁。

当年曾在邓小平身边做服务工作的有关人员回忆说，邓小平同志走的时候，车上除了他自己的行李，没有要地方上一点东西。

有的同志感慨地说：“这些事看似平常，但它反映出一个伟人崇高的思想品格。邓小平同志严格要求自己、处处关心群众的思想作风，很值得今天我们的各级干部好好学习。”

邓小平生前曾多次来山东，见过他的人都说：“小平同志很随和，平易近人，没有架子。”邓小平是党和国家领导人，而在他们眼里，倒更觉得他是一位和蔼可亲的、极为普通的老人。

1979 年邓小平到青岛时，刘爱敏是服务人员之一。她回忆说：“邓小平同志待我们很和气，每次见面他都主动打招呼，同我们聊天、拉家常。”

一天下午，邓小平到院子里散步，正好刘爱敏也在院中。于是邓小平就同她聊了起来。他问刘爱敏多大了？念过几年书？家里生活好吗？刘爱敏一一作了回答。邓小平还问她愿不愿意干服务工作？刘爱敏说很愿意干。邓小平点点头，嘱咐她好好学习、好好工作，并说："将来没有文化不行，要趁年轻多学一点东西。"刘爱敏不住地点头答应着。她望着邓小平慈祥的面容，觉得他是那么的亲切。

不仅刘爱敏，邓小平几乎和所有的服务员都拉过家常，而且几乎都能叫出他们的名字。邓小平特别喜欢和年轻人在一起，一有空，就把几个服务员招呼到他的客厅去玩。服务员任志强回忆说，每次他们一进客厅，小平就招招手，说："来，来，随便坐。"于是他们几个年轻人就围坐在小平同志身边，或打桥牌、或下围棋。当时任志强他们对桥牌、围棋不太精通，邓小平就教他们，告诉他们这张牌该怎么出、那步棋该怎么走。

工作人员回忆说："在小平同志身边，我们无拘无束，很随便，心情舒畅。我们不觉得他是一位'大人物'，只觉得他是一位慈祥善良、和蔼可亲的长辈。"

"要诚心诚意地为西藏少数民族服务"

1978 年 12 月，邓小平在出访尼泊尔的专机上，俯瞰着西藏这片高天厚土，深情地眷恋着他尚未踏上的共和国的这片土地，胸中筹划着使西藏地区走进中国四个现代化行列的发展蓝图。

1980 年，邓小平委托前往拉萨的黄华副总理，要一件具有象征意义的纪念品，以慰藉他对西藏的向往之情。

西藏自治区负责人听说后，选择了一尊精美的佛像，让黄华转交邓小平。邓小平一直珍藏直至离世。

1992 年 1 月 21 日，邓小平驻足深圳"锦绣中华"微缩景区的"布达拉宫”前，感慨而深情地对身边工作人员说：“这辈子我是去不了西藏了，就在这座‘布达拉宫’前照张相，权作纪念吧。”

邓小平对于生前非常想去而又未到过的西藏这片共和国的土地，留下了他那无尽的关怀、深情的眷恋和深邃的思想……

在西藏革命和建设的事业中，邓小平情系西藏人民，处处为西藏人民的幸福和安宁着想。

早在和平解放西藏前夕，邓小平就指出：“要诚心诚意地为少数民族服务”，他列举西康省的藏族说：“过去西康的反动统治把他们搞苦了。我们进去以后，首先宣布了共同纲领的民族政策，同时我们军队的优良作风也在一些具体问题上体现出来，例如执行三大纪律八项注意，尊重藏民的风俗习惯、宗教信仰，不住喇嘛寺等。”“老百姓的房子，就是下大雨，不让进就不进，不让住就不住。”也正是人民解放军这种处处为藏族人民利益着想的好作风，赢得了藏族人民的支持和信任，使川西的剿匪工作得以顺利完成。

1950 年，邓小平与刘伯承、贺龙连续签署进军西藏布告，反复强调入藏

1951年秋，第二野战军一部进驻拉萨，把五星红旗插上世界屋脊（历史图片）

部队要做到:“保护西藏全体僧侣人民的生命财产,保障西藏人民之宗教信仰自由,保护一切喇嘛寺庙,帮助西藏人民发展教育和农牧、工、商各业,改善人民生活。”同时指示进藏部队的官兵要纪律严明,忠实执行中央人民政府的各项政策,尊重西藏人民的宗教信仰和风俗习惯;说话和气,买卖公平,不妄取民间一针一线;借用家具,均经物主同意,如有损毁,均按市价赔偿;雇用人畜差役,均付相当代价。并郑重宣布:“人民解放军为中国各族人民的军队,全心全意为人民服务。”

十七条协议签订后,各路进藏官兵陆续进藏,他们根据中央对西藏的各项政策和邓小平对干部战士的要求,连续公布了《进军守则》《入城纪律》《藏族人民的风俗禁忌》等规定,部队在几千里进军中翻越雪山、跨过草地和沼泽,在严重缺粮的情况下,不进群众房屋和帐篷,有的部队在缺医少药的情况下,还拿出医药为沿途群众治病。进藏部队严守纪律、处处为群众着想的感人事迹,深深打动了沿途群众,为进藏后执行协议、开展群众工作奠定了基础。

为了减轻西藏人民的负担,1952 年 9 月,毛泽东主席电告邓小平,要进藏部队抽调一部分力量进行农业生产,以解决粮食不足的问题。邓小平立即指示张国华、谭冠三同志进驻拉萨、日喀则后立即开展农业生产,甘孜至拉萨沿线部队亦可生产与筑路并重。

“让西藏人民尽快过上好日子”,在邓小平求真务实的工作作风中也常常体现出这种信念。1961 年,邓小平对杨静仁说:“在西藏工作要处处为群众着想,统购粮食的限度,要根据习惯和条件逐步来,要休养生息,民主改革后让农民的生活天天向上。选干部要选真正给群众办事的。”这时候尽管中原地区发生了严重的自然灾害,但中原地区人民仍然节衣缩食,省下大量的白糖、茶叶、大米等食品和大量的轻工日用品运往西藏自治区,保障了西藏人民生活的基本供给。

邓小平情系西藏人民,在许多问题上细致入微。1978 年 2 月,邓小平在

1951年4月，邓小平和各界群众欢迎以阿沛·阿旺晋美（正面左一）为首的西藏地方政府代表团途经重庆前往北京谈判。同年5月，中央人民政府同西藏地方政府达成了和平解放西藏的协议（历史图片）

成都的金牛宾馆里关切地询问当时西藏军区负责同志，西藏群众生活好吗，他们吃的茶叶够不够，粮食够不够吃。当军区负责同志告诉他群众生活已有所改善，茶叶供应较好，农民的粮食够吃，有些还有结余，邓小平会意地笑了。同年 2 月 10 日，邓小平自成都出发访尼泊尔，他在飞机上俯瞰着西藏这片高天厚土，深情地眷恋着这块土地，当他因身体的原因不能走下飞机看看西藏干部群众时，内心一直感到歉疚。

邓小平与西藏人民心连心，也体现在他对藏族上层人士真诚团结和关怀上。1950 年 7 月，邓小平在西南军政委员会第一次会议上说：“我们中华人民共和国是一个多民族的国家，只有在消除民族隔阂的基础上，经过各族人民的共同努力，才能真正形成中华民族美好的大家庭。”“我们完全可以解决几千年遗留下来的民族隔阂问题，把各民族团结好。”昌都解放后，邓小平指示时任西康省藏族自治区政府主席的天宝，要他争取藏族上层人士，广泛联系群众，组织起政权机构。1951 年 3 月下旬，以阿沛·阿旺晋美为首的西藏地方政府和谈代表团进京谈判途经重庆时，受到邓小平的亲切接待。邓小平坦诚相见，耐心而又细致地讲解中央人民政府解放西藏的方针和政策，使他们打消了顾虑，以舒畅的心情踏上进京的行程。1979 年邓小平在接见嘉乐顿珠时说：“欢迎更多的人回来看看，看了也可以出去。”又说：“各民族好好团结，利用国内国外大好形势，搞四个现代化。中国有 56 个民族，要团结起来。”改革开放后，邓小平对班禅大师体现出无微不至的关怀。据曲旦先生回忆说：“1978 年至 1985 年期间，我一直在第十世班禅大师身边工作。第十世班禅大师十分尊重和崇敬邓小平同志，也十分感激邓小平同志对爱国上层人士的无限关怀。”1980 年 8 月，班禅大师去藏区视察前，邓小平约他到家中，亲切地对班禅大师说：“你和帕巴拉是国家领导班子中最年轻的，你是我们国家一个最好的爱国者。”“你自己的活动可以放手，不要顾虑。你这次下去的时候可以说‘文化大革命’中那些事情都错了，你不要怕，就说是中央领导同志说的。”班禅大师牢记邓小平的教诲，常常夜以继日地工作和学习，为国家大事和藏民族的进步奔忙操劳。1980 年 9 月，班禅大师在青海藏区考察时，特意按照青海藏区的传统习俗，加工制作了一块像桌子一样大的饼子，并派人将饼子送到北京邓小平家中，

邓小平与西南军政委员会副主席合影。右起：邓小平、贺龙、熊克武、龙云、王维舟、刘文辉（历史图片）

以表达对邓小平同志的感谢和热爱之情。邓小平一直对十世班禅大师的生活和学习十分关心。每次召开全国人大会议或在人民大会堂举行大型活动时，邓小平都会利用会议开幕前或休息的时间，主动询问班禅大师的生活和学习情况，交谈国家大事。

邓小平对西藏人民的关心与厚爱，还体现在他一贯重视培养和关心爱护民族干部的成长方面。20 世纪 50 年代，邓小平主持西南地区工作时，多次要求进藏干部遇事多和少数民族干部商量，共同把西藏的各项事情办好。在研究准备成立西藏自治区的问题时，邓小平指示说：“西藏各级机关应吸收藏族干部参加工作，派去的汉族干部要精，每县至多派五六名去培养藏族干部，了解情况，做好团结工作。”当时的西藏工委根据邓小平同志的指示精神，从一些苦大仇深的农奴中物色干部苗子，保送这些优秀的藏族青年到成都西南民族学院、北京中央民族学院等院校学习。此后，为了适应西藏革命和建设发展的需要，党中央又先后开办了西藏地方干校、西藏公学、中央政法干校西藏班等干部培训基地，通过多种渠道培养、培训藏族干部，为西藏革命和建设的发展创造了条件，打下了基础。党的十一届三中全会以后，随着党的工作中心的转移，党中央又及时提出“大力培养四化所需要的、具有共产主义觉悟的少数民族政治干部和专业技术人才，为少数民族地区的社会主义现代化服务”的方针。几十年来，经过党的大力培养和革命建设实践的长期锻炼，全区一大批具有高度政治觉悟、密切联系群众、具有较强工作能力的藏族干部已站到了工作第一线。藏族和其他少数民族干部已占很大比例，乡及乡级以下的干部均由藏族和其他少数民族人士担任。在党培养下成长起来的这支民族干部队伍，在西藏革命和建设的各个时期发挥了重要作用，作出了巨大贡献。一大批昔日的农奴走上领导岗位，参与管理国家、管理本民族内部事务，真正享有民主、平等、自由的权利。

邓小平工作虽然十分繁忙，但他对西藏干部的成长却时刻放在心上。西藏自治区原党委书记阴法唐每次回忆起邓小平对西藏工作、对西藏干部的关心就特别激动。他回忆说，1983 年 7 月的一天上午，他在北戴河见到了正在疗养的邓小平同志。通常情况下，中央领导同志在疗养期间是不便打扰的，但当邓小平听说是西藏来的同志想汇报工作时，便让办公厅破例安排了会见。邓小平听完了阴法唐关于西藏情况的简要汇报后，点头说：“你说的我都听明白了，这些事我知道了。”

十届全国人大常委会副委员长热地同志还深情地记得 1990 年夏天与邓小平的一次亲切的见面。热地回忆说：那是在北戴河，我按照中央办公厅的安排到北戴河疗养，听说小平同志也在这里，便向中办负责同志提出想见一见小平同志，没想到我的要求很快得到了答复。8 月 23 日下午，我按约提前来到了与小平同志见面的休息室，过了一会儿，邓小平同志在随行人员的陪同下来到了休息室，邓小平同志亲切握住我的手，微笑着说：“噢，热地同志，你好！咱们见过面，西藏那边情况都好吧！你来一趟不容易啊！”我连忙回答说：“是的，小平同志，去年我们在天安门城楼上见过面，您身体还这么好，我感到很高兴。西藏现在的情况总的讲还好。”邓小平很高兴。谈了一会儿，身边的工作人员提醒他下海游泳的时间到了。热地连忙说希望与邓小平同志合个影留念。站在邓小平同志身边的女儿说：“没说安排照相，连衣服也没换呀。”邓小平说：“没得关系，就这样照吧。”听到邓小平亲切的话语，热地又回想起去年国庆节在天安门城楼上邓小平握着他的手亲切交谈时，记者们纷纷拍照的情景，心中十分感动。这次破例的接见和合影给热地留下了温暖的、永远抹不掉的记忆。邓小平对少数民族干部的爱护与重视，永远激励着热地为建设家乡、振兴中华而发奋工作。

邓小平注重调查研究，情系西藏人民，把人民的利益看得高于一切，赢得了包括西藏人民在内的全中国人民的衷心爱戴。

“让人民尽快富起来”

1975年，邓小平说了一句充满幽默的话：“我是维吾尔族的姑娘，辫子多。”这句话不仅表现了他在那个特殊的年代坦荡磊落、勇于革命、不怕被打倒的决心和胆略，也说明了他对新疆风俗民情的了解。

在漫长的历史岁月中，邓小平深邃的目光始终关注着新疆大地，宽阔的胸怀一直萦系着新疆各族人民，殷切期望着祖国西北边陲这块占全国六分之一面积的地方繁荣发展。

早在20世纪50年代，邓小平就对新疆经济建设给予了特别的关注，对塔里木的石油勘探和开采大力支持并创造条件。改革开放之后，他多次谈到新疆，认为新疆的前景是很好的。

20世纪80年代初，是新疆历史上不寻常的一段时期。当时，国际风云变幻，国内资产阶级自由化思潮泛起，社会主义面临新的严峻考验。与此相呼应，在新疆，民族分裂主义势力抬头，南疆喀什、叶城等地先后出现了极少数民族分裂主义分子利用宗教煽动群众闹事的事件。而自治区个别领导在执行民族区域政策上产生了某些偏差，有人错误地提出要大批汉族干部退回，一些不利于民族团结的错误言论也流传起来。一时人心浮动，全区形势出现新的波动。

就在这个紧要的历史关头，邓小平来到新疆。

1981年8月，邓小平离开北京，风尘仆仆，西出阳关，视察了新疆。

天远云舒，瓜果飘香，夏末秋初是新疆最美的季节。8月10日，邓小平由王震、王任重等中央领导同志陪同，乘火车来到了乌鲁木齐。自治区党委第二书记兼乌鲁木齐军区政委谷景生和党政军其他负责人肖全夫、司马义·艾买提、铁木尔·达瓦买提、谭友林等到火车站热情地迎接邓小平。邓小平对前来迎接他的自治区领导亲切叮咛："我这次偕王震、王任重同志是借假期来新疆的，一切从简，切不可兴师动众。"

翌日，在自治区领导的陪同下，邓小平一行乘车先到石河子视察。

位于准噶尔盆地边缘的石河子，是在万古荒原和沼泽上建起的。1950年，进驻新疆的解放军和起义部队，发扬南泥湾精神，拉开了军垦第一犁，战士们硬是用双手和肩臂拓垦出了275万亩良田。经过几十年奋斗，如今这里良田环绕，楼房林立，林荫夹道，鲜花争艳，变成了一座融农工商为一体的年轻美丽的城市。它犹如一颗璀璨的明珠镶嵌在天山北部的原野上，是军垦战士艰苦创业、开拓进取的缩影。

邓小平中午和一群老军垦围坐在一起用餐，仿佛又回到了战争年代的战友中间。桌上摆的饭菜全部是用军垦战士种植生产的东西做成的。邓小平一口气吃了两个蒸玉米棒子和土豆，连声赞道："这个好吃，这个好吃。"他还想再吃，保健医生急忙过来劝阻，大家开怀大笑。

邓小平对新疆的棉花种植和纺织业格外感兴趣。听说农科所搞了棉花种植试验，一分场三连采用了当时较先进的地膜覆盖栽培技术，便提出到那里去看看。

1981年，邓小平在新疆（历史图片）

汽车行驶在市区平坦洁净的路面上，一排排挺拔秀丽的白杨树从窗外掠过。石河子企（市）党委书记刘丙正指点着，认真向邓小平作介绍。邓小平关注地看着窗外，沉思着。他说："我过去看过两部电影，一部是《军垦战歌》，一部叫《绿色的田野》，周恩来总理、陈毅副总理也向我讲起过你们开发准噶尔、塔里木的情景。不过还是那句老话，‘百闻不如一见’哟，这次来不虚此行。”

蓝天，白云。眼前阡陌相连，铺锦叠翠，路边林带里渠水潺潺。77 岁高龄的邓小平下了车，身穿白色短袖衬衫，健步走在田埂上。农科所一群领导和科研人员迎上来，邓小平朗声打招呼：“科技人员辛苦了，科技人员好！”这群从 20 世纪五六十年代起就工作在基层的大学毕业生紧握着邓小平的手，激动得不知说什么好。

邓小平蹲在试验田一株棉花前，仔细数了数，有 50 多个棉桃和花蕾，他翻来覆去地看，问：“桃子都这样多吗？”农科所领导赵守义急忙答：“平均 30 个左右。”“一亩地能产多少？”“皮棉 300 斤上下。”“能达到吗？”“奋斗目标。”邓小平想了想，轻轻地“哦”了一声。

这时，邓小平的孙女挤过来，兴奋地揪着一颗棉花桃好奇地看，邓小平急忙阻止：“不要摘，这是棉桃。”

看罢农科所，邓小平和王震、王任重及自治区领导一行边走边谈，来到总场一分场三连连部门前边的林带中。林带里早已被打扫得干干净净，摆上了长桌，桌上放着连队自产的西瓜和葡萄。邓小平落座后，看见殷延福还在那里站着，就关切地招了招手：“来，来，殷连长，坐在我这里。”并拿过一块西瓜递到他手上，详细地询问三连有多少土地、种的什么作物，有多少牲畜，又问了其他一些生产情况，然后起身向棉田走去。

面对一片 400 多亩绿油油的棉田，邓小平轻舒一口气：“好大一片地哟！”他接过一顶扎有黑绸边的小草帽，遮挡住强烈的阳光，走进茂密的棉田，弯下腰，用手拨开棉株，全神贯注地观察棉花的长势。

石河子企（市）党委书记刘丙正介绍说：地膜覆盖植棉技术是经王震倡导从国外引进的，今年三连率先在大田试种，估计大面积地膜棉可达亩产皮棉 95 公斤。邓小平直起腰高兴地说：“好办法，好方式，好，好……”对王震道："你在新疆抓地膜棉花种植，这个办法不错，要大力推广。"

返回林带，望着远处的绿野，邓小平若有所思。也许他想起了当年难忘的战争岁月。他转过头问王震："王胡子，你来新疆带了多少部队？"王震回答："先遣部队 7500 人。"邓小平又问："新疆国民党部队多少人？"王震说："10 万多人。"邓小平继续说："你 1950 年剿匪，干得不错。"王震精神一振，拐杖在地上捣得咚咚响："地方民族主义叛乱头子乌——乌什么，叫我给抓住杀掉了！"坐在后面的司马义·艾买提补充道："叫乌斯满。"邓小平赞许地说："王胡子，你干得好。"

太阳西斜，邓小平和其他领导同志离开农场。人们列队热烈鼓掌欢送，邓小平一一握手告别。放学归来的戴着红领巾的小学生站在道旁齐声喊："邓爷爷好，邓爷爷再见！"邓小平下车步行 100 多米，留恋地向群众挥手，田野里响起一片欢呼声。

随后，他又参观了石河子棉纺厂，观看了紫泥泉种羊场培育的细毛羊以及用这种羊毛纺织的毛布样品，并接见了石河子地区团以上领导干部、老红军及劳动模范代表。

8 月 15 日，邓小平返回乌鲁木齐，视察了乌鲁木齐县南山牧区。

在沙尔达板乡，绿草青青，邓小平按照牧民的习惯，盘腿坐在哈萨克帐房中。他把沙尔达板乡 50 多岁的乡支部书记哈斯木拉到身旁，亲切地问哈斯木：生活怎么样？还有什么困难？附近的哈萨克族牧民闻讯穿着节日的盛装骑马奔来。他们簇拥着邓小平，以牧民特有的豪情和礼仪欢迎自己的领袖。在沙尔达板乡一块广阔平坦的牧场上，牧民为邓小平表演了赛马、叼羊、姑娘追等节目。看着牧民矫健的身姿，听着姑娘呼呼带响的鞭声，邓小平高兴地仰首畅笑："真打呀？真打呢！"临行，他向乡里的牧民赠送了布匹、茶叶和方块糖。

在天池，他像一位普通的游客一样向迎面过来的人们打招呼。看到一位来自美国的青年，他走过去握手问好。当邓小平走过去后，这位美国大学生坐在一块石头上久久不愿离开，他含着热泪说：“我太高兴了，想不到在新疆见到了中国当代最伟大的人物邓小平先生，新疆太好了！”远处的塔松青山笼罩着一层梦幻般的云纱，邓小平静静地伫立湖畔，深情地远眺着耸立在云烟上的博格达雪峰和眼前的一泓碧水，对身边陪同的同志说：“风景不错，要保护好。要发展旅游。”

邓小平在新疆与维吾尔族老人亲切交谈（历史图片）

8月19日下午，邓小平不顾多日奔波的疲劳，又同王震、王任重等领导同志驱车160多公里，来到著名的“火洲”吐鲁番。

8月中旬，依然是吐鲁番最热的时节，透蓝的天空一丝云彩也不见，热风像烧热的水一样迎面扑来。

第二天一大早，邓小平就上了路。在去吐鲁番市亚尔乡察看坎儿井和防沙林带途中，他顺便走访了吐外克亚村一户普通的维吾尔族农民吾守尔·扎义尔家。

车队离开绿洲大路，拐入一条乡间土路，阳光透过树叶在车窗上洒下斑驳的树影。汽车在一排农家小院前停下来。70多岁的吾守尔·扎义尔老人闻讯带领全家和队长米提力甫·提力瓦尔迎过来，邓小平拍着两人的肩膀说：“你们好，你们好！”主人喜不自禁，争相扶着邓小平的胳臂走进绿树掩映的农家院落。司马义·艾买提当起了翻译，热情向邓小平作介绍。卓琳揽着扎义尔的小孙女喜爱地看了又看。

1981年，邓小平在新疆吐鲁番视察农村（历史图片）

坐在炕头上，邓小平同主人拉起了家常：“土地承包后，怎么样？”提力瓦尔抢先答道：“农民很高兴，积极性可高啦！不分白天、晚上都有人干活。生活比以前强多了！”邓小平欣慰地笑了。吾守尔挑了两个新摘的大甜瓜，双手抱着送给邓小平，要他尝尝。邓小平风趣地说：“好，我带回去吃！”

亚尔乡五道林位于风沙前沿，十几年来，吐鲁番各族人民奋发图强，在这里栽种了千百万棵沙拐枣、白杨、红柳和榆树，使这儿成了一片林海。在林带中，邓小平接见了吐鲁番地区的党政领导同志。他指着郁郁葱葱充满生机的树木，语重心长地对大家说：“要发展水利，要带领群众多种树，改善生产、生活环境。”

看罢防风林和坎儿井，邓小平和中央及自治区领导同志又不停歇地来到葡萄沟乡拜什买里村。邓小平到来的喜讯像长了翅膀传遍了葡萄沟，乡亲们纷纷从家里出来迎接邓小平。吐鲁番天更蓝，水更清，葡萄更甜。

在西坎里克葡萄园，园旁池塘里的鸭子悠然戏着水。邓小平钻进葡萄园，饶有兴趣地绕园转了一圈，在清凉的葡萄架下坐了下来。他尝了尝主人递过来的葡萄：“很甜，很甜！”然后笑容可掬地叫过被誉为“永不褪色的老党员”的村支部书记艾外都·杜尕木和两位百岁老人，一起合影留念。

葡萄架下，原吐鲁番地委书记司马义·铁木匀简要地向邓小平和中央领导同志汇报了工作。邓小平点了点头，然后目光明亮地注视着地委领导和乡干部说：“吐鲁番的葡萄很好，要大力发展，增加栽种面积，你们的规划很好。一定要依靠科学发展农业。粮食生产也不能放松。吐鲁番矿产资源丰富，可以向国家申请进行勘探开发，要让人民尽快富起来。”语气中融入一片深情。

乐声响起来了，吐鲁番地区的文艺工作者拥进葡萄园，向邓小平等领导同志表演了精湛的民族歌舞。一时欢歌笑语伴着葡萄沟清澈的流水传得很远，很远……

这次在新疆，邓小平和其他中央领导还接见了自治区党政军领导、先进工作者代表及文艺工作者等，在每个场合无不对新疆的发展寄予厚望。

时间过得真快，从 8 月 10 日至 20 日，转眼之间十天过去了，邓小平在新疆度过了令人难以忘怀的一段日子。

20 日下午，自治区和吐鲁番地区的领导同志到车站依依送别。白云悠悠，群山含情。列车渐渐远去了，邓小平还在挥着手，给新疆各族人民留下了宝贵的精神财富和诉不尽的留恋……

“深圳经济特区，你们要搞快一点”

在紧靠香港的我国南海之滨，深圳河畔，矗立着一座现代化的新兴城市——深圳。作为中国首批经济特区中的代表，它以令世人惊叹的高速度在短短的几年内在一个荒芜的沙滩、破旧的小镇基础上拔地而起，建设成就举世瞩目，被誉为中国南海之滨的一颗璀璨明珠。

作为中国经济特区的缔造者，邓小平对深圳特区寄予着厚望和深情；深圳特区则以它那特有的风姿，向世人展示着邓小平的胆略、勇气和高瞻远瞩的睿智。

1978年年底，中共十一届三中全会拨正了中国前进的航向。“把国民经济搞上去”，已成为10亿中国人民共同的行动，作为党的第二代领导集体核心的邓小平提出，中国经济之大鹏要腾飞，必须借助改革、开放这两翼。

8亿农民掀起的改革大潮已开始涌动，“包产到户”不再是洪水猛兽。那么，中国对外开放的突破口在哪儿呢？

1979年4月，北京，中央工作会议。会议主要讨论调整国民经济等问题，提出了对国民经济实行“调整、改革、整顿、提高”的八字方针。

在会议上，当时担任广东省委主要领导工作的习仲勋、杨尚昆向中央汇报工作，提出一个建议：广东临近港澳，可以发挥这一优势，在对外开放上做点文章。

会议期间，邓小平同他们进行了谈话。

话题从延安谈起。谈到当年那么小小的一块边区，后来竟打出这么大一座江山；谈到解放几十年了，老边区人民还不富裕。谈话者不禁感慨万分。

邓小平陷入了沉思。然后，他说出了一句应当载入史册的话：“你们上午那个汇报不错嘛，在你们广东划出一块地方来，也搞一个特区，怎么样？”

他说：“办一个特区。过去陕甘宁就是特区嘛。中央没有钱，你们自己去搞，杀出一条血路来！”

中央工作会议后不久，广东、福建两省委分别于1979年6月6日、6月9日写出了关于对外经济活动实行特殊政策和灵活措施的报告，呈送中央。

7月15日，中央、国务院批转了两省委报告，确定：在深圳、珠海、汕头、厦门试办特区。

1980年3月，中央在广州召开广东、福建两省参加的会议，正式将“出口特区”定名为“经济特区”。

8月，全国人大召开常委会第十五次会议，通过并颁布《广东省经济特区条例》，公开宣布：在深圳、珠海、汕头三市，分别划出一定区域，设置经济特区。

还在 1979 年，就有一批勇于“吃螃蟹”的创业者，进驻那条不宽的深圳河的北面，开始了中国历史上前所未有的尝试——筹建特区。

1980 年 8 月 26 日，那个如今被全世界当作热门话题谈论的南中国海边的小城，响起一片噼噼啪啪的爆竹声。在这片热闹的爆竹声中，中国第一批经济特区中的第一号特区——深圳经济特区诞生了！

……

1984 年 1 月 24 日，距农历春节还有七天。紫荆在特区的路旁已绽开紫红色的花朵，象征吉祥喜庆的盆盆金橘摆上了特区人居室的阳台。在深圳特区诞生后的第五个春天的这个中午，邓小平迈着轻快稳健的步伐，踏上了中国改革开放前沿地带的这片热土。

汽车驶向深圳迎宾馆桂园别墅。路上，邓小平按捺不住急切的心情，几次轻轻地拨开车窗的纱帘，注视着一掠而过的楼群、工地、人流……

他说：“经济特区是我的提议，中央的决定。五年了，到底怎么样，我要来看看。”

迎宾馆桂园别墅。

“这儿好漂亮！外公，在这儿照相。”一进门，邓小平的外孙就高兴地喊。

“喂，喂，命令照相呢。好，照！”邓小平高兴地招呼家人。

“咔嚓”，闪光灯一闪，邓小平开心地笑了。

“他心情似乎很好。”随行人员悄悄议论着。

下午，在迎宾馆 6 号楼会议室，邓小平听取深圳市委的工作汇报。

当时的市委书记、市长梁湘站在特区规划示意图前，介绍着深圳特区自然状况，五年来引进外资、基建工程进展的情况。梁湘说，几年来特区工农业产值、财政收入增长很快，1982 年工业产值为 3.6 亿元，1983 年达到 7.2 亿元。

1984年，邓小平视察深圳经济特区，在深圳国际商业大厦天台，俯瞰建设中的罗湖新城区（历史图片）

“那就是一年翻了一番喽？”邓小平问。

梁湘答：“是翻了一番，比办特区前的1978年增长了10倍多。财政收入也比四年前增长了10倍，去年达到3亿多。”

邓小平满意地点点头。

下午4时50分，听完市委的汇报，邓小平乘车来到刚刚竣工开业的国际商业大厦。在商场忙于采购年货的特区人发现了身穿深灰色便服的邓小平，喜出望外，热烈鼓掌欢迎。

邓小平登上20层高的国际商业大厦楼顶，俯瞰正在建设中的罗湖新城区。他的面前，矗立着已经建成和正在施工的60多幢18层以上的高楼群。在特区的规划图上，罗湖区将成为特区的商业金融中心。

邓小平的目光落在马路对面正在施工的国贸大厦。这座后来被誉为“神州第一楼”、高53层的现代化建筑，此时正以“三天一层楼”的速度升腾。特区的建设者在国内率先采用大面积滑模的先进施工工艺，在这儿创立了蜚声中外的“深圳速度”。

天色已近黄昏，一抹晚霞映照着生机勃勃的特区。

这时，气温开始下降。有人取出大衣，披在邓小平身上。邓小平摆摆手，对旁边的人说：“我看见了，都看清楚了。”

他对特区的建设发展速度表示满意。

第二天，即25日上午，邓小平来到深圳河畔的渔民村访问。身穿崭新呢大衣的村党支部书记吴柏森激动地把客人引进自己别墅式的楼房里。这幢楼房上下两层，180 平方米，有两个客厅、六间卧室，还有饭厅、厨房、卫生间，楼上楼下的客厅里各摆一台彩电和一台收录机。

邓小平问吴柏森：“你现在什么都有了吧？”吴柏森说：“都有了。做梦也没想到能有今天这样的好日子。”他再三感谢党的富民政策。

吴柏森将客人引到一口池塘边，指着一排养鸭的水上茅棚说：“这是 60 年代以前群众住过的房子，现在都给鸭子住了。”他介绍道：去年全村年收入达 47 万元，人均年收入 2800 元，每个劳动力年收入 5970 元，劳动力月均收入 439 元。

这时，陪同人员对邓小平说：“比您的工资还高呢。”邓小平略一沉吟，说：“全国农村要过上这样的生活，恐怕还要 100 年。”

“深圳也这样吗？”邓林在一旁插话。

“有您的领导，会很快。”一位市委领导赶忙说。

邓小平笑笑：“那也要 50 年。”

25 日下午，邓小平来到中航技术进出口公司。在这里，邓小平对电脑可以与人下棋产生了浓厚兴趣。他兴致勃勃，立刻坐下来与电脑对弈。原定 15 分钟的参观，延长了一个小时。

邓小平参观渔民村渔民新居（历史图片）

天渐渐黑下来了。邓小平驱车回到桂园。

邓小平房间的灯光彻夜通明。深圳的干部

和群众站在宾馆门外，殷切地希冀着什么。

第二天天一亮，邓小平的汽车就驶离桂园，前往蛇口。

接着，传来消息，邓小平到了珠海，并题词“珠海特区好”。

又有消息传来，邓小平已到广州。时已大年三十了。

“怎么没给我们题词呢？”人们议论着。大家多么希望邓小平题词啊！

中午，一阵急促的电话铃声响起——是广州来的长途电话！

邓小平为深圳题词了！

邓小平的题词是：“深圳的发展和经验证明，我们建立经济特区的政策是正确的。”

题词落款的时间是在深圳的日子——1984 年 1 月 26 日。

题词的内容，显然是他在深圳经过两天全面而深入的调查研究之后得出的结论。这个结论，是深思熟虑的结果。

1984 年 2 月中旬，邓小平结束对深圳、珠海、厦门三特区的视察，返回

邓小平在深圳蛇口工业区视察，听取深圳蛇口工业区负责人袁庚（前排左二）介绍情况。前排右一为王震，右二为杨尚昆（历史图片）

北京。

在厦门视察时，还流传着游人惊呼“邓大人”的故事。

“鹭江”号游艇绕鼓浪屿环游一周后，缓缓靠岸。邓小平一行健步登上这个幽静迷人的绿岛。他们走走停停，停停走走，对美景赞不绝口。突然，邓小平似乎发现了什么，问道：“怎么看不到游人啊？”

1984年春，邓小平为深圳经济特区题词：“深圳的发展和经验证明，我们建立经济特区的政策是正确的。”（历史图片）

陪同的同志指着另一个方向道：“他们都在那边。”原来，上岛时，陪同的同志选择了一条僻静的小道。

“我们就到那边去看看吧。”邓小平迈开脚步向人群走去。游人中，忽有两位认出了这位熟悉的人。他俩怔了一会儿，惊喜地叫道：“啊，邓大人！”

邓小平朝两人点点头，微笑着纠正说：“邓小平。”

更多的游人和居民被吸引过来，球场上的运动员和球迷也中断比赛，跑了过来。大家自动站在街巷两旁，向邓小平一行鼓掌致意。路边的二楼阳台上，一位老太太一边鼓掌一边擦泪。陪同视察的王震看到了，兴奋地向正在忙着的电视摄影师建议：“快把这个情景拍下来！”

邓小平含笑向大家招手致意。道路两旁的人群形成了一条欢乐的河流，

1984年，邓小平视察厦门，与时任福建省委第一书记项南商讨福建改革开放大计（历史图片）

邓小平为厦门经济特区题词："把经济特区办得更快些更好些。"（历史图片）

春风鼓浪。

……

1992年1月，又是一个东风送暖、满园春色的季节，邓小平第二次风尘仆仆来到了深圳特区。

19日上午8时许。

邓小平偕夫人卓琳和家人及工作人员一行乘坐的专列徐徐驶入深圳火车站。

88岁高龄的邓小平稳步走下火车，精神矍铄不减当年。

住进迎宾馆桂园小憩时，深圳市委负责人考虑他老人家旅途劳顿，建议他先休息，邓小平却急切而又深情地说：到了深圳，我坐不住啊，想到处去看看。

八年前，邓小平也是下榻在这里。八年后，他异常兴奋，感到处处新鲜。散步时，当女儿邓楠提起八年前为深圳题词一事时，他竟一字不差地念道：“深圳的发展和经验证明，我们建立经济特区的政策是正确的。”题词凝结着邓小平的心血和智慧。

邓小平一到深圳就提出：到了深圳，我坐不住啊，想到处去看看。左一为谢非（历史图片）

当天，邓小平一行稍事休息后，便开始视察深圳市容。邓小平看到市区面貌的巨大变化，高兴地对陪同人员说：“深圳发展得这么快，我没有想到。”邓小平边观光市容，边和省市领导亲切交谈，明确提出特区姓“社”，不姓“资”，把多年来困扰、束缚人们思想的问题点穿说透，令省、市领导人振奋不已。

1月20日上午9时35分，邓小平在省市负责人陪同下来到国贸大厦，登上53层的旋转餐厅，俯瞰市容。

八年前，大厦还在建设之中，今天，邓小平不禁为这被人们誉为“不夜城”的雄伟壮观和清新气息感到喜悦和欣慰。

1月21日上午9时50分，当邓小平出现在“中国民俗文化村”大门广场时，广场上欢声雷动、鼓乐喧天，身着少数民族服饰的少男少女们，载歌载舞，像迎亲人一样欢迎邓小平的到来。

22日上午，邓小平等来到深圳仙湖植物园，在那里和前一天刚到深圳的杨尚昆见面，亲切交谈。在青山绿水间，他们一同散步，一同在临近湖水18米处的草坪上种下一棵生命力极强的常青树——高山榕。下午3时10分，邓小平、杨尚昆在迎宾馆桂园接见深圳市五套班子的负责同志，并同他们亲切

1992年，邓小平在深圳仙湖植物园赏花（历史图片）

谈话、合影留念。他语重心长地说：“改革开放胆子要大一些，要有一点闯劲。”

邓小平来到深圳皇岗口岸，深情地眺望对岸的香港（历史图片）

1月23日，邓小平要结束在深圳的视察了。上午8时30分，邓小平同部分负责人在迎宾馆握手告别后，驱车前往蛇口码头。

谈话间，车子到南山区蛇口工业区。李灏说：“南山的荔枝是全世界最好的荔枝。”

邓榕插话道：“那么全世界的柚子哪儿最好呢？”话音刚落，车子里发出一阵笑声。

原来，每年柚子成熟时，邓小平都夸四川家乡的柚子最好。但是，儿女们都认为广西的沙田柚子才最好。

邓小平说：“四川的柚子最好，但认识统一不起来。”说完，大家又大笑起来。

邓小平下车后，先与前来迎接的珠海市领导握手，然后同深圳市领导一一握手话别，向码头走去。

可是，他刚迈出几步，突然又转回身来，对深圳市委负责同志说：

“你们要搞快一点！”

“你们要搞快一点！”是邓小平对深圳特区人们的嘱托和希望，也是对全国人民的嘱托和希望！

“你们生活好，我就高兴”

上海，中国最大的城市。全国人民关注她，党和国家领导人关注她，改革开放的总设计师更关注她。

邓小平对上海一往情深，他在驾驭中国改革开放航程时，总是善于抓住这个龙头。

如果说长江是一条绵延千里、腾飞长空的巨龙，那么，位于长江入海口的上海就是龙头。

只有龙头高高昂起，吟啸四海，才有腾云环宇的龙的腾飞。从 1988 年至 1994 年，连续七个春节，邓小平都是在上海度过的，那一次次“向上海人民拜年，向上海人民问好”的亲切声音，深深地印在上海人民的心中。

……

上海西郊，有一所全国最大的花园别墅——“414”招待所。这儿围墙高耸，戒备森严，历来只接待党和国家的最高领导人。

然而，自 1967 年毛泽东最后一次住进这儿后，这座偌大的别墅整整空置了十年。

1979 年 7 月 16 日至 25 日，时任中共中央副主席的邓小平来到上海视察，住进了“414”的 1 号楼。他每天早上都要到花园散步。几天下来，他走遍了这座院落的每个角落。他在思考着一个问题。

一天，邓小平在散步时，走到市委招待处处长面前，把几天来的想法亮了出来。他指了指“414”的院子，说：“这么大的房子，这么大的花园，管理它要花多少钱哟？！专门为我们几个大老爷……一年又能住几天？”

“这么一块美景如画的黄金宝地，我看应该对外开放！让外国人来住，收了外汇，支援四化建设……”

以后的几天中，邓小平早晨散步时，就帮助陪同的市委招待处处长规划“414”对外开放后的蓝图……

7月24日下午，邓小平会见了上海市委全体常委。谈话中，邓小平说：“我这次来‘414’住了十来天，天天都在谈生意经。这么大的花园别墅，给外国人住，可以收外汇嘛。”最后，邓小平明确地指示：“我给你们半年时间准备。半年以后，‘414’就对外开放！”

在场的市委常委们露出了始而惊、继而喜的神色。

邓小平打开“414”大门的消息很快传到北京，传到全国，引起了连锁反应。不久，各地类似的花园别墅也先后对外开放。

“414”开放以后，接待的第一批国外客人是美国的林德普雷顿豪华旅游团。之后，还先后接待了英国女王伊丽莎白二世、苏联总统戈尔巴乔夫、日本天皇等国家元首。

“414”开放的意义，不仅仅局限于经济效益。最重要的，它使刚刚制定不久的开放政策在上海人民心中扎下了根，使世界各国看到了中国实行对外开放的决心。

1983年2月21日上午，邓小平在上海市领导陪同下走进了曲阳菜市场。这时，早市已过，一些柜台仍在营业。

“是国营的吗？”邓小平问。

“这是知青办的合作菜市场。”有人答。

邓小平向青年营业员们点头致意，详细询问摊位上各种蔬菜、鱼、肉等的价格，并说：“知青办得好嘛。”

接着，一行人来到一家新建的百货商场。这也是一家知青办的合作企业。邓小平仔细地观看了橱窗里和货架上陈列的商品，关切地询问：“居民需要的东西都有得卖吗？”营业员说：“居民日常生活用品都有供应。”邓小平满意地点点头。

正在采购东西的市民认出了邓小平，蜂拥围拢过来，向邓小平问好。邓

1983年，邓小平在上海视察虹口区曲阳新村返城知识青年创办的菜市场（历史图片）

小平向这些居民连声问："新村的文明设施跟上了没有？""这里的住宅是哪一位工程师设计的？"

来到大连西路250弄22号居民姚凤兰家中时，这位上海服装二厂的退休工人正在手拿抹布擦拭台子。看到客人登门，女主人失声招呼："请进，请进！"

邓小平询问了女主人的家庭情况，并走进姚凤兰儿子的新房参观，环顾了新房里的摆设，含笑地点点头。接着他来到姚凤兰的房间，看到摆设舒适、整洁，有大小两台电视机。他还看了铺了瓷砖的洗澡间。邓小平满意地对姚凤兰说："你们生活好，我就高兴。"

告别女主人走出门外，周围的居民都从窗口探出头来，向邓小平挥手。邓小平先举起右手，然后又双手合抱，向群众致意。

随着上海商贸改革的发展，一批各具特色的农贸市场随之而起。这一年，上海兴建了永安路黄鳝交易市场，它连接着沿江七个省的几十家水产部门。次年，上海又成立了三官塘桥禽蛋市场，江、浙、鲁、皖、冀、陕等地的蛋、鸡源源不断地拥进上海，成为全国最大的活鸡市场。上海市民形象地说，这是“小黄鳝游进大上海”“百万雄鸡下江南”。

……

在中国近代史上，上海曾是远东最大的贸易金融中心和中国最大的工商业城市，被称为“东方巴黎”。中华人民共和国成立后，上海对国家财政的贡献仍曾长期居全国各省市之首，独领风骚几十年。但进入 20 世纪 80 年代，南部沿海几个经济特区迅速崛起，显示了蓬勃生机和旺盛的生命力，上海“老大哥”的霸主地位动摇了。尽管 1984 年 5 月上海被批准为沿海 14 个开放城市之一，但由于种种原因，上海处境被动，特别是从 1988 年开始，经济效益连年滑坡。

上海的发展有困难，但也有它独特的优势，在构思如何迈出中国改革开放的更大步伐时，邓小平将目光移向了这座基础雄厚的特大城市，落在纵贯该市的黄浦江东侧的那块尚显荒芜的土地上。

1988 年的除夕之夜，一场纷纷扬扬的瑞雪使申城“不知庭霰今朝落，疑是林花昨夜开”。邓小平在当时的上海市委书记、市长江泽民的陪同下，来到上海各界人士春节联欢会上。精彩纷呈的晚会结束后，邓小平走上舞台与演员们亲切见面。

那一年甲肝肆虐上海，曾一度人人自危，外出回家，第一件事就是用消毒皂反复洗手。演员们内心盼望与敬爱的邓小平握手，但又从他老人家的健康角度考虑，只能以掌声表示崇敬之情。不料，邓小平主动伸出手来，与每一位演员握手，祝贺演出成功，新春快乐。演员们紧紧握住邓小平温暖的手，激动不已。

1990 年年初，邓小平视察上海时，特别关注了浦东的开发、开放工作。

回京后，邓小平对中央政治局的同志们说：我已经退下来了，但还有一件事，我还要说一下，那就是上海的浦东开放，你们要多关心。邓小平特地要求李鹏负责抓一下浦东的开发和上海的发展问题。

3月3日，邓小平同几位中央负责同志进行了谈话。他提出：“我们要实现适当的发展速度，不能只在眼前的事务里面打圈子，要用宏观战略的目光分析问题，拿出具体措施。机会要抓住，决策要及时，要研究一下哪些地方条件更好，可以更广大地开源。”说到这儿，邓小平亮出了底牌。他加重语气说：“比如抓上海，就算一个大措施。上海是我们的王牌，把上海搞起来是一条捷径！”

经过认真的调查研究和充分论证后，4月，中共中央正式宣布关于开发开放上海浦东的重大决策，将浦东开发开放作为今后十年中国开发开放的重点。

于是，浦东这块被遗忘多年的角落开始沸腾了！建设大军接踵而至，机声轰轰，灯光彻夜通明。重塑上海现代国际大都市形象的规划，从这儿开始了！

时隔一年，1991年1月28日至2月18日，邓小平又踏上这块热土。

“我们说上海开发晚了，要努力干啊！”一到上海，邓小平就感慨地对上海市负责人说：“那一年确定四个经济特区，主要是从地理条件考虑的。深圳毗邻香港，珠海靠近澳门，汕头是因为东南亚国家潮州人多，厦门是因为闽南人在外国经商的很多，但是没有考虑到上海在人才方面的优势。上海人聪明，素质好，如果当时就确定在上海也设经济特区，现在就不是这个样子。”“浦东如果像深圳经济特区那样，早几年开发就好了。”

他驱车亲临浦东视察，再三叮嘱上海市负责同志：“抓紧浦东开发，不要动摇，一直到建成。只要守信用，按照国际惯例办事，人家首先会把资金投到上海，竞争就要靠这个竞争。”

邓小平还察看了南浦大桥工程。他一再强调，要加快交通、能源等基础设施和重大项目的建设，指出：“能早上的就集中资金早上，早上一年早得利一年，不然要拖到下个世纪去了。”

时任上海市委书记、市长的朱镕基，向邓小平汇报了浦东开发开放中“金融先行”的一些打算和做法。邓小平听后，精辟地说：“金融很重要，是现代经济的核心。金融搞好了，一着棋活，全盘皆活。上海过去是金融中心，是货币自由兑换的地方，今后也要这样搞。中国在金融方面取得国际地位，首先要靠上海。那要好多年以后，但现在就要做起。”

邓小平十分关心市场的发展，关注证券、期货、技术等这些新兴的大市场。他明确指出：“不要以为，一说计划经济就是社会主义，一说市场经济就是资本主义，不是那么回事，两者都是手段，市场也可以为社会主义服务。”这番讲话振聋发聩，是“我们在社会主义商品经济问题上又一次重大的思想解放”。

1月的最后一天，邓小平在朱镕基的陪同下，视察了上海航空工业公司。公司总经理向邓小平汇报了该公司的发展情况：这是中美合作建成的一个现代化的民用航空工业公司，生产的10架MD-82型飞机5架返销美国。总经理向邓小平提出，希望国家制定保护民族航空工业的政策。邓小平点了点

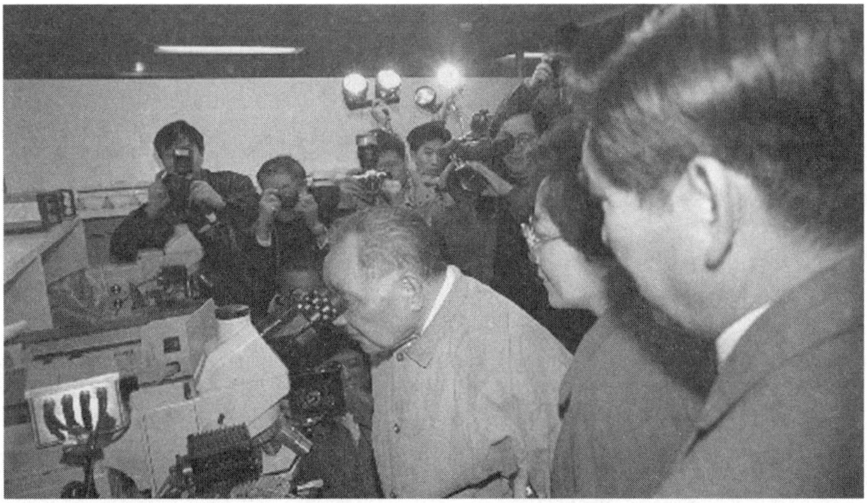

1992年2月10日，邓小平参观上海贝岭微电子制造有限公司（历史图片）

头，表示赞同。同时，邓小平指出：坚持改革开放和加强国际合作，飞机制造业是很有前途的。

在离开上海前，邓小平再三叮嘱上海市负责人："要克服一个怕字，要有勇气。什么事情总要有人试第一个，才能开拓新路。试第一个就要准备失败，失败也不要紧。希望上海人民思想更解放一点，胆子更大一点，步子更快一点。"

1992 年年初，邓小平视察南方的讲话犹如催春的暖风，吹遍祖国大地。而上海之行，是邓小平这次南下的最后一站。

2 月 3 日晚，农历除夕之夜。邓小平与上海市党政军负责同志、老同志及各界人士欢聚一堂，共迎猴年新春佳节。

当邓小平、杨尚昆出现在会见大厅时，全场掌声如雷。上海市委书记吴邦国、市长黄菊迎上前去，说："我们代表上海 1300 多万人民向你们拜年，祝你们新年快乐，健康长寿！"邓小平、杨尚昆含笑说："向你们拜年！向上海人民问好！"

春节过后，邓小平通过听汇报，与人交谈，了解情况。他充分肯定 1991 年上海在改革开放中取得的成绩，并开诚布公地坦言道："回过头看，我的一个大失误就是搞四个经济特区时没有加上上海。要不然，现在长江三角洲，整个长江流域，乃至全国改革开放的局面，都会不一样。"

邓小平分析了上海加大改革力度的有利条件，说："上海在人才、技术和管理方面都有明显的优势，辐射面宽。""上海民心比较顺，这是一股无穷的力量，目前完全有条件搞得更快一点。"他特地谈到浦东："浦东开发比深圳晚，但起点可以更高，我相信可以后来居上。"

邓小平对上海的发展寄予很大的希望，他说："上海一年就有很大的变化，三年会有更大的变化。"他嘱咐有关负责同志："上海改革开放胆子要大一些，看准了的就要大胆地试，大胆地闯。"

根据邓小平的谆谆嘱托，以浦东开发为契机，上海的改革开放和经济增长加快了步伐，创造了奇迹。1992 年至 1993 年，上海国民经济增长速度比 80 年代增长速度翻番。

1993 年 1 月，上海的建设者们在辛勤的工作中迎来了鸡年新春。

22 日晚，举国共庆除夕。在上海各界人士齐聚的会见厅，邓小平对上海的建设者们给予了高度褒奖。

1992年2月，邓小平在上海视察杨浦大桥建设工地，听取上海市委书记吴邦国（左二）的介绍（历史图片）

邓小平说：“我向大家拜年，祝你们春节愉快，并通过你们向全体上海人民，首先是上海工人阶级拜年。上海工人阶级长期以来一直是中国工人阶级的带头羊。”

“上海人民在 1992 年做出了别人不能做到的事情。”

在肯定成绩的同时，邓小平还谈道：“当然，走一步，回头看一下是必要的。要注意稳妥，避免损失，特别要避免大的损失。有一点小的损失不要紧。回头总结经验，改正缺点就是了。”

上海人民没有辜负总设计师的期望。1993 年，上海国民生产总值达到 1509.93 亿元，比上年增长 14.9%，超过全国的增长速度；浦东开发成果显著，国民生产总值增长 30%，高于全市的 1 倍。

1993 年 12 月 13 日，上海细雨霏霏，六级的凛冽寒风扑面而来，气温骤降至零摄氏度左右。

这天上午，邓小平身着大衣、头戴帽子，不顾年高天寒，视察了浦东。

1992年农历元宵节，邓小平在上海第一百货商店视察，为孩子们购买了铅笔和橡皮（历史图片）

登上杨浦大桥，邓小平凝神眺望。面前，车流滚滚，人声鼎沸，寒风细雨中的浦东一派热气腾腾的建设景象。邓小平笑了，笑得那样慈祥、那样动情。

脚下的杨浦大桥，创下了一项世界纪录——它是世界第一跨度的斜拉桥。那高高举起的斜拉桥梁，犹如一双巨人之手，扯起了上海腾飞的风帆。邓小平握着大桥建设总指挥朱志豪的手，赞扬道：“这是上海工人阶级的胜利。我向上海工人阶级致敬！”他高兴地与上海市负责同志及朱志豪等在大桥上留影。

车缓缓行驶，邓小平参观了内环线浦东段及罗山路、龙阳路两座立交桥。

几年前，上海曾流传着这样一个真实的故事：几位日本客商到上海洽谈合作项目，从虹桥机场驱车前往市区，在路上整整走了三个小时，比从日本乘飞机到上海的时间还多。而今，一条条宽阔雄伟的高架路、一座座盘旋起伏的立交桥耸然而立，向人们展示着上海的新姿。

看着眼前的变化，邓小平笑吟道：“喜看今日路，胜读百年书。”他对身旁的上海市负责同志说：“这是出自我内心的话。”

元旦之夜，邓小平由吴邦国、黄菊等市委、市政府领导陪同，登上新锦江大酒店顶层。俯瞰上海的节日之夜，只见窗外车水马龙，川流不息，灯火辉煌，欢声笑语。邓小平感慨万端地说：“上海变喽！”

这天晚上，邓小平还参观了南京路、外滩等地，与上海人民共享节日的欢乐。

1994年2月9日，这是邓小平与上海人民自1988年以来共度的第七个春节，也是最后一次在上海过春节。

这天下午，邓小平步入会见厅，与上海有关负责人、老同志互致新春的祝贺和问候。邓小平说：“我一年来你们上海一次，祝上海人民春节愉快。”

吴邦国说：“这是您老人家对上海人民的鼓励，对上海工作的关心和支持。”

邓小平笑着说：“你们上海的工作做得实在好。”

老人家深深懂得，快马仍须加鞭。他说：“上海有特殊的素质、特殊的品格。上海完全有条件上得快一点。”

邓小平回北京那天，特地把黄菊和当时任上海市委书记的吴邦国叫上火车，语重心长地嘱咐：“你们要抓住20世纪的尾巴，这是上海的最后一次机遇啊！”

是邓小平点燃了上海腾飞的希望。

“今天终于见到我的‘父母官’了”

“谁言寸草心，报得三春晖。”邓小平在广安度过了自己的少年时光，广安的山山水水哺育了她的优秀的儿子——邓小平。邓小平1920年远涉重洋赴法国留学，从此一别70余载，再也没重踏故乡的土地。不过，故乡的一草一木总是牵动着邓小平的心绪。

1978年2月，邓小平偕卓琳结束了对友好邻邦缅甸的访问，来到阔别多年的成都。在这里，他与卓琳热情接待了来自广安县的负责同志，详细询问了广安近年来的变化情况，为广安日后的发展指明了方向。之后，邓小平有事先起身告辞，请卓琳继续与客人交谈。广安县的负责同志向卓琳提出：

“广安百万人民希望邓小平回乡指导工作。”卓琳对他们的邀请深表谢意，婉言表示道：“他很忙。你们这么远来看我们，回去请向百万父老兄弟姐妹表示感谢。”

接着，他们谈到了淡以兴老人的生活情况。

这个时候，邓小平在家乡的至亲只剩下幺舅父淡以兴和幺舅母淡杨氏了。淡氏夫妇与担任村干部的儿子淡文全同住在邓小平故居里。对于家乡的这个亲戚，卓琳说道：“我们年年都给幺舅舅寄了钱的，每月 10 元。他好喝酒，寄多了就浪费了。”接着，她又补充道：“你们在生活上不要给他什么，教他好好遵守党和国家的政策法令。”

1982 年，卓琳又代表邓小平亲笔修书给两位老人，一者问安，二者嘱其不可给当地政府添麻烦。

在卓琳、邓小平的叮嘱下，两位老人依靠北京每月寄来的生活费和淡老先生微薄的薪俸过着简朴的生活。

1978年，邓小平夫妇怀抱外孙女在四川成都（历史图片）

卓琳、邓小平夫妇不仅关心广安的建设情况，还时刻关心广安建设的带头人——当地的“父母官”。

1986 年 2 月，年过八旬的邓小平到四川，和家乡的干部群众一起过春节。

正月初五，在成都西郊金牛宾馆，中共四川省广安县委书记罗国兴、副县长王洪峻带着家乡人民的深情，前来看望邓小平和王震。

邓小平听说家乡的同志来，笑容满面，十分高兴，风趣地说：“好啊！今天终于见到我的‘父母官’了！”在和大家一一握手时，邓小平问起了他们的姓名，连声说，好啊，你们年轻，有文化，有希望，还语重心长地嘱咐他们：“你们要把广安建设好。”

卓琳向他们询问了家乡近几年来建设的情况。在得知罗国兴、王洪峻两人都只有 33 岁、具有大学文化水平后，卓琳高兴地说，年轻人正是干事情的时候。小平同志经常讲，要给年轻人压担子，对年轻人要放手、放心。小平同志当红七军政委的时候，也才二十几岁嘛。你们年轻，干劲大，这几年党的政策好，一定要发挥当地的优势，把广安建设好，尽快使人民富裕起来。然后邓小平夫妇与他们一起合影留念。

这之后，他们又谈起了维修邓小平故居的问题。

早在粉碎“四人帮”、邓小平再度复出的时候，四川省政府和广安县政府就曾经有意维修邓小平的故居并在故居筹建纪念馆，但遭到邓小平和卓琳的谢绝。

近 10 年过去了，今天又说到这件事，卓琳明确地向在场的县委负责人讲了邓小平的意见。她满怀真诚地说：“小平同志讲过，共产党人活着就是要为人民服务，钱要用在人民的事业上。”

当她听说县委准备在邓小平故居周围多植树时，立刻高兴地表示满意，并鼓励他们带领家乡人民把环境绿化好。

县委负责同志代表广安县人民再次向卓琳提出请邓小平同志回广安视察。卓琳笑容满面地答道：“回到四川，就算回到了家乡，请你们向家乡人民问好。”

邓小平近 70 年一次也没有回去看过他的老家，是他缺乏故土之情吗？是他不关心家乡的父老乡亲吗？

毛毛在《我的父亲邓小平》一书中，为大家把这个谜底揭开了：

“父亲自己不回老家，也不许我们回去。他说我们一回去，就会兴师动众，骚扰地方。”

邓小平认为，他不仅是四川人民的儿子，更是中国人民的儿子，当了共产党的官，要为全中国人民服务，不能像封建朝廷的官那样光宗耀祖，前呼后拥。

邓小平在广安的旧居是按照当地农村传统风格建造的灰色结构瓦房，比较简陋。当有人问邓小平如何处理他的旧居时，他回答说：“照现在样子原封不动，让乡亲们继续住在那里。”他不愿把旧居搞成陈列室。从解放以后，邓小平的继母和其他亲属离开老家以后，房子就分给了当地的农民。

诚然，邓小平热爱故土，常怀桑梓，但他绝没有给家乡什么“特殊的关照”。

一位参观邓小平故居的人提问道：“小平同志对广安县有过特殊的关照吗？”

广安县年轻的县委书记莞尔一笑，爽快地说：“你提出了一个社会上许多人都关注的问题。坦白地说，1985 年我们请小平同志为新建成的凉滩电站题写了站名，同时他为广安县正在兴建的萃屏公园题写了园名。如果说特殊关照，仅此而已。而广安县百万人民真正得益于邓小平同志的，则是他领导规划的改革宏图和制定的富民政策。”

印度著名记者、泰戈尔的学生苏地生说，诺贝尔奖委员会曾为很多在改变世界面貌上作出了各种贡献的经济学家授奖。在多数情况下，这些贡献的实际价值很值得怀疑。因为，诺贝尔奖委员会忽视了第三世界的经济发展领域。基于此，苏地生在其文章中指出：

> 现在正是该委员会对它过去的这个忽视作出补正的时候了。而它所能做出的最令人信服的事，就是把下一次诺贝尔经济学奖金授给邓小平。邓小平作为一个政治经济学家的信誉是确定无疑的。他砸碎了空想主义的枷锁，运用自己丰富的经验和智慧在中国建立起

一种新的模式，而这一模式正是大多数发展中国家今天所需要的。诺贝尔奖将比其他任何东西都更有效地使全世界注意到这种模式，将有助于使发展中国家的经济走上正轨，并保证取得迅速的、平衡的发展。今天，在这个世界上再没有比这个更加有意义的目标了。

邓小平改革开放的思想恩惠了广安县的父老乡亲，同时使神州大地均受恩泽，也使世界经济的发展受益匪浅。这便是邓小平对广安的最深厚的恩报！

1998 年，中共广安地委书记罗松柏在《浓浓的乡情 深深的怀念》一文中说：“四川省广安地区，420 多万人民无时无刻不在怀念这位少小离家从未回来的亲人。”他深情地回忆说，小平同志十分喜欢家乡的白市柚，直到 1992 年，他视察南方时，仍然称赞家乡的白市柚好。家乡每年都要给邓小平送点白市柚，但邓小平每次都坚持非付钱不可。钱大多是通过邓小平在成都工作的妹妹邓先芙交给广安县委的。

一颗露珠可以折射出太阳的光辉。邓小平小中见大的高尚人格，让故乡人民又是敬佩，又是心疼。

“一位老共产党员”

我国有 2 亿多少年儿童，他们是祖国的花朵，是民族的未来和希望。

但在一些贫困地区，有些孩子还因经济问题而失学。

1990 年 9 月，邓小平为旨在救助失学儿童的活动即希望工程题词。“希望工程”这四个铿锵有力的大字，饱含着邓小平对失学孩子的情与爱。

1992 年，中国青少年发展基金会在中华大地上，掀起了一个“希望工程”百万献爱心活动。到 6 月，活动达到了最高潮。

6月10日，中国青少年发展基金会的捐款室，即北京东城区后圆恩寺胡同1号，来了两个军人，他们拿出3000元钱交给捐款接待员。接待员说，要登记捐款人的名字，两位军人讲，这是有纪律的，不能公开这位捐款人的名字，如果你们一定要写名字的话，那么就写“一位老共产党员”。

10月6日，又来了两位工作人员，用同样的方式捐了2000元钱。

中国青少年发展基金会的同志被这个“老共产党员”的精神所感动，想方设法地去查真实姓名，经过多方面的调查，最后终于知道了这是邓小平的捐款。基金会的同志很感动，他们想，如何用好这笔捐款呢？经过反复考虑，最后决定把这5000元的捐款，全部用到邓小平过去工作、战斗过的广西百色地区。

广西平果县风悟乡仕仁村希望小学，是广西开办的第一所希望小学。当邓小平捐款的消息传到这里之后，同学们激动了，他们欢呼雀跃，用粉笔在黑板上写了一行大字：“邓爷爷，我们非常想念您！”

曾因家庭贫困而失学，而后又得到资助重返校园的女生周标亮，怀着感激的心情，代表全校受资助的同学，执笔给邓小平写了一封感人至深的信。信中说：

敬爱的邓爷爷：

您好！我们是百色地区平果县希望小学的学生，当我们得知您以“一位老共产党员”的名义向希望工程捐赠了5000元钱，又知道中国青少年发展基金会把这笔款用于救助我们百色革命老区的失学孩子时，我们都激动得哭了。

……

邓爷爷，您的工作多忙呀，可您还时刻惦记着我们这些老区山里的娃娃。我们感到，虽然您住在北京，离我们很远很远，但您的心与我们贴得很近很近。

邓小平的心与贫困山区孩子们的心贴得最近，与广大人民群众的心贴得最近，与时代的脉搏贴得最近。

在校的中小学生是祖国未来的建设者，是“四化”建设的未来。邓小平说过：“现在小学一年级的娃娃，经过十几年的学校教育，将成为开创二十一世纪大业的生力军。”在未来科学技术的发展中，中小学教育占有突出地位。邓小平在1977年再次复职时，就自告奋勇地向中共中央表示，愿意分管科技和教育工作。

邓小平深刻地指出：“日本人从明治维新就开始注意科技，注意教育，花了很大力量。明治维新是新兴资产阶级干的现代化，我们是无产阶级，应该也可能干得比他们好。”

他还指出：“抓科技必须同时抓教育。从小学抓起，一直到中学、大学。我希望从现在开始做起，五年小见成效，十年中见成效，十五年二十年大见成效。”

1983年10月1日，邓小平书赠中小学教学改革试验学校——北京市景山学校16个苍劲有力的大字：“教育要面向现代化，面向世界，面向未来。”

这16个字寄托了邓小平对中国教育事业的希望，也是我国教育事业改革和发展的方针。

1983年9月，邓小平同志为北京景山学校题词：“教育要面向现代化，面向世界，面向未来。”（历史图片）

从提出教育要实现“三个面向”到以“一位老共产党员”的名义捐款“希望工程”，体现了邓小平对中国教育事业深切的关注。

邓小平把希望寄托于青年一代，寄托于全国人民。

“俯孺子万种慈亲”

在南京接管工作中，邓小平平易近人的朴实工作作风给人们留下了极其深刻的印象。邓小平每次出席报告会，都是轻车简从，从不搞前呼后拥。他每次做报告事先都要了解对象，掌握有关情况，研究有关问题，准备好思路，对报告的内容、层次、难易程度进行缜密、认真的考虑。他做报告从来不照本宣读，而是深入浅出，侃侃而谈，语言生动形象，说理精辟透彻，摆事实，讲道理。一次，邓小平应邀为南京大学的师生作题为《论老实》的报告，在中间休息时，听报告的青年一拥而上，围在邓小平周围要求签名，邓小平一一满足了他们的要求，并亲切地回答了师生们的各种问题。

一个星期天，忙中偷闲的邓小平陪着夫人卓琳与孩子们来到了玄武湖公园的草坪上休息玩耍，享受天伦之乐。在公园里，邓小平一家人和在公园里游玩的解放军指战员玩起了传统的“击鼓传花”的游戏。按游戏规则，在击鼓的过程中，将花依次传递给在场的人，鼓点停止时，如果花正好传到哪一个人手中，那个人就得表演节目。负责击鼓的战士非常希望能看到邓小平表演节目，一声令下，游戏开始，手帕很快传到邓小平手里，正当鼓手停止击鼓时，邓小平已敏捷地把手帕传给了紧挨着他的同志，在场的人为邓小平的敏捷鼓起了掌，而拿着手帕的同志也高高兴兴为大家表演了节目，欢歌笑语声在玄武湖公园上空回荡。

1992年6月27日，《解放日报》在头版头条的位置刊登了这样一幅照片：邓小平同志亲吻农家幼儿。

这件事发生在1992年2月12日，邓小平在和煦的春风中，来到上海市旗忠村参观。村民们听说敬爱的邓小平同志来了，欣喜若狂，奔走相告，大家纷纷走出家门，站在道路两旁迎接。

1992年6月，邓小平同志在上海马桥乡旗忠村亲吻农家儿童（历史图片）

邓小平红光满面，精神焕发。看到旗忠村同全国千万个农村一样，走上了致富路，老人家很高兴。

邓小平情不自禁地走向一位怀抱着小孙子的老奶奶，在小孩子那红扑扑的小脸蛋上轻轻亲吻了一下，村民们激动地鼓起掌来。

记者抓拍到这个珍贵的镜头，把它刊登出来，并配诗一首，题目是《鱼水欢歌》：

为社稷运筹紫禁，为黎民揉碎寸心。
一月一视察，一年一南巡。
东海西疆，都留着脚印；
繁街陋巷，都有过身影。
仰山斗百般钦敬，俯孺子万种慈亲。
风情水情，怎能够行宁坐宁？
车勤马勤，治得个天清地清。
问古今将相孰贤能？且看中南海上人。

“绿化祖国，造福人民”

邓小平是全民义务植树工程的首倡者。

绿色，是春天的象征。

每年的三四月，春回大地，人们挥锨抡锹，种下一片片绿苗，种下荫庇子孙的希望。

1981 年夏，四川、陕西等地遭受了历史上罕见的水灾。长江、黄河上游发生特大洪峰，给国家和人民生命财产造成了重大损失。时刻将人民的安危系于心间的邓小平，焦虑如焚。在安排救灾的同时，他考虑了很多、很远，他分析灾害发生的各种原因，寻找消除水灾的长远措施，首倡全国义务植树工程。

9 月，邓小平对万里说：“最近的洪灾问题涉及林业，涉及木材的过量采伐。”同时，他向中央书记处提出了一个建议：“中国的林业要上去，不采取一些有力措施不行。是否可以规定每年每人都要种几棵树，比如种三棵或五棵树，要包栽包活，多者受奖，无故不履行此项义务者受罚。国家在苗木方面予以支持。”

10 月 19 日、11 月 9 日，中央书记处连续两次召开会议，讨论并采纳了邓小平关于植树造林的建议，决定由国务院向全国人大常委会提交《关于开展全民义务植树运动的决议（草案）》进行审议。

12 月 13 日，第五届全国人大第四次会议审议并通过了国务院的这一决议草案，以法律的形式将全民义务植树活动确立下来。随之，国务院制定了实施办法，规定：“凡是中华人民共和国公民，男 11 岁至 60 岁，女 11 岁至 55 岁，除丧失劳动能力者外，均应承担义务植树任务。”

一场规模宏大、影响深远的绿色革命，由此在神州大地上拉开了序幕。

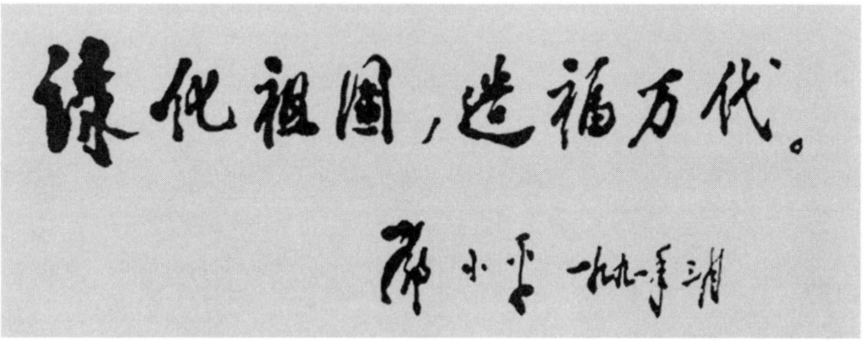

邓小平为中国植树节题词（历史图片）

1982 年，是全民义务植树的第一年。尽管邓小平此时已是 78 岁高龄，已远远超过规定的年限，但他仍身体力行，率先垂范。

植树节到来的前几天，邓小平就对身边的工作人员说：“植树节快到了，我们家今年每人至少要栽三棵树，要包种包活。”

3 月 12 日，北京风和日丽，春光明媚。迷人的西山脚下，拥来了一批批扛着锹镢、提着水桶的人。上午 10 时，邓小平偕家人乘车来到这里。在和众人打过招呼后，他急步走到植树点，举起了铁锹。随着一锹锹泥土的填入，一棵翠柏傲然挺直了身躯，随风舒展着它那绿浓欲滴的枝叶。邓小平端详着，满意地笑了。而后，他又走向另一个树坑。身旁的同志劝他休息一下，邓小平却说：“不累。一人栽三棵到五棵，我们要完成任务。”

植树活动结束时，邓小平围着新植的树，观赏着各种不同的品种。他嘱咐首都绿化委员会的负责同志：“植树要选好的品种，要选那些长得快、能成材的。栽下后要有人管理，保证成活。”

邓小平的行动为人们树立了榜样。这一年，全国近 2 亿人参加了义务植树，种树达 10 亿棵。

1984 年年初，邓小平视察了深圳、珠海、厦门几个经济特区。2 月 10 日上午，他结束对特区的视察，即将离开厦门。临行前的计划是在厦门的山上植树。可是天公不作美，昨天还是阳光灿烂，碧空万里，想不到过了一夜，

1984年的植树节，邓小平与总书记胡耀邦一同到十三陵水库参与植树（历史图片）

一大早雨就沙沙地下个不停。遥望海面，烟雨迷蒙，似一首飘忽不定的朦胧诗。

省市领导建议取消植树活动，邓小平却笑着摇摇头：“下这点小雨怕什么，上山吧。”约10点钟，他来到万石岩植物公园的后山上，冒着绵绵细雨，走过湿漉漉的泥地，步入植树区，拿起铁锹干了起来。

邓小平种的是樟树。省负责同志告诉他：“这是一种千年树，南国佳树。”没多久，邓小平及陪同人员就种下了12棵樟树和南洋杉。

临中午，雨还在细若游丝地下着。邓小平拄着锹，直起身来，望着灰蒙蒙的天空，诙谐地说：“这几棵树，这一下保活了。”

植完树，邓小平的鞋子上还沾着南国的泥巴，就登上了北去的专列。

时隔一个月的植树节，邓小平又出现在北京十三陵水库大坝东侧蟒山脚下的义务植树人群中。

1989年4月2日，位于北京北四环的亚运工程正紧张地进行着，第十一届亚运会将于1990年在这里召开。这时正是植树季节，年近85岁的邓小平来到热火朝天的亚运村工地，给这里抹上了一笔生机勃勃的绿色。

坚持不懈，持之以恒——这是邓小平对全民义务植树活动的要求。1983年3月12日，邓小平在参加植树活动时说：“植树造林，绿化祖国，是建设社会主义，造福子孙后代的伟大事业，要坚持20年，坚持100年，坚持1000年，要一代一代永远传下去。”1982年11月，邓小平为全军植树造林总结经验表彰先进大会题词：“植树造林，绿化祖国，造福后代。”同年12月26日，邓小平在林业部关于开展全民义务植树运动情况报告上批示：“这件事，要坚持二十年，一年比一年好，一年比一年扎实。为了保证实效，应有切实可行的检查和奖惩制度。”

坚持不懈，邓小平自己首先做到了这一条，尽管他年事已高，尽管他工作繁忙。自1982年以后，1983年、1984年，他在北京十三陵植树；1985年、1986年、1987年，在北京天坛公园植树；1988年，又在北京景山公园植树；1989年，又来到北京亚运村工地植树……邓小平十多年来的植树活动，已载入中国林业发展的史册，铭记在全国人民的心中。

一代一代干下去。邓小平也从自身做起——

1987年4月5日上午，邓小平来到天坛公园万寿双环亭东侧，和家人一起挥锨栽下了这天义务植树的第一棵桧柏。劳动中，他手指着身旁的外孙女羊羊，笑着对在场的同志说：“今天我带的这个人，已经跟我种了

邓小平和小朋友一起植树（历史图片）

六年树了。今天我又增加了一个队员，羊羊的小弟弟。”说到这儿，他又郑重地强调：“植树绿化要世世代代传下去。”

1992 年 1 月，邓小平再次视察深圳经济特区，并发表了重要谈话。1 月 22 日，他利用视察工作的余暇，来到深圳仙湖植物园。观赏完植物园内的奇花异草后，邓小平和三代家人来到湖畔的草地上，挥锨培土，种下了一棵高山榕树。身有残疾的邓朴方在工作人员的帮助下，也培了几锨土。然后，邓小平和小孙子一齐端起个红色的小水桶，给树浇上了水。

古人云：“十年树木。”如今，数十年前邓小平亲手种下的幼苗，已是枝繁叶茂，郁郁葱葱。实施了 30 多年的全民义务植树活动，已使昔日的荒山秃岭披上了绿装。

“小平您好”

1984 年 10 月 1 日，是中华人民共和国成立 35 周年纪念日。

天安门广场上空一面五星红旗高高飘扬，蓝天上飘动着无数气球，一群群和平鸽自由地飞翔。

广场上人山人海，50 万军民举行了盛大的阅兵式和群众游行，到处是人的海洋、花的海洋、旗帜的海洋。

中国人民解放军陆海空三军和战略导弹部队雄赳赳列着方队经过天安门城楼，接受党和国家领导人的检阅，接受 10 亿人民的检阅。

群众游行开始了，工人、农民、知识分子，一队队欢呼着走过天安门广场。突然，在行进的大学生队伍中打出一面横幅，上面写着四个大字：“小平您好！”

一时间，这四个字成为整个广场、整个中国乃至全世界的焦点。

没有“伟大”“敬爱”“万岁”等词的修饰，四个朴实无华的大字表述了当代大学生和全国各阶层人民对邓小平的真实感情。

是谁制作了“小平您好”的横幅呢?

他们是北京大学生物系细胞遗传专业 1981 级学生郭庆滨、李禹、毛小洪和 1980 级学生常生。

1984 年 9 月 30 日夜，北京大学生物系 1981 级大学生宿舍内群情激昂。明天，他们将参加国庆 35 周年大典。学生期间，能赶上这样大规模的庆典，本就是一件幸事，更何况这是改革开放以来第一次大规模庆典，盛况必定令人激动。

按照学校的事先安排，作为游行队伍，他们跟在北京大学的彩车后面，排着整齐的队伍，由东向西从长安街走过天安门城楼的检阅台。连日来，为了使游行队伍走得整齐，学校组织了多次训练，同学们认真参加了训练，但同时也觉得，就这样整齐地走过天安门广场、走过检阅台，似乎缺了点什么。这样的形式似乎不足以表达他们的心情。敢想、敢说、敢干，历来就是北大人的传统，人们不会忘记，当初“团结起来，振兴中华”的口号就是首先从这些学生宿舍内喊出来的。今天，他们仍然有话要说，他们的振奋和激动要表达出来。于是，同学们决定，用自己的方式表达他们的心情。

表达什么，如何表达，这正是学子们在一起热烈讨论的问题。

要表达的太多了!

首先，同学们的共同愿望就是要向党表达当代大学生对知识分子政策的赞美，向制定这些政策的党中央领导表示敬意。

对于他们来说，大学曾经是可望而不可即的，“文化大革命”开始后，停课闹革命，中国的大学之门被关闭了。1970 年开始恢复试行招生，但招生办法是“自愿报名，群众推荐，领导批准，学校复审”。在“以阶级斗争为纲”的年代里，进了大学也是继续革命，根本不可能进入真正的知识殿堂。人们也害怕进入知识殿堂，因为成了知识分子，就会“脱离群众”，也就成了人们看不起的“臭老九”。

1977 年 5 月，邓小平复出不久即坚定地指出："一定要在党内造成一种空气：尊重知识，尊重人才。""要经过严格考试，把最优秀的人集中在重点中学和大学里。"

此后，在邓小平的大力倡导和推动下，中国终于恢复了真正的高考，尊重知识、尊重人才也逐渐成了社会风尚。这样历史性的功绩，难道不值得赞颂吗？

改革开放以来，中国的社会面貌之所以发生重大变化，党的农村政策应居首功。几十年来，农民被折腾苦了。十一届三中全会后，党中央、邓小平坚定地支持在农村推行家庭联产承包责任制，从而极大地激发了农民的生产积极性，农村经济迅速发展，农民生活日渐富裕。吃水不忘挖井人，他们当然忘不了党的好政策，忘不了坚定支持这一政策的邓小平。许多同学是从农村考入大学的。没有见过"世面"的农民，总以为进了北京就可以见到中央领导，见到邓小平了，因此，每个农村学子在离开家乡时，总能听到相同的话：到北京后见到小平同志，向他问好。他们哪里知道，北京之大，见到邓小平谈何容易，但国庆 35 周年大典却为同学们提供了一个宝贵的机会。

同学们认定，大典当天，邓小平一定会出现在天安门城楼上，我们一定要当面向他表达自己的心情和家乡父老的问候。

怎样表达呢？写上千言万语，会淹没在浩瀚的游行人潮里。高呼"万岁"，已是过时的口号……讨论激烈地进行着。

最初，有人说写"改革要加速"等，但大家都觉得这只说出了一方面的愿望。大家想到邓小平，想到了邓小平领导的改革大业，以及邓小平的拨乱反正。有人脱口而出："邓小平同志您好。"但觉得这七个字显得太呆板、不亲切。有人提出"小平您好"，大家都很满意。于是，李禹拿来了自己的塑料床单做衬，"小平您好"四个大字由常生执笔，写在四张绿色大纸上。写好后，大家小心翼翼地把横幅裹起来，外面绕以彩带，顶端缀以纸花，横幅变成了一把高大的花束。

10月1日凌晨，大家怀着激动的心情，护卫着这把“花束”，进入了游行的行列。

当北京大学的游行队伍走到金水桥头时，同学们突然亮出了事先准备好的“小平您好”的横幅，向着天安门、向着全中国、向着全世界，展示了自己的衷心祝愿和热情赞颂。同学们的苦心没有白费，邓小平在检阅台上看见了同学们打着的横幅，也情不自禁地不住地向同学们挥手致意。此刻，同学们更是激动万分，早已忘了事先排好的方阵队形，簇拥在横幅下，喊着，跳着，前呼后拥，冲过了检阅台。

敏感的摄影记者将这一场面及时地摄入了镜头，从此，这一镜头传遍了全世界。

“小平您好”，这一看似普通的祝愿，成了历史性的问候和敬礼。

十几年后，郭庆滨、毛小洪、常生、李禹等谈起当年的情景时说：我们写这幅标语首先是出于真诚，一种对党和国家领导人特别是对邓小平的由衷祝愿。我们都是中国的普通百姓，如果不是改革开放，我们是不可能跨入北

北京大学同学们制作的“小平您好”的横幅（历史图片）

大校门的。我们寻找表达感情的最直接、最亲切的话语，最后确定了“小平您好”。

人民拥戴小平，从心底呼唤“小平，您好！”

当邓小平逝世后，1997年2月24日，从人民解放军总医院到八宝山，短短两公里半的路途两旁挤满了首都各界人士和各地赶来的人民群众十多万人。

人群中悬起一幅幅反映各族人民共同心声的横幅，令人望而生悲：

“小平，您走好！”

“再道一声小平您好！”

/第四章/

往事：总设计师的生活点滴

◎邓小平对体育的爱好简直可以说是“全方位的”，足球、游泳、桥牌、棋类、散步、登山等都是他的业余爱好。他对体育的广泛爱好与支持源于他对体育运动的深刻理解。

◎打桥牌，也是邓小平休息的一种特殊方式。他说：“唯独打桥牌时，我才什么都不想，专注在牌上，头脑能充分休息。”

情趣爱好

“看到我国足球，就是有股闷气”

邓小平一生多磨难，政治上三落三起，生活上备尝艰辛。他随着中国共产党人成长的足迹，历经千难万险，吃尽千辛万苦，特别是“文化大革命”十年浩劫之中，邓小平本人和他的家庭受到残酷迫害，多大的苦、多大的难，他都挺过来了。1992 年，邓小平已年近九旬，他还精神矍铄地到南方视察，及时地指导改革开放。邓小平不仅有超人的思想境界和革命意志，而且还有一副钢铁般的体魄，这与他终生坚持体育锻炼、磨砺自己的意志和强健自己的体魄有关。

邓小平对体育的爱好简直可以说是“全方位的”，足球、游泳、桥牌、棋类、散步、登山等都是他的业余爱好。他对体育的广泛爱好与支持源于他对体育运动的深刻理解。

不过，足球恐怕要算他持续时间最长的业余爱好。

邓小平的女儿曾经对记者介绍说，她父亲生平有三个爱好，一为足球；二为言菊朋的京戏，年少时为此着迷，后来耳朵不好使，此好故而有些放弃；三为桥牌。

据称，早在书声琅琅的少年时期，足球场上就已经闪动着邓小平机警、灵活的身影。

更难忘的是在巴黎卖衣服买票看足球的情景，仍历历在目，宛如发生在昨天。

为了探求革命真理，年轻的邓小平万里辞乡关，远涉重洋，前往法国勤工俭学。对于这个初次走出国门的青年人来说，法国令人沉醉的美好事物不胜枚举，埃菲尔铁塔的雄姿、巴黎圣母院的倩影、凡尔赛宫的辉煌……这一切都使来自东方的邓小平驻足留恋。但是，在繁重的劳动和艰苦的学习之余，足球依旧对他具有强烈的吸引力。有一次举行奥运会足球赛，他十分希望能够一睹为快，却苦于没钱，于是深感懊丧。忽然，一个念头闪进他的脑海："对了！把衣服送到当铺换钱买票不就可以看上足球了吗？"想到这里，邓小平飞快地跑回寓所拿出自己一件外衣送到当铺，买票看了这场精彩的足球赛。几十年后，还能回忆起那次比赛谁是冠军，可见他对足球挚爱至深。

风风雨雨数十载，足球一直是邓小平难以割舍的爱好之一。20 世纪 50 年代，他是足球场的常客；之后，他是足球赛电视转播的忠实观众。有一次，正逢一场精彩的足球赛，邓小平却因腿骨骨折住进了医院，于是他躺在病床上坚持看完了整场比赛的电视实况转播。那精彩纷呈的足球赛似乎使他

1952年8月，中国人民解放军建军25周年，全军体育运动大会在北京举行。邓小平和朱德、贺龙在主席台上（历史图片）

忘记了骨折的疼痛。他显得如此兴致勃勃，看得那样津津有味。当时目睹这一情景的一位同志后来对记者说，邓小平同志热爱体育活动的劲头给他留下了难忘的印象。

1977年邓小平第三次复出，第一次在群众场合露面就是看足球比赛，他刚刚出现在主席台，群众就对他报以热烈的掌声。掌声经久不息，持续了数分钟，反映了广大人民热切盼望恢复党的优良传统、恢复正常社会秩序的愿望和热烈欢迎邓小平回到中央工作的喜悦心情。

振兴中国足球，邓小平尽了很大的努力，倾注了许多心血。在中国足球接连铩羽而归、国人议论啧啧之际，邓小平大声疾呼“从娃娃抓起”。这位在战争年代叱咤风云的历史伟人登高一呼，举国上下积极响应，少年足球事业如雨后春笋般勃然而兴，千万个小选手活跃在绿茵场上，中国足球事业显露出迷人的曙色。

1989年以后邓小平不再担任任何党和国家领导职务，他在观看足球赛电视转播时说：“我生平最喜欢看足球，看了几十年了，看到我国足球队，就是有股闷气，还是跟小毛看了我国女子排球队，才感到我们中华民族出了口闷气。这也难怪，大球这种运动，身体素质很关键的，和小球是不同的。”

中国足球队的健儿不会忘记这位伟人的殷切期望！

全国人民都不会忘记这位伟人对足球事业的眷顾！

一颗足球，寄寓着一个伟人的闲情雅趣，也载负着一个伟人热望中国足球事业走出困境的深情。

邓小平辞去中央领导职务以后，终于有了闲暇了却自己的夙愿，1990年世界杯足球比赛，中央电视台连实况带录像一共转播了52场，这位耄耋老人就看了50场，真可谓过足了看球的瘾。如果要在如此高龄老人中评出世界级的球迷，我们认为，邓小平是当之无愧的大师级球迷！

除了足球，邓小平在球类项目中还喜欢打棒球，而且一次可以拿一百多分。在抗日战争初期党的六届六中全会召开时，邓小平从前方来到延安参加会议，翟作军当时在毛泽东身边当警卫班班长，参加了大会服务，也属于大会工作人员。他回忆当时的情景说：会议开得紧张活泼。会议休息时，邓小平政委常参加体育活动，打扑克牌。他是一位高手，总获得胜利。邓政委还喜欢打棒球，因受场地限制，他就改打排球，朱德总司令和贺龙喜欢打篮球，警卫工作人员也常与首长一起比赛。许多首长说，小平政委最会生活和工作。

另外，1979 年邓小平访问美国时，东道主得悉他喜欢篮球，还在文娱节目中特意安排了一场篮球表演。

风浪面前，他劈波斩浪

毛泽东喜好游泳为人所共知，其畅游长江的豪迈气魄亦为世人仰视。与毛泽东一样，游泳也是邓小平的一大爱好。水阔天舒，波涛起伏，方显出击水者的云水襟怀和刚毅本色。“不管风吹浪打，胜似闲庭信步。”毛泽东《水调歌头·游泳》中的这一句话，可谓概括了一切先行者、开拓者、革命者的生涯和情怀。

邓小平在政治风浪面前往往如履平地，同样地，在大海滔滔白浪中，他也能够劈波斩浪，沉着稳健，安详自得。

“我能游泳，特别喜欢在大海中游泳，证明我身体还行；我打桥牌，证明我的脑筋还清楚。”

年近 80 岁高龄的邓小平常常对友人这样说。

的确如此。游泳和桥牌，是邓小平的两大业余爱好。这种体力和智力的交替松弛和反复磨炼，无疑对他倡导和支持中国大地上的拨乱反正和改革事业产生了积极的潜在的影响。

邓小平喜欢游泳，尤其喜欢在大江大海中游泳，这和他的性格有关。他说："我不喜欢室内游泳池，喜欢在大自然中游泳，自由度大一些，有股气势。"80多岁了，邓小平还能坚持在大海中畅游一个小时以上。

邓小平的体魄，与毛泽东在《体育之研究》中形容的那种"登山则气迫，涉水则足痉"的文弱之躯形成鲜明的对比。"圣贤豪杰之所以称，乃其精神及身体之能力发达最高之谓"，邓小平就是这样的人。

1983年夏，邓小平的棒槌岛之游留下了弥足珍贵的摄影记录，从而使一切敬仰邓小平的人形象地看到这位中国政治风浪中的中流砥柱似的伟人，如何度过他的余暇，并为邓小平健康的体魄深感惊讶、庆幸。

1983年7月，大连市延伸到黄海之滨的棒槌岛上绿荫覆盖，景色宜人，岛外白浪滔天，气势壮阔。

邓小平视察了东北和华北一些地区之后来到黄海之滨。尽管经过长途跋涉的颠簸，他仍保持着浓烈的游兴。在棒槌岛休假的七天当中，除了一天因海上漂浮油污而没有下海，邓小平每天上午都投入大海，运动于蓝色的波峰浪谷之间，与风浪为伍，从容泅渡。

当鲜红的太阳从蔚蓝的海面冉冉升起，百鸟迎着熹微的晨光开始婉转啁

邓小平和家人在北戴河游泳（历史图片）

鸣，新的一天来临了！

早晨起床后，邓小平照例要散步片刻。他穿着拖鞋，在林荫大道上漫步，不用人搀扶，相反地却常常手牵着外孙女，信步而走。清晨的树林中吐出的空气是那么清新，那么沁人心脾，使人不禁扩展鼻翼，尽情享受大自然的惠泽。

9 时许，邓小平和他的夫人卓琳、两个女儿，以及外孙、外孙女一起，登上面包车，向海滨驶去。大海，浩瀚无垠。海浪拍岸声声，海风轻轻吹拂，令人心旷神怡。随着海风的吹拂，无数浪涛聚拢在一起，排成一行行整齐的长队，森然有序地向岸边推进，贪婪地吞噬了大片黄沙，然后又徐徐地向后退步。而绵毯般的沙滩，被透明的海浪一舔，尤其富有韵致。

一下海，邓小平便舒展双臂，从容地向海中深处游去。他头部露出水面，侧游着—— 一个浪花，又一个浪花，不断地向他扑来，然而他却泰然自若，抖抖头发上的水，继续挥臂击水，顽强地向前游去。有时，在他身旁看护的游泳好手们见到风急浪猛，便劝他上岸，但他却没顺从这好意的劝告，照旧在水里畅游不止……已经入海游泳 90 多分钟了，邓小平依然没有丝毫疲倦的神态，人们觉得难以置信的是，当时邓小平已经年近 80 岁了，竟然如此硬朗，实在难能可贵！大海拂弄着他的身躯，海浪吹打着他的肌肤。海水是咸的，海风也夹杂着淡淡的腥味。邓小平精神抖擞地划着水，不易察觉地笑了笑，感到欣慰而愉悦。

此时此刻，他抑或会因沉浮而想到人生的起落？抑或会因击水而想到奋斗的快乐？抑或会因海浪而想到命运的艰辛？……这一切，历史学家不得而知。或许，他此时此刻什么也没有想。

……

邓小平终于上岸了，海滩上留下了一串他坚实的脚印。他换好衣服，穿着他常穿的白色短袖衫，稳坐在藤椅上晒太阳，休息。阳光明媚，极目望去，海天一色，潮起潮落，引人神思无限。有时，他和天真可爱的外孙、外孙女嬉戏；有时，他招呼着坐着轮椅的儿子朴方；有时，他和女儿聊上几句……这是多么温暖的一幕呀！

其乐融融，其乐泄泄。

邓小平话不多，从来不喜欢多说、啰唆。在棒槌岛休假期间，邓小平总是那样安详、平和，言语不多。他总在思索。正如他的女儿描述说："我父亲为人性格内向，沉默寡言，50多年的革命生涯，使他养成了临危不惧、遇喜不亢的作风，特别是在对待个人命运上，相当达观。"邓朴方则说："他的沉默往往比语言更为有力！"据邓林介绍，她爸爸后来老了，才和子女说话多一点。也爱听他们讲话，孩子们也越来越感到他是一个内向、含蓄、感情不外露的人。

是啊，不言则已，一言必中，这是邓小平的一大特征。平常，他言谈不多，但当他酝酿成熟、深思熟虑而作出决策或决断之时，他发出的声音则是

1989年，邓小平在北戴河深海游泳（历史图片）

掷地有声、字字铮铮，往往震撼山河，他说出的话语言简意赅。他一旦认准了方向，就坚定不移循此而进，绝不瞻前顾后、畏首畏尾。

邓小平不喜好形式之类的东西，他是一个务实派。在棒槌岛，有关领导机关来请他接见、讲话，但他都婉言谢绝了。他说："我来休假，就是休假嘛！"

时间过得真快呀！七天的棒槌岛休假生活转瞬即逝。在离开棒槌岛之前，邓小平欣然同意和这些天同他在一起的工作人员分别照相留念。其中有一位摄影记者在同他合影时，身上挂着多架照相机不愿取下来，邓小平幽默地对他说："噢，这是为了向大家表明你的身份吗？"

游泳给邓小平的身体带来了很大益处，人晒得黑黑的，精神越发饱满，精力更加充沛。他兴奋地告诉杨尚昆，游泳后他的腿劲明显地增强了。

大海，浩浩渺渺，略无涯际。

邓小平喜欢到大海中游泳，其襟怀更像大海那样深沉、宽广。

落日的海面是如此辉煌，波光闪闪，粼粼如金，海鸥的翅膀披着霞光，海空奏起了黄昏金色的乐章，整个宇宙沉醉在一片和谐的旋律里，真是天高任鸟飞、海阔凭鱼跃啊……

"唯独打桥牌时，我才什么都不想"

在体育项目中，邓小平特别喜欢打桥牌。打桥牌，尤其喜欢和高手打。"打牌要和高手打嘛，输了也有味道。"他这么说。他多次和国内外的桥牌高手比赛，连世界桥牌大师杨小燕女士都惊讶，认为小平同志有惊人的记忆力，打牌富于睿智和魄力，很有气势。打桥牌，也是邓小平休息的一种特殊方式。他说："唯独打桥牌的时候，我才什么都不想，专注在牌上，头脑能充分休息。"

1984 年《纽约时报》刊登了美国桥牌专栏作家艾伦·杜史高的一篇权威性文章，其中这样写道：

> 世界上许多历史人物都是桥牌迷，例如艾森豪威尔在第二次世界大战中等待盟军北非登陆消息时，也没有忘记挤出时间玩一局桥牌；英国前首相丘吉尔在二次大战爆发后动员英军参战时，仍念念不忘打桥牌。中国的邓小平主任更不例外。

此文一经刊出，便在全世界引起强烈反响！

早在 1981 年，世界桥牌记者协会就给邓小平颁发了桥牌荣誉奖，称他为世界上对桥牌贡献最大的人。

桥牌大师、美籍华人杨小燕说，邓小平的牌技可不仅仅是业余水平的，可够得上专业水平了。

一次，邓小平与胡耀邦、万里应邀参加在文津俱乐部举办的“运筹与健康”老同志桥牌邀请赛。在比赛中，他思维敏捷，与牌友密切配合，叫牌果断，攻守自如，出奇制胜，凭借几十年打桥牌的深厚功底，以神机妙算来掌握桥牌桌上的主动权，结果迫使对方以 0 比 20VP 败北。

打桥牌是邓小平 20 世纪 50 年代在四川学会的，此后就一直成为他的一大业余爱好。晚年，打桥牌更是成了他暮年寄情之所在，而他的桥牌技艺亦随之日益精湛，几臻炉火纯青，无怪乎外国人誉他为中国的“高级桥牌迷”。

战争年代，邓小平统率精兵决胜疆场的雄姿，只有在枪林弹雨中度过的老将军们有幸亲睹。不过，邓小平在桥牌桌前展示的运筹帷幄的风采，使许多在和平年代长大的年青一代不难想象他当年的凛凛威风。邓小平有时操着富有音乐感的四川话说：“打牌要和高手打嘛，输了也有味道。”1981 年，桥牌皇后、美籍华人杨小燕就曾有幸与邓小平同桌打牌，当时的情景使她毕生难忘。

1992年1月，中国桥牌协会名誉主席万里（左二）授予邓小平第九届“运筹与健康”老同志桥牌赛冠军奖杯。左坐者为阿沛·阿旺晋美（历史图片）

提起杨小燕，许多桥牌爱好者对这一名字恐怕都非常熟悉。杨小燕祖籍湖南，于1930年出生在北京一个书香门第。其父杨开道曾任燕京大学社会学系主任。1937年卢沟桥事变后，中华大好河山在日本铁蹄的蹂躏下惨不忍睹，杨小燕便在颠沛流离中度过了青少年时代，直到18岁才离开上海赴美学医，后来定居美国。她学习桥牌并名扬于世实在是富有传奇色彩。其丈夫魏重庆曾任美国桥牌队队长和教练，因研究出风靡世界的“精确叫牌法”而名噪一时。在一次学习桥牌技艺过程中，她丈夫半开玩笑地问她学习桥牌是不是想当“世界桥牌女皇”，她回答说：“当然愿意啦！”丈夫鼓励她努力学习，并预言她不出十年定能夺取世界冠军。为了潜心研究牌技，杨小燕毅然辞去纽约一家医院院长的职务，决心面壁十年图破壁。结果，功夫不负有心人。由于丈夫的悉心指导，加之自身的聪慧，自20世纪70年代以来，杨小燕在美国和世界各种桥牌大赛中共荣获100多个冠军称号，并作为主力队员，为美国奥林匹克女子队获世界冠军立下殊勋，打遍江湖无敌手，雄霸桥牌界，最终登上了“桥牌女皇”的宝座。

1981年3月4日，这是杨小燕永远铭记于心的日子。在这天晚上，她第一次见到邓小平。当此之时，一起参加会见的还有美籍华人翁心梓夫妇。翁心梓是国民党元老翁文灏的侄子，在纽约万源公司任董事长，翁心梓的夫人李道基是李鸿章的曾孙女。邓小平会见了他们并同他们一起打了三个小时的桥牌，度过了一个美好的夜晚。事情的起源是这样的：

1981年，上海举办国际桥牌友好邀请赛，共有10个国家和地区的13个城市20余个队报名参加。美国的旧金山、纽约、休斯敦3个城市，在翁心梓先生的鼎力促成下组成4个队，由杨小燕任总队长，于3月3日乘飞机由美国抵达北京，准备参加这次邀请赛。在京期间，翁、杨提出：希望能够与邓小平见一面，或打一次桥牌，以慰平生仰慕之情。中国桥牌协会主席荣高棠当即把他们的请求向邓小平做了汇报，邓小平欣然允诺，定于4日晚上与他们一起打牌。获悉这一喜讯，翁心梓夫妇和杨小燕都异常兴奋。其中最为激动的要数翁夫人，她花费了整整半年时间寻购《邓小平选集》。可惜的是，当时《邓小平选集》尚未出版问世，尽管她跑遍了北京的几乎所有书店，却未能如愿，并为此抱憾不已，只得买了《周恩来选集》上、下集。同行的人对她为何迫不及待地要得到《邓小平选集》而结果买了《周恩来选集》大惑不解，翁夫人对自己的行动也守口如瓶，谁也不肯告诉。

4日下午5时，荣高棠为美国桥牌队举行欢迎宴会，翁夫人便趁此机会打开《周恩来选集》下集，请大家在扉页上签名，穿梭往来，忙得不亦乐乎。宴会后，他们兴冲冲地赶到了养蜂夹道体育俱乐部，心情十分激动，等待着邓小平的到来。

来了！来了！幸福的时刻终于来了。

8时许，邓小平容光焕发，神采奕奕，面带笑容地步入大厅：“欢迎，欢迎，欢迎大家。”他向远道而来的客人亲切地问候着。客人们为邓小平谦逊的精神所深深感动。翁先生接过话题：“久闻您牌艺很高，今天有机会和您同桌打牌，感到万分荣幸。”

“太夸奖了，你们才是世界名将，与你们一起打牌，我的身价也高了。”邓小平笑出了声，谦虚地说。

话音一落，笑声四起，亲切、融洽、活跃的气氛洋溢在整个大厅。这时，荣高棠轻轻说了声：“打吧！”随即安排小平与翁先生结对，杨小燕与北京知名桥牌选手丁关根（当时任铁道部部长）搭档。不料，杨小燕微微一笑，似乎也有点一本正经地说：“我提个意见好吗？”

一听这话，在座的人都一时摸不着头脑，面面相觑，都把目光集中到杨小燕身上。邓小平温和地说：“行！”

接着，杨小燕不慌不忙地说：“我们回来一次不容易，与您打牌更不容易，能不能我与您结对？”

“好嘛！这样更能提高我的牌艺。”

杨小燕获得允准后不禁喜上眉梢，又问邓小平使用何种牌法。

“当然是精确叫牌法喽。”邓小平回答说。

这晚，大家牌兴很浓，一直打到 11 点多。根据邓林介绍，邓小平每星期准要打两三次桥牌，但时间只打到 11 点。当晚激战时，邓小平的女儿邓楠就坐在父亲身旁。看上去，邓楠对桥牌也略知一二，不时地向父亲建议打法，出谋划策。然而，邓小平却很自信，有时根本不采纳她的意见，而是自己潜谋独断。在桥牌桌前，邓小平展示出来的坚定、果断、明智和自信心，给杨小燕留下了深刻的印象。事后，杨小燕非常赞赏邓小平的打牌技术，告诉记者说：邓小平打牌思路清晰，牌风稳健，显示了充沛的精力和过人的智慧，这在 80 岁高龄的老人中，是十分令人吃惊的。

打桥牌结束后，当邓小平将要向大家告别时，早有准备的翁夫人这才“亮出了自己的底牌”，她急速地从皮包内取出《周恩来选集》上集，双手递到邓小平面前，恭恭敬敬地鞠了一躬，敬请邓小平在扉页上签名留念。邓小平欣然命笔，写下了遒劲有力的“邓小平”三个大字。此时，杨小燕似乎懊

邓小平与聂卫平在一起打桥牌（历史图片）

悔不迭，因为她未能像翁夫人那样筹之事先，但这个难得的机会是万万不能失之交臂的。于是，她手忙脚乱地在手提包里寻找开来，看她急成这样，大家当时都替她感到惋惜……幸好！杨小燕终于在瞬间找到了她丈夫开办的轮船公司的一份介绍书，邓小平也在这份介绍书的反面为她签了名，杨小燕这才转忧为喜，脸上露出了满意的笑容。

后来，翁心梓夫妇、杨小燕逢人便说："桥牌就是一座桥，通过这座桥，把成千上万的海外赤子之心与伟大祖国的命运连接在一起了。"

这是杨小燕内心感情的真实而率直的流露啊！

杨小燕这样介绍邓小平："这是一位令人感到非常有兴趣的人物。在牌桌上，我们像普通的朋友。他和气得不得了，和他相处，不会感到他是大领导。他为人很谦虚，很热情，生活习惯也非常简单。如果与里根相比，邓小平最怕出风头，里根最喜欢出风头。"

应该说，杨小燕的评判是十分公允的。世人都能明显体会，邓小平身上绝无丝毫哗众取宠的习气，共产党人所倡导的实事求是作风在邓小平身上卓然可见。

在桥牌桌前，邓小平总是那样平易近人地与其他领导人或来访的友人一起娱乐，大家都深羡其雅量高致，在他身上看不到丝毫颐指气使的影子。正因如此，世界桥坛都为有这样一位可敬的桥牌爱好者而引以为豪。1985 年，由法国桥协举办的埃普森桥牌赛规模空前，世界各地有几十万人参加，仅中国赛区就有一百对高手应战。法国方面有关人士向新闻媒介机构宣布，技术人员在邓小平的寓所内安装了一个电脑系统，配备了一个录像显示终端机，使邓小平能够与法国巴黎的统筹中心直接联络。邓小平当时正在人民大会堂接见外国友人，谈到这次桥牌赛，他笑笑说："我的桥牌打得不错呀！不过这次比赛要拿冠军或亚军就没有希望了。"

孔栋是邓小平家中的桥牌常客。

孔栋的爸爸曾是国务院的一位部级领导，妈妈给周恩来当过秘书，后任周恩来办公室副主任和国务院副秘书长。"文化大革命"中妈妈被迫害致死，爸爸被打入监狱。小孔栋被赶到山西大同一个偏僻的村寨"修地球"去了。在那时，他学会了打桥牌。粉碎"四人帮"后，父母被平反，孔栋回到了北京。

每逢春节，老干部们都要举行一次桥牌赛。孔栋便和他的爸爸搭档，过五关，斩六将，一连夺取了几届桥牌赛的冠军。

这一消息不胫而走。一天，邓小平的秘书找到他："小平同志想请你上他家一起打桥牌。"

"请我？"孔栋愣住了，支吾了半天，没出声。"你就别谦虚了，小平同志对你早就有所闻了。"接着便不容分说地把孔栋拉上了车。

汽车一直驶进邓小平的住处—— 一栋古朴庄重的大四合院。一进门，邓小平便热情地与他握手，寒暄了几句，宾主便在牌桌前入座。

孔栋回忆说："用打桥牌的一句行话来说，小平同志打的是'精确'，我打的是'自然'，打法虽不同，但这并不影响我们打牌。"那天，邓小平与丁关根打南北家，孔栋和他哥哥打东西对。一眨眼，两个小时过去了，邓小平仍然牌兴正浓，共进晚餐之后，四人又摆开了牌局。

邓小平在打桥牌（历史图片）

这以后的半年时间内，他几乎每个周末或是星期天都要去邓小平家中打桥牌。

在战场上，邓小平名闻遐迩。

在桥牌桌前，邓小平当年南征北战的雄风未减。

谁说将军无闲情……

他每天要吸两包熊猫牌香烟

邓小平嗜好抽烟，这一点，尽人皆知。

抽烟有损于身体健康。对此，医学界一再向世人发出严重警告，据统计，中国人口目前有 14 亿，居世界首位，而中国吸烟的人数也是世界第一。

有人说，邓小平是中国的头号烟民！

这句话并非是说邓小平的烟瘾最大，而是从其政治地位而言。

在江西下放劳动的日子里，邓小平抽着烟，常常陷入深深的思索，居江湖之远而忧国忧民。

原来他每天要吸两包“熊猫”牌香烟。后来经济困难后，为了节约开支，改为抽两包“前门”牌香烟。再后来改为只抽五支，即早上去工厂劳动之前在家抽一支，劳动时集中精力干活，不抽烟，劳动回家后抽一支，下午抽一支，晚饭后抽一支，晚上睡觉前抽一支。

在恢复工作后日理万机的时候，邓小平抽着烟，沉思默想，“万家忧乐到心头”。他殚精竭虑，构思着改革开放的每一个方针、每一项政策、每一次行动。吸烟在这时成了激发他灵感的触媒。

人们往往看到，有的时候在召开的中顾委会议上，邓小平侃侃而谈，听者聚精会神。谈着谈着，邓小平从放在桌子上的“熊猫”牌香烟盒中取出一支，叼在嘴上，“噌”地划燃火柴，点烟，深深地吸了一口，烟雾在前飘浮，

中国“头号”烟民（历史图片）

接着他又顺着先前的思路讲下去了，逸兴遄飞，言辞犀利……

邓小平与中外朋友会见说话时，经常是从抽烟开始的。

1979年邓小平访美与卡特会谈。邓小平笑问卡特："美国国会有没有通过一条会谈中禁止吸烟的法律？"卡特回答说："没有。""只要我任总统，他们就不会通过这样的法律。你知道我的州种植大量的烟草。"邓小平听后笑了起来，随即取出一支"熊猫"牌香烟吸了起来。

对于邓小平这种开朗和坦率的性格，卡特十分喜欢。1980年8月，邓小平会见美国共和党副总统候选人乔治·布什。当布什首先转达对他夫人卓琳的问候时，邓小平说："谢谢，她身体不如我好。"布什问，她也同你一样吸烟吗？邓小平回答："她根本不抽烟，所以她身体不好。"说得在场的人都笑了。

不过，吸烟危害健康。为此，家人十分替他担心，为他作出了种种限制性安排。1986年9月2日，他在中南海紫光阁接受美国哥伦比亚广播公司记者迈克·华莱士的电视采访时，一如往常那样掏出香烟。劲头十足的华莱士也要了一根，可仔细一看觉得这烟不对劲："哈哈，过滤嘴比烟还要长。"华莱士的这个发现使邓小平大为得意："这是专门对付我的。我抽烟的坏习惯改不了啦。"你瞧，他知道抽烟是坏习惯，于是也就愉快地接受了那个和睦温馨的家庭"强加"给自己的限制。

1988年3月25日，在全国人大七届一次会议上，发生了这样一件趣事：当时大会规定不准抽烟，邓小平坐在主席台上。不知不觉地，他忘记了大会的规定，习惯性地点上了一支烟吸了起来。很快，旁边的一位中央领导递给他一张代表写的纸条，纸条上写着："请邓小平同志在主席台上不要吸烟。"邓小平看了看这张纸条，便立即把烟灭了。

党的领导人和普通代表之间平等相处，党的领导人自觉遵守公共场合的秩序，以此，邓小平赢得了人们的爱戴，这件事被传为佳话，有口皆碑。

不久，邓小平会见菲律宾总统阿基诺夫人时提及这件事。

1988年4月16日上午，人民大会堂福建厅内充满了热烈的气氛。邓小平健步走上去与来访的阿基诺夫人握手，并说：“欢迎你，我很高兴见到你。”

双方入座后，邓小平说：“我抽烟啦。”阿基诺夫人说：“我不能对您说不能抽，因为我不是这个国家的领导人。但在菲律宾，我们内阁开会，不许抽烟。”邓小平说：“上次人大我违反了一个规则，我习惯地拿起一支烟来，就有一个代表递条子，提出批评，只好马上接受，没有办法。”说完，双方都爽朗地笑了。

1989 年以后，邓小平辞去了中央军委主席的职务。从这以后，出于健康的考虑，他开始戒烟。对于一个有长期“烟史”的人来说，戒烟无疑是一件要有坚韧不拔的毅力才能做到的事，但邓小平忍痛割爱，终于成功地戒了烟。虽然刚开始戒烟的时候，烟瘾上来了，邓小平既觉得心里发慌，又觉得若有所失，但为了不使戒烟半途而废，他就吃鱼皮花生，以求转移注意力。一天，两天，两个月……他逐渐把烟戒掉了。

他每天要走一万步

1959 年，邓小平的一条腿由于骨折，伤愈后脚力很差。他听从大夫的建议，认真进行体育疗法，养成了每天散步的习惯。

“文化大革命”的头两年，邓小平受到了冲击，儿女亲眷们均被逐出家门，他和爱人卓琳孤居在中南海的一个僻静的小院里。他俩自己扫地，洗衣，做饭，操持家务。此时，尽管政治风云变幻莫测，但邓小平依然坚持他长期形成的散步习惯。每天清晨，他绕着院子里的一棵老槐树转。他迈着快捷平稳的步伐，每次一定要走上几十圈，并且每圈有规定的步数，像在认真做着一件十分严肃的事情……

1969 年，在林彪、“四人帮”的迫害下，邓小平和卓琳被移居到南昌郊区的一所独院（原南昌步兵学校内的“将军楼”），房子四周围着一人多高的竹篱笆，活动的天地很小。但是，环境条件的限制，只能困住人的身体，却压抑不住老一辈革命家的心。邓小平是闲不住的，他们住的二层楼自来水常常上不去，楼上用水困难，已经60多岁的邓小平常常自己提水上楼。他除了每天坚持在院子里散步40圈，还同卓琳动手在院子里垦出一片菜地，养了一群活蹦乱跳的鸡。邓小平打水、提桶、浇粪，什么都干。辛勤的劳动，迎来了一片喜人的绿茵，油菜、菠菜、大葱、青蒜等蔬菜，长满地垄。

南昌郊区僻居时期，上面规定邓小平每天去附近一个工厂（新建县拖拉机修造厂）劳动。半小时左右的路程，他坚持步行往返。起初，厂里让他干些轻活，但他却主动提出来要干重活。后来，他便承担了锉螺丝的力气活，而且给自己定了每天的劳动定额。

经年累月，那红色的砂石地上，被他踏出了一条白色的小路。他的思想、信念和意志，也随着前进的每一步而更加明确、更加坚定起来。

在江西这段日子里，邓小平为了保持健康的体魄，在可能时重新为党和国家挑重任，他选择了散步这一运动方式。他每天要走一万步，星期天至少要走七八千步。这对于一个65岁的老年人来说是一种十分适宜的运动。因为走路，运动不是很剧烈，但全身可以活动，血液循环加快，增强了新陈代谢。走路的运动量可以自我掌握，不会导致疲劳受伤。

那时没有计时器，邓小平就在心里默默地计数。每天从住地出发，走出校门，向左拐沿着新开辟的“邓小平小道”爬上一个不太高的坡，直达工厂的后门，再进入车间，约三里，来回差不多5000步。午饭之后，邓小平有午睡的习惯，大约两点半钟起床后，便下楼来到院子里，围着将军楼走30圈至40圈，每圈以140步左右计算，那么，一天就是一万多步，一个月就是30万步，一年就走360万步。如果以千步为一里计算，一天走10里，一年就是3600里，10年就是36000里，不就等于又一个二万五千里长征吗？

1975年，邓小平恢复工作后不久，又横遭“四人帮”的迫害。1976年，他退居于一所京式旧庭院。邓小平从年轻时就喜欢游泳，并养成了冷水浴的习惯，数十年如一日，一直没有间断，直到这一年，因病才停顿下来。但他依然精神矍铄，坚持每天散步，做自己编的简单健身操。夏天来了，院子里的园林树下，长满了尺把高的草。邓小平看着有趣，便叫女儿买了一把镰刀，每天在院子里割草。此时，他每天的生活仍是充实有趣的。他每晚睡觉前总要看书。他爱听儿女们谈天说地。他的冷静沉着、胸襟豁达，驱散了一家人生活中的阴霾。

粉碎“四人帮”后，邓小平重新恢复工作，散步习惯虽是坚持下来了，但由于工作繁忙，散步时间相对减少了。而且散步的时候，还在思考各种问题。

邓小平 80 岁高龄时，身体还是那么健康，精力还是那么旺盛，思维还是那么敏捷，谈吐还是那么风趣，这与他长期坚持体育锻炼有关，特别与他长年坚持散步有关。

会当凌绝顶，一览众山小

王安石在《游褒禅山记》中有这样一段见解精深的文字：

> 古人之观于天地、山川、草木、虫鱼、鸟兽，往往有得，以其求思之深而无不在也。夫夷以近，则游者众；险以远，则至者少。而世之奇伟、瑰怪、非常之观，常在于险远，而人之所罕至焉，故非有志者不能至也。有志矣，不随以止也，然力不足者，亦不能至也。

这段文字不愧为至理名言，值得人们深思之。

攀登之志与攀登之力，对于能够到达光辉的顶点的人们来说，两者不可或缺。

俗称，黄山“无峰不石，无石不松，无松不奇”。那奇特的山石、苍劲的青松、氤氲的云海、久负盛名的温泉，集众美于一身，引得无数文人墨客竞折腰。那寻幽探胜、穷究自然之美的旅行家徐霞客两次饱览黄山的秀丽景色，叹为观止地说，“五岳归来不看山，黄山归来不看岳”，为后世留下了脍炙人口的《游黄山日记》的佳作。文武双全的陈毅则手书“天下第一山”的匾额……华章遗墨，不一而足。

1979 年 7 月 12 日早晨 7 时半，晨曦初露，邓小平迎着朝阳，自山脚下的观瀑楼出发，开始步行登山，行行复行行，60 里山路蜿蜒曲折。邓小平虽然已 75 岁高龄，却走在前开路，一口气登上三十来个陡峭的台阶，竟把随行的亲属甩在了后面，尤其有趣的是，他这样一位年长的老者还不时回过头去

1979年7月，邓小平视察黄山（历史图片）

一再嘱咐年轻人要当心。

中午时分，来到古香古色的半山寺。午饭小憩之后，邓小平复又踏上行程，沿路极目四望，兴味盎然……他老人家兴头越来越足，步履稳健，气息平稳。他们穿“一线天”，过“蓬莱三岛”，向玉屏峰进发。玉屏峰被称作“黄山第一处”，用音乐家的语言来说，它是“黄山的主旋律”。忽见一棵寿逾千年的古松，破石而出，恰似在向客人们招手致意。这就是闻名的“迎客松”。款款山风吹过，“哗哗”的松涛声，似乎在用它热情的话语，欢迎着客人们的到来……

暝色蔼然，暮云四合。是夜，邓小平就宿住在玉屏楼。这里建筑壮观，不少革命前辈游黄山后的诗作笔迹都留在此处。其中有邓小平的老战友刘伯承将军的诗篇：“抗日之军昔北去，大旱云霓望如何。黄山自古云成海，从此云天雨也多。”读着老将军的诗作，人们陷入深思。

经过一夜的休息，邓小平恢复了精力，于次日清晨又和大家一起踏上百步云梯，登上了光明顶。

盛夏之际，正值旅游高峰期，游人如织。早在登山之前，邓小平就曾对安徽省负责同志说：第一，不要妨碍群众游览；第二，省委同志不要来陪；第三，不准特殊化。尽管邓小平再三叮咛，可是保卫人员为了邓小平安全起见，还是想悄悄控制一下上山游客的人数，结果却被明察秋毫的邓小平发觉了，他说：“要让群众上山，不要搞得戒备森严。”由此可见，邓小平是多么严于律己，不肯使自己与人民群众之间竖起一道有形和无形的壁障！这与过去中国的高官显宦们高旗大轿、兴师动众的做法全然不同。

许多来自海内外的宾客，欣闻邓小平登览黄山的消息，一传十、十传百，都盼望能够在此胜地见一见邓小平。一路上，遇到身后有年轻人或挑担子的老百姓，邓小平就连忙停到路边让道，招呼随行的人员说：“让让，请他们先走。”然而，许多游客往往赶到邓小平身边，就不走了，同邓小平亲切地交谈起来，一见如故。邓小平是那样谦和，游人们一点也不感到拘束。

1979年，75岁的邓小平登临黄山，途中小憩（历史图片）

当快要到鳌鱼洞时，有一位年轻姑娘气喘吁吁地从后面跑了上来。邓小平一行以为她急着赶路上山，连忙让路。但她走到跟前却突然停了下来，上气不接下气地说："邓伯伯，您好！"她抹了一把脸上的汗水，红彤彤的脸上散发着热气，"我是上海复旦大学的学生，本来已经下山了，听说您老人家在这里，我们又赶了上来。"

"复旦大学什么系的呀？"邓小平关切地问，"是考进来的吗？"

"是考进来的，念的新闻系。"女青年这样回答说。

"噢，难怪消息这样灵通。"邓小平幽默而风趣的话语，把大家都逗乐了。

这会儿，又赶上来两个女青年。邓小平热情地同她们握了握手："你们好哇。"

"邓伯伯好！"那两位女青年握住邓小平的手久久舍不得放开。

女青年们拿出她们的学生证，请邓小平签字。"你们三个人，四个学生证？"小平笑着，不解地问道。姑娘们解释说："我们有一位男同学，发扬风格，留在下面看我们的东西，让我们三个赶上来。这个学生证是他让我们代请您老人家签字的。"大家听了，都爽朗地笑了起来，笑声回荡在山谷间，袅袅不绝。“怪不得三个人四个学生证。”邓小平一边签字，一边慈祥地说：“女娃登山赛过男娃喽？”……这又是他那亲切而为人们所熟悉的四川话，朴实、自然。“谢谢邓伯伯！”姑娘们接过签好字的学生证，有些不好意思地又请求说：“我们想占用您老人家一点时间，合个影行吗？”“好哇，我们难得遇到一次嘛。”邓小平愉快地答应了这三位萍水相逢的姑娘们的请求。“咔嚓”一声，这难忘的一幕被永恒地摄入了镜头。“谢谢邓伯伯，邓伯伯再见！”合影后，姑娘们喜不自胜，真诚地祝愿邓小平身体健康。“再见，望你们好好学习！”邓小平也向姑娘们挥手告别，目送她们远去……

第三天，邓小平和随行人员，开始攀登雾海茫茫、险峻壮观的西海。由于山路陡峭，随行人员几次想搀扶他，但他都微笑拒绝了。如同年轻人一样，邓小平手扶台阶边的铁链，举步攀缘而上。偶尔，太阳的光辉透过云海的间隙，从山外映射进来，恰似缕缕彩色斑斓的金丝，山谷间云蒸霞蔚，瀑布喧逐，繁花似锦，令人对大自然鬼斧神工的造化之奇巧无限唏嘘……至此，邓小平用三天时间，凭着强健的体魄，踏遍山路崎岖的黄山群峰。

邓小平在黄山为大学生签名留念（历史图片）

白云悠悠，游者心亦悠悠。邓小平在对国家大事眷念系怀的同时，能够有机会缱绻山水、寄情白云、悠然而乐，实是难得呀！

山常青、水常绿，人不老。

……

1983年8月13日，是吉林省延边朝鲜族自治州各族人民难以忘怀的日子。

那是长白山最美的季节。浩瀚无垠的林海青翠碧绿，漫山遍野的山花争奇斗艳。延边各族人民团结奋斗，建设边疆的火热生活引发了邓小平的浓厚兴趣。他老人家不顾80岁的高龄，风尘仆仆地来到了长白山。

时值盛夏，正是旅游旺季，游人如潮。早在登山之前，邓小平就对吉林省委的同志讲：第一，不要妨碍群众游览；第二，不准搞特殊化；第三，轻车简从，不要省委同志来陪。他心里时刻想着群众，装着人民。他严于律己，永不脱离群众的高尚情怀，令我们敬佩不已。

许多来自海内外的游客，得知邓小平来到长白山的消息，都欣喜若狂，盼望着能在此和他见上一面。一路上，见到游客，邓小平总是主动站到路边，让游人先走。有的游客见到了他，就不走了，停下来与邓小平攀谈。当时在延边参加全国计划生育工作会议的30多位代表，都盼望着和邓小平照张相，留个纪念。他得知后，马上来到代表们中间，与大家合影留念。在群众中，他老人家是那样的谦和、慈祥，像一位亲切的长辈，平易近人。

在长白山天池气象站，邓小平亲切地慰问了气象工作人员。他对高山气象工作人员不畏风雪严寒，长年坚守工作岗位的无私奉献精神大加赞许。他说：吉林省是农业省，而农业受自然条件影响很大，所以，搞好天气预报很重要，你们的工作很有意义。希望你们为防灾减灾当好参谋。这亲切的话语，给气象工作人员以极大的鼓舞。十几年来，这支有强烈事业心、高度责任感的气象工作队伍，在东北边疆为祖国的气象事业和延边地区的经济发展辛勤地耕耘着、奋斗着。

“会当凌绝顶，一览众山小。”当邓小平来到长白山顶峰，眺望茫茫无际的林海，俯瞰清澈碧蓝的一池天水时，开怀地笑了。祖国大好河山的雄伟壮丽使他畅怀遐想。回到岳桦宾馆，他老人家挥毫泼墨，欣然提笔，写下了“把延边朝鲜族自治州建设得更快些更好些”18个苍劲有力的大字。纸短情长，言简意深。

爱喝五粮液，爱吃辣椒

邓小平爱喝酒，尤其是喜欢家乡出产的“五粮液”。

“文化大革命”期间下放江西之后，邓小平的工资被停发，改发生活费。全家的经济收入从500元下降到200元。这200元既要支持三位老人的生活，又要帮助远在各地的儿女们。为了节约生活上的开销，邓小平开始改喝普通米酒，并且自己制作米酒。他曾向新建县拖拉机修造厂的车间主任陶端缙介绍做酒的方法：“很简单，很好做，我都是自己做。先煮糯米饭，用缸子装起来，放点白糖，然后加点酒药，密封几天就可以喝。”

陶端缙也客气地告诉邓小平：“酒药、糯米，我这里都很容易搞到，您要的时候给我说一声就行。”

邓小平高兴地回答说：“行呀，可以，可以。”

1971年10月1日，照例是政治明星们亮相的日子，可是，身为“副统帅”的林彪竟然没有在任何场合露面。政治敏锐的邓小平，感到此中定有蹊跷。不过，为了谨慎起见，他没有透露过半个字儿。

11月5日上午，突然接到新建县拖拉机修造厂的通知，要邓小平夫妇去厂里同工人一起听传达中央文件。

来到拖拉机修造厂礼堂，那里已经坐了不少人。人们交头接耳，议论纷纷。邓小平挑了比较靠后的一个位子坐了下来。这时，厂党总支书记罗朋发现了他，忙招呼他：“老邓（当时人们习惯这样称呼他），坐前面来，坐前面来，您耳朵不好，坐前面听吧！”

邓小平对党总支书记点点头，算是对他的好意的一种感谢。他走上十来步，坐到了书记所指的靠礼堂前面的第三排位置上。

传达文件开始了，会场顿时静了下来。邓小平把身体坐得笔直，聚精会神地听着。在传达的两个多小时中，他几乎一动也没有动过，仿佛连身体的摆动都会影响和分散自己注意力似的。听完，人们都散去了，邓小平还不肯离去，他把书记叫住了：“罗书记，我还有许多地方听不清楚，能不能让我把文件拿回去仔细看一看。”

“可以，可以。”罗朋和气地顺手把文件递给了邓小平，只是嘱他保存好文件。

当时还在“文化大革命”期间，政治气候变化莫测。邓小平夫妇从早晨出去，临近中午还未回来，这可使他的继母和刚回到身边来的女儿急坏了。好不容易等到中午时分，邓小平和卓琳回来了。虽然由于负责监视他们的人在场，大家都不好说什么，但一看邓小平和卓琳的神色，大家都放心了。卓琳显得很激动，把女儿拉进厨房，用手指在女儿的手心里写了“林彪死了”四个字，女儿又惊又喜，差一点叫出声来。

对邓小平一家来说，这是两年来最欣喜的日子。天渐渐黑下来，邓小平一家聚在“将军楼”的楼上，换上亮度更大的灯泡，使室内充满光明。卓琳也特意炒了几个邓小平喜欢吃的菜，以为庆贺。邓小平高兴地打开了一瓶茅台酒，顿时酒香四溢，更增添了屋内的喜庆气氛。

邓小平举起了酒杯，卓琳、邓小平的继母、女儿的酒杯也高高举起。

邓小平仰起脖子，一饮而尽。只听得那深沉雄浑的声音从胸间迸发出来：

“林彪不死，天理难容！”

1981 年 9 月 14 日，我军历史上规模最大的华北军事大演习在塞外拉开了帷幕。

时任中央军委主席的邓小平身着军装，神采奕奕来到了演习现场。

演习区域内，战机轰鸣，铁甲隆隆，硝烟弥漫，火光冲天，爆音迭起，震耳欲聋。轰炸机泻下一团团炸弹，强击机俯冲发射火箭弹，火箭炮轨迹如天河湍涌，反坦克导弹像长了神眼。

邓小平同其他党政军领导人兴致勃勃，连连鼓掌。当看到我战略预备队在航空兵、炮兵的支援下，对“蓝军”进行气势磅礴的反突击时，邓小平激动地站了起来，连声说：“打得好，打得好！”

邓小平看完演习回到下榻的某军招待所后，仍显得十分高兴，晚上就餐时，他破例允许摆上了白酒，并与演习部队的领导一起干杯，祝贺演习取得圆满成功。

各军区领导都纷纷向邓小平敬酒，但敬酒屡屡失败，均被邓小平的女儿阻拦下来，女儿也是真心实意地为父亲健康着想。见这连连被挡驾，邓小平对全桌发话了：“我能喝，她尽给我捣乱，她不捣乱，我能喝10杯。”

大家立刻欢笑声四起。

同时，大家也知道该怎么办了。用小酒杯，10杯不过3两。

1981年6月邓小平任中央军委主席后，提出必须把人民解放军建设成为一支强大的现代化、正规化的革命军队。同年9月，邓小平在华北某地观看北京部队和空军部队举行的大规模军事演习，检阅陆海空军部队（历史图片）

邓小平逐个与大家干杯，将军们都开怀畅饮起来。

离开工作岗位后，医生及家人考虑邓小平的身体状况，不允许他喝酒。这样，每天晚上邓小平只能喝上两小杯用中药浸泡的补酒。

同毛泽东一样，邓小平也非常喜欢吃辣椒。辣椒几乎成了餐桌上的必备之菜。

据说邓小平在庐山会议期间，生活上有“三爱”的特点，即爱看书、爱吃辣椒、爱打麻将。

1961 年 9 月 15 日夜晚，会议主要议程基本完成了，参加工作会议的中央及各省领导都挤出时间娱乐。邓小平派卓琳和邓楠通知李富春、陶铸、罗瑞卿等老牌友，晚饭后到 267 号别墅“摸砖”。

刚吃完饭，李富春、陶铸、罗瑞卿等就到了，被一一请进会客室。邓小平早已端坐在麻将桌旁，幽默地说：“打麻将，我可不讲啥子客气啰，麻将能使人思想敏锐。先到有奖，先上桌打，来晚了一点，要罚，坐在旁边看。”几句话引得大家哈哈直笑。牌桌上，邓小平常常是稳坐“钓鱼台”，稳操胜券不下“疆场”。夜深人静，卓琳看了一下手表，已经是深夜 11 点钟了，她征求意见说：“我到厨房

邓小平检阅华北军事演习（历史图片）

叫厨师给你们准备点夜宵。”罗瑞卿直爽地说：“我肚子是有点饿了，卓琳，你给我们准备什么好吃的？”卓琳笑答：“每人一碗简单的面条，另烧两碗红烧肉。”有人提议红烧肉里放点糖。

邓小平一边仔细观看桌面上打出的牌，一边说：“我面里什么也不要，但要放辣椒。”邓小平的话语，引起了一阵爽朗的笑声。

卓琳爽快地说：“行！行！都满足你们的要求。”

说罢，她转身去了厨房。

不多时，卓琳帮助厨师端来热气腾腾的面条，外加两小碗红烧肉。

卓琳看到邓小平拌着辣椒吃着面条，脸上不由得露出了微笑。

长寿秘诀：凡事都要乐观些

邓小平是精神健旺的老人。

联邦德国总理科尔访问我国时，对邓小平说：“您看来完全没有变。您的长寿秘诀是什么？”邓小平回答说：“没有秘诀。我一向乐观。”他对人还幽默地说：“天塌下来我也不怕，因为有高个子首先顶着。”

一些外国客人也曾向他请教健康长寿的秘诀，得到的答案是：乐观主义。

他沉稳内向，平时言谈不多，但却富于幽默感。

爱好运动，喜欢打桥牌，酒量也不小。

临危而不惧，遇事而不亢。几十年的革命生涯，使他有着大海一样的坦荡胸襟和山岳般坚强的意志。

当他进入耄耋之年时，仍然是那样精神抖擞，以至于江青在监狱里通过电视收看国庆 35 周年阅兵式后感叹道：邓小平那样健康，真没想到！

翻过 80 岁的生命高峰，这位最有威望的老共产党员正在向更高的目标迈进。

1984年，邓小平会见来访的德意志联邦共和国总理科尔（历史图片）

他脸上皱纹不多，头上黑发不少，而且总是梳理得那么整齐，举止随和，笑容亲切，谈吐实在。

“凡事都要乐观些。”邓小平不仅自己如此，还时常告诫他人。

吴晗是我国著名历史学者，曾任北京市分管文教工作的副市长。在工作之余，他常和邓小平一起打桥牌，彼此熟悉，友谊深厚。邓小平不称他的名字，而叫他教授。1965年，当吴晗听到有人正准备批判他为北京京剧团写的《海瑞罢官》时，思想压力很大。彭真向邓小平反映此事后，邓小平讲：“马连良主演的那个海瑞戏我看过，没啥子错误嘛。有些人总想踩着别人的肩膀往上爬，对别人一知半解，抓着一点辫子，就批半天，好自己出名。我最看不起这种人。你告诉教授，没什么了不起，我们照样打牌！”邓小平还对彭真说：“政治和学术一定要分开，混淆在一起是最危险的。这将会堵塞言路。”随后，在一次打牌中，吴晗有好几次出错了牌，后来竟索性把手中的牌全扔在桌子上，说：“小平同志，今天实在对不起了，我没有一点打牌的心思，我……”邓小平宽慰他说：“教授，别这么长吁短叹的，凡事都要乐观些。怕什么，天还能掉下来么？我今年61岁了，从我参加革命到现在，经历了那么多的风浪，都熬过来了。我的经验无非两条，第一不怕，第二乐观。向远看，向前看，一切问题就都好办了。有我们给你往前顶，你总可以放心了吧？”吴晗的心情平静下来，他们又继续玩起来。

吴晗（1909—1969年），中科院哲学社会科学部学部委员，是现代明史研究的开拓者和奠基者之一，中国现代著名历史学家、社会活动家，因《海瑞罢官》的剧本在“文化大革命”中被迫害致死。死后十年被平反，恢复党籍、名誉（历史图片）

吴晗担心的事终于发生了。1968年3月，公安部部长谢富治以“叛徒”罪名，将吴晗同志逮捕、审查。吴晗在狱中受到惨无人道的摧残，于1969年10月被迫害致死。

粉碎“四人帮”后，不少老同志向中央写信，要求给吴晗尽快做出正确结论。但在“两个凡是”的错误指导思想下，专案组直到1978年2月才做出“吴晗反党反社会主义的问题性质严重”“作人民内部问题处理”的所谓结论。吴晗的亲属拒绝这种“莫须有”的罪名，并立即上书党中央，要求中央重新审查。邓小平作了批示，1979年1月，中共北京市委组织部全部推翻了原专案组关于吴晗的结论。吴晗遭受的覆盆之冤得到平反昭雪，恢复了名誉。

1984年，清华大学师生员工在吴晗75周年诞辰、逝世15周年之际，在学校近春园遗址内荷花池畔修建了一座木结构的吴晗纪念亭，作为永久的

清华园内由邓小平题写的“晗亭”（历史图片）

纪念。吴晗之妹吴浦月给邓小平写信，反映了这一情况，希望邓小平题写亭匾。8 月 3 日，邓小平即题写了“晗亭”二字，由中央办公厅转交清华大学。10 月 27 日，该校为吴晗纪念亭举行落成典礼时，红色帷幕徐徐拉开，“晗亭”两个金色大字呈现在观众的眼前，使大家非常感动。邓小平的题字饱含着他对故人多么深厚的感情啊！

保持乐观主义，是邓小平等老一辈无产阶级革命家世界观、人生观的体现。邓小平在任何情况下，都能够坚持锻炼身体，能够乐观、豁达，是因为他的生命是属于党、属于国家、属于人民的。

这就是邓小平的长寿之道。

最喜欢《史记》，百读不厌

作为妻子，卓琳非常了解邓小平的生活习惯和爱好。邓小平有“三爱”，即爱看书，看马克思、列宁著作，中国历史经典书籍和中外文学名著；

爱吃辣椒，连汤里也要放辣椒；爱打麻将牌、桥牌。因此，卓琳平时很注意收集、借阅邓小平喜欢看的书籍；餐桌上，她总是给邓小平摆上一瓶爱吃的辣椒；有机会时，她则帮助摆开“战场”，邀请嘉宾，在住处玩一玩麻将牌、桥牌。

邓小平酷爱读书。

他 5 岁开始读书，先入私塾发蒙，7 岁转入新式小学，高小毕业后考入中学。他学习勤奋、刻苦努力。无论寒冬酷暑，道路泥泞，从不间断一次课。因而，他总是班里学习成绩最优秀的学生。据说，邓小平少年时代聪颖过人，书读三遍即可背诵。

然而，动荡的岁月和多变的社会，迫使邓小平不能“一心只读圣贤书”。16 岁那年，邓小平踏上留法勤工俭学的旅途。初到异国土地，遇到的第一个问题就是语言不通，无法与人交流。为攻克语言关，邓小平付出了极大的努力：清晨，在茂密的法国梧桐树下经常出现他手捧书本，轻声朗读法语的身影；白天，他前往巴黎公学补习法语；夜晚，利用做工的时间着意倾听法国人之间的谈话。由于一天到晚生活在法国人中间，有较好的语言环境并且有较大的压力，特别是由于有刻苦、用功的学习态度，在不长的时间之内，邓小平的法语水平有了明显的提高。自熟练地掌握了法语之后，邓小平很快地适应了在法国的学习生活。

22 岁的时候，经组织安排，邓小平来到十月革命的故乡——苏联，进入莫斯科中山大学，开始系统学习马克思主义理论。在这里，他充分利用良好的学习条件，阅读了大量的马克思、列宁的书籍，系统学习了中国革命运动史、通史、马克思主义哲学、马克思主义政治经济学、经济地理、列宁主义等重要课程。邓小平读书认真，钻研刻苦，政治理论素质提高得很快。他经常参加一些自由辩论或学生讨论会，以增强自己的论辩能力。参加辩论时，邓小平力求语言简朴有力，切中要害，常驳得对方理屈词穷，无言可对。因而，被同学们称为“小钢炮”。在莫斯科的学习生活，奠定了邓小平的马克思主义理论基础。

邓小平早年的读书经历，给他后来的革命活动和生活带来了巨大帮助和精神安慰。

从苏联回国后，在战争岁月中，邓小平的工作虽然很繁忙，但仍然抽空读书，并且帮助身边的工作人员提高文化素质。为参加培训革命骨干训练班的讲课工作，邓小平在油灯下熬夜编写教材。讲课时，他深入浅出，循循善诱，常采用启发式教学方法，使课堂生动活泼，很受学员们欢迎。

邓小平对书有着特别的感情。打仗行军时，组织上分配给他的马，他舍不得骑，却把书和文具驮在马背上，自己宁可步行。

抓紧时间读书，是邓小平在战争年代的一大爱好。1946 年 4 月的一天，下级干部曾克来到邓小平的住处，向邓小平、刘伯承、张际春等上级领导汇报工作。曾克进屋后，邓小平离开桌子同他打招呼。然后，走到门外让警卫员去请刘伯承和张际春副政委。曾克注意到，在屋里靠近窗旁的一张方桌上堆满了书和杂志，一本打开的外文书摆在桌子的正中间，看得出来，自己刚进来的时候，邓小平才把书放下。曾克为无意中打扰了邓小平读书而感到不安。刘伯承、张际春来到后，曾克忙从书包里拿出晋冀鲁豫边区创办的综合性的文化刊物——《北方杂志》给他们看。刘伯承、邓小平看后十分满意。此后，这本杂志经常摆放在邓小平的书桌上。

随着岁月的流逝，邓小平对读书有了更深刻的理解。读书，不仅能增长知识，还能给人以精神寄托。

1969 年，邓小平被下放到江西监管劳动。经过批准，他把自己在北京的书逐步运往江西。每天劳动之余就伏案读书，有时一直读到深夜。这个时期，他最喜欢的是《史记》这部书，几乎百读不厌。

1970 年的一天，报纸上登载出人民文学出版社即将出版一批古典名著的消息，这对当时文化生活处于饥渴状态的中国人来说无疑是一个福音。身在江西一隅的邓小平也看到了这则令人高兴的消息。他找到江西省革命委员会核心小组办公室的秘书赵子昌，请他代为购买这批书籍。赵子昌跑了很多地方，终于将全套《三国演义》《红楼梦》《水浒》《西游记》共 11 本买了回来。邓小平接到这四套古典名著，非常高兴，抚卷凝思，别有一种感情充溢在心中。四套新书散发着油墨的芳香，在邓小平最困难的时候，给他以精神安慰，给他单调的生活增加了色彩。

邓小平的女儿毛毛熟知父亲读书的爱好，她后来在文章中这样回忆道："在那谪居的日子里，父母抓住时机，勤于攻读，特别是父亲，每日都读至深夜。那几年之中，他们读了大量的马列著作，读了《二十四史》以及古今中外的其他书籍。对他们来说，能有时间如此坐下来读书，确也是难得的机会。我们到江西探亲时，父亲常给我们讲一些历史典故，有时还出题考我们，母亲也时常给我们讲述、议论一些书中精辟之处。在读书中，他们抚古思今，受益不浅。我父亲为人性格内向，沉稳寡言，50 多年的革命生涯，使他养成了临危不惧、遇喜不亢的作风，特别是在对待个人命运上，相当达观。在逆境之中，他善于用乐观主义精神对待一切，并用一些实际的工作来

邓小平读报（历史图片）

调节生活，从不感到空虚与彷徨。在江西那段时间，他就主要用劳动和读书来充实生活，陶冶精神。”

在邓小平的革命斗争生涯中有两位书友：一个是毛泽东，博古通今，谈吐中用典贴切，妙趣横生，意境深远；另一个是刘伯承，对知识孜孜以求，戎马倥偬仍书不离手。邓小平也是博览群书，学而不厌。进城以后，每天上午 9 时至 10 时许，他都会在书房读报，或听秘书读国内外报刊新闻摘要，每当听到一些有兴趣的新闻时，他会叫秘书重读一遍。在读书看报中，邓小平掌握了丰富的知识和国际、国内的大量信息，这无疑是他聪慧睿智的一个重要原因。

自 1990 年 3 月，完全离开党和国家的领导岗位，正式离休以后，邓小平心里仍时刻挂念、关注着祖国的前途和命运。每天在家中，他最主要的事就是读书看报。这成为他了解和掌握国际、国内动态的重要渠道之一。

邓小平的读书生活对他的革命生涯和日常生活产生了重要影响，也为之增添了不少情趣。

趣闻逸事

赫鲁晓夫：我要亲自与邓小平谈，他是一个很厉害的人

20 世纪 60 年代的第一个夏天，中共中央总书记邓小平和苏共中央第一书记赫鲁晓夫继苏共二十大后，再次于苏联首都莫斯科进行唇枪舌剑的斗争。

历史真是有趣，毛泽东向赫鲁晓夫介绍过邓小平，早就给赫鲁晓夫留下过“此人厉害”的深刻印象。

1957年十月革命节期间，毛泽东访问苏联。席间，毛泽东突然用庄重的口吻对赫鲁晓夫说："我准备辞去国家主席的职务了。"

"谁将接替呢？"

赫鲁晓夫问了一句，他对此并不感到意外，因为半年前伏罗希洛夫已经带回了这个信息。

"我们党里有几位同志，他们都不比我差，完全有条件。"毛泽东边说边扳动手指，如数家珍："有刘少奇、邓小平、周恩来……"

毛泽东认真地向赫鲁晓夫介绍起来："第一个是刘少奇。这个人在北京和保定参加了五四运动，后来到你们这里学习。1921年转入共产党，无论能力、经验还是声望，都完全具备条件了。他的长处是政治上坚定，原则性很强，弱点是灵活性不够。"

"那第二个是谁呢？"赫鲁晓夫显然对第二个人更有兴趣。

"第二个就是邓小平了。"毛泽东扳了一个指头，胸有成竹地说："这个人不简单，既有原则性，又有灵活性，是个难得的人才呢。"

"唔，是的！是的！"赫鲁晓夫自言自

1958年，赫鲁晓夫第二次访华，毛泽东去机场迎接他（历史图片）

语地说。

“你和他打过交道的。”毛泽东点了一句。

“是呀！”赫鲁晓夫又点了点头，说，“我也感到这个人很厉害啊。”

毛泽东一听，笑了，笑得很自信很自豪。因为他了解在1956年处理匈牙利事件中，赫鲁晓夫与邓小平打过交道，领教过邓小平的能力。

毛泽东又补充了一句，意味深长地对赫鲁晓夫说：“希望你们今后把他们像对我一样来接待。”

1960年的夏天，中苏之间的分歧与争论已公开化了。经过1958年和1959年的两次来华，赫鲁晓夫终于明白以毛泽东为首的中国共产党是绝不会跟着他的指挥棒转动的。他们开始把两党之间意识形态上的分歧扩大到国家关系上，撕毁合同、撤走专家、停止建设项目，使中国蒙受了经济上的巨大损失。但以毛泽东为代表的中国共产党人并没有被吓倒，反而更加坚定地奉行着自己独立自主的方针，与之坚决斗争。

6月21日，在罗马尼亚布加勒斯特召开的各国共产党、工人党会议上，以赫鲁晓夫为团长的苏共代表团突然向各兄弟党代表团散发了苏共中央致中共中央的一份“通知”，对中共代表团发起了突然的袭击。

这份通知称：“列宁主义若干原则已经过时了”，同时对中共代表团大加指责，指责“中国共产党是教条主义……”

这次会议本来是为11月将在莫斯科召开的全世界共产党、工人党会议做准备的，但苏共的举动给即将召开的莫斯科世界共产党、工人党会议蒙上了一层阴影，也预示着中共代表将会在莫斯科11月的会议上面临一场更严峻的风浪。

布加勒斯特会议后，中共中央认真地研究了国际政治形势的发展变化，并与苏共中央多次信件往来，还广泛听取了其他兄弟党的意见，最后同意由26国党的起草委员会10月先在莫斯科共同协商，起草一个会议文件，然后再来召开世界共产党和工人党代表大会。

赴苏参加 26 国党的起草委员会，这副担子的压力是不轻的，要在当时复杂的国际政治背景下既坚定又灵活地执行中国共产党人的正确主张，非得挑选一位智勇双全的帅才不可。

在政治局会议上，毛泽东提议由邓小平来“挂这个帅”，得到了中央的一致赞同。

9 月下旬的一天，56 岁的邓小平来到了钓鱼台，他看望了正在这里进行紧张准备工作的代表团全体成员，再次逐件落实了出发前的各项事情。

看着自己的团长那种认真的劲头，有同志笑着对他说：“小平同志，你对毛主席讲，要他放心，那我们也对您讲，请您也放心。”

邓小平点点头，笑了，说：“要得！只要能叫大家都放心就是好事情嘛。”看着人全到齐了，于是开始了他临行前的动员讲话：“同志们，我们这次参加 26 国党的起草委员会担子不轻，意义重大。我们要从世界大局出发，要维护国际共运的团结，要维护中苏之间的团结，这是我们的前提……”

大家都在认真地听着、记着。

邓小平接着有力地挥着手势，进一步说：“但是，我们在原则问题上绝不能让步！一定要把主要的问题实质和分歧阐明，表明中国共产党人的观点。要反对赫鲁晓夫将苏共一家的观点强加于人的错误做法。总之，要争取有理、有利、有节，让兄弟党的同志了解我们的看法和观点。”

中共中央代表团到达莫斯科后，受到的接待是高规格的，这大概是赫鲁晓夫记住了毛泽东在三年前与他谈到邓小平时说的“希望你们今后把他像对我一样的来接待”那句话。

莫斯科列宁山的苏共中央别墅是专门接待苏共领导人和外国最高级别代表团用的，邓小平率领的中国代表团就下榻在这里。

苏共中央安排的这次接待是细致精心的、高规格的，服务人员一律经过认真挑选，接待工作十分热情友好。为了保证邓小平和中国代表团的绝对安全，整个列宁山布下了几道警戒线，别墅周围一天 24 小时都有苏方配备的专门警卫人员在执勤。一次，我方人员由于没有事先与苏方打招呼独自驱车去中国大使馆办事，顿时整个列宁山别墅都惊动了，保卫人员和工作人员又打电话又四下查寻，唯恐中国代表团出了问题。事后，他们对中方说：“邓小平总书记是我们中央请来的主宾，中央对我们有命令，我们要用头来保证他的安全。保卫工作一旦跟不上，我们要负政治责任的。”

邓小平的活动与中国代表团主要的工作地点都是在我方驻苏大使馆内开展，我方每天去使馆工作，苏方都要派专门的警车为我方开路护送，可谓是天天浩浩荡荡，享受着元首级的国宾待遇。

在邓小平还没有到达莫斯科之前，赫鲁晓夫就在克里姆林宫里主持了好几次会议，与苏联的最高层领导研究与邓小平谈话的内容。

会上，赫鲁晓夫不止一次地站起身来说：“我要亲自与邓小平谈，他是一个很厉害的人，不过我不会怕他的。他是总书记，我还是第一书记嘛……”

邓小平和赫鲁晓夫的正面交锋，从中国共产党代表团一到莫斯科的当天，就开始了。

交锋，从欢迎国宴上拉开了序幕。

苏共中央为中共代表团举行的第一次欢迎宴会安排在叶卡捷琳娜大厅。当晚，大厅内一派灯火辉煌，偌大的水晶吊灯透射出明亮的光线，把镶着大理石的地面照得反光耀眼。

在俄罗斯音乐的旋律和热烈的掌声中，邓小平和代表团的同志们走进了叶卡捷琳娜大厅。他步伐稳健，神态自若地与等候在大厅前的赫鲁晓夫等苏共领导人一一握手，脸上微微带着笑容，神态中充满了自信和坦荡。

赫鲁晓夫和苏共中央主席团的全体成员都参加了这次欢迎宴会。他们依次而立，神情各异，但大都保持着一种严肃的表情，当邓小平与他们一一握手时，他们只是礼节性地笑了一下，随即又恢复了严肃的神态。

赫鲁晓夫陪着邓小平一起来到主宾席前就座，记者们纷纷围上前去拍照。面对众多不停闪亮的照相机镜头，邓小平显得从容大度、坦坦荡荡，而赫鲁晓夫却始终保持着一种令人捉摸不透的微笑。

几次敬酒刚刚过去，赫鲁晓夫就开始了他的挑战：“邓小平同志，阿尔巴尼亚劳动党那个霍查老爱自搞一套，弄得国际共产主义运动总是不团结，中国应该有个态度才对。”

他的这席话很显然是从阿尔巴尼亚入手，影射攻击中国共产党。

邓小平放下酒杯，直率但又诚恳地对赫鲁晓夫说：“赫鲁晓夫同志，阿尔巴尼亚劳动党是个小党，但他们能够坚持独立自主的方针，你应该好好地尊重人家才对，不应该随便向他们施加压力。”

“可他们总和我们过不去。”

“在这一点上我们中国共产党与你们有不同的看法。”

“这不仅仅是苏共和中共之间的分歧问题呀！”赫鲁晓夫脖子红了，声音也大了，“他们拿了我们的金子和粮食，可是反过来还骂我们，说我们是想控制他们，也太不像话了。”

“赫鲁晓夫同志，”邓小平语调不高，“我们一向认为援助是为了实行无产阶级的国际主义义务，而不是为了干涉和控制别人。再说你援助了人家，人家也援助过你嘛！”

“这——”赫鲁晓夫一下子语塞了，涨红着脸半天说不出一句话来。邓小平的这些话打中了他的要害。正是在他的旨意下，苏联刚刚单方面背信弃义地全面撕毁了对中国的援助合同，撤走了专家，中断了几百个正在建设中的大型项目，这种国际交往上罕见的不守信用，已经严重地伤害了中国人民的感情……

赫鲁晓夫不再谈援助了，不再谈阿尔巴尼亚的事了，他直接把矛头对准了面前的客人发难。

“邓小平同志，你们中国共产党为什么在斯大林的问题上态度那么前后不一致呢？”赫鲁晓夫的粗暴性格现在又展现出来了。

邓小平显然不买他的账，很干脆地回答说：“不对！我们的态度是一贯的。”

“不！你们开始赞成我们，后来却又在反对我们。”

“赞成什么？反对什么？这个原则问题是要说清楚的哟。反对搞个人迷信我们过去赞成，现在赞成。在我们党的八大上，对这个问题早有明确态度，刘少奇同志向你们的尤金大使讲明了我们党的态度，你问问米高扬同志，他到北京来时，我们对他讲过没有？”

邓小平随即把目光落在一旁的米高扬身上，这位苏联领导人有些不自然地与赫鲁晓夫对视了一眼，忙调开了目光，端起杯子给别人敬酒去了。

赫鲁晓夫气得用手拍打了一下桌子：“对斯大林的问题，我们是不能让步的，他是犯下了罪的……”

“不应这样一概而论！赫鲁晓夫同志，我们赞成反对搞个人迷信。斯大林的功绩和错误怎样看待，这不仅关系苏联国内，也关系到整个国际共运。斯大林的错误当然要批评，但成绩也一定要肯定，我们反对的是全盘否定。”

“你知不知道？我们苏共比任何人对个人迷信的体会都更深切，我们受害也最深。”

“个人迷信要批判，但对斯大林不能全盘否定。尤其不允许借反对个人迷信来攻击其他的兄弟党。”

邓小平毫不含糊，把气势汹汹的赫鲁晓夫弄得只有招架之功，无还手之力了。

大厅里乐曲声还在回荡，宴会进行到一半时间了。赫鲁晓夫用指头轻轻弹了弹酒杯，突然他的思维又跳到了另一个问题上，他脖子一直，说道：“你知道的。高岗是我们的一位好朋友，可你们中央却清除了他，这就是对我们的不友好。但高岗仍然是我们的朋友。”

“这可是你说的啊！”邓小平的语调一下子变得严厉起来，他抓住赫鲁晓夫这句话里的轻率和不负责任，庄重地说：“今天我们都要把你的这个讲话记录在案的。”

赫鲁晓夫旁边的苏共中央几位领导都不约而同地投来一种极不自然的目光。但这位说话往往不计后果的苏共中央第一书记话锋一转，思维又跳到了另外的一边了……

“邓小平同志，你们不是喜欢莫洛托夫吗？你们把他拿去好了，我们把他给你们。但高岗是我们的朋友。”

“赫鲁晓夫同志，你怎么可以讲出这样的话来呢？”

“你们喜欢的人，我们就给你们，这难道不好吗？”

“荒唐！简直是无稽之谈。”邓小平觉得没必要多谈下去了。

可赫鲁晓夫似乎还觉得语犹未尽，当他还想同邓小平纠缠不休的时候，几位苏共领导人也认为实在太失脸面，忙纷纷站起身端着酒杯上前来为他们的第一书记找台阶下。一阵碰杯和寒暄之后，赫鲁晓夫才把话题转向了别的事件上……

两天后，苏共中央再次举行欢迎宴会，这次是为迎接 26 国兄弟党的代表团来莫斯科赴会。

在辉煌的大厅内不断响起阵阵的碰杯声中，赫鲁晓夫借敬酒的时机，向中共代表团的康生发起了攻击。

“现在我们在关于国际共产主义运动的许多看法上，与中国同志有分歧。根据中国发表的《列宁主义万岁》这篇文章来看，我们说，中国有许多错误的观点。”赫鲁晓夫说到这儿，用眼角瞟了邓小平一眼，见邓小平似乎很坦然地在听着，他便继续对康生说：“听说这些文章都是出自你的手笔。”

康生刚要说什么，只见邓小平不紧不慢地端着杯子走过来，对赫鲁晓夫说：“赫鲁晓夫同志，关于对国际共产主义运动的看法，是当前各国兄弟党都面临的重要问题。各党都可以有自己的看法，不能以你画线。”

“这种观点我不能接受。”赫鲁晓夫显然又冲动起来了，“你们说社会主义阵营要以苏联为首，但我方提出的意见，你们并不接受。”

“可我们也从没有强迫要求你们接受我们的观点呀！”

“邓小平同志，苏美戴维营会谈你们就唱了反调。”

“我们是唱了反调！”康生冷冷地接过话来说，“没有中国参加签字，你们签字的任何条约对中国都没有约束力的。”

“为首为首，我们为首不是只能出面召集一下会议，这样的为首我们不当了——”赫鲁晓夫脖子又涨红了起来。

“为首也不是老子党，可以随便发号施令，任意规定别的党怎么做。”邓小平显得沉着镇定，与赫鲁晓夫的激动形成了鲜明的对比。

听着主宾席上中苏两党的领导这番唇枪舌剑，在座的各国代表神情各异，没有一人插话，大概他们谁也没想到赫鲁晓夫会在今天这样的场合公开向中共宣战……

赫鲁晓夫放下酒杯，用手巾揩揩嘴角，避开了邓小平那犀利的目光，转开起身端起了一杯白兰地，大声说道：“算了算了，不争了，还是让我们互祝身体健康吧。干杯——”

“干杯——”

调节气氛，讲述“兔子吃鸡”的掌故

1960 年 10 月在莫斯科，26 国党的起草委员会上，中苏两党代表团的成员经常针锋相对，激烈争论，气氛是相当紧张的。

但在紧张激烈的交锋中，邓小平始终是泰然自若，举重若轻。他只要一走出会议室，便谈笑风生。代表团成员在大使馆里吃饭，也常常是笑语不断，轻松活泼。

苏斯洛夫是苏共中央主席团成员，瘦高个子，架一副眼镜，喜欢戴一顶圆形列宁帽。说话比较稳重，很注意逻辑性。

在一次会议中，苏斯洛夫对邓小平说：“苏联专家在中国已经很难开展工作，你们的气氛，使他们无法工作。”他用左手拇指触触眼镜框的下沿，瞥一眼邓小平，再继续盯住自己的两只手，不紧不慢地说，“比如你们的大跃进，搞什么拔白旗。重庆发电厂的苏联专家也被你们送来了一面白旗。可见你们对我们的专家的态度已使得他们无法工作。撤走专家的责任并不在我们，恰恰是你们的做法造成的……”

米哈伊尔·安德烈耶维奇·苏斯洛夫（1902—1982年），苏联共产党和苏维埃国家、国际共产主义运动杰出的活动家（历史图片）

当时，会议发言一般都是按顺序进行，你讲一段，我讲一段。中共代表团一般都是后发言。当苏斯洛夫说出这番话后，在场的多数中方人员不由得一愣。邓小平却十分沉着。他暗示中方翻译李越然立即给国内挂电话，对上述情况进行核实。然后，他有礼貌地继续听苏斯洛夫的发言。

当李越然赶来把向国内核实的情况悄悄地做了详细汇报后，邓小平不动声色地点了点头。

轮到邓小平发言了。他双臂放在桌面上，左手指头夹着的香烟还在悠然地冒着白烟，目光在各国党的代表的身上缓缓掠过。

“苏斯洛夫同志讲我们给苏联专家送了白旗，所以苏联才撤走了专家。我们核实了。确实送了一面‘白旗’。是用白色锦缎做底，镶有金边，上面精心绣了八个红字：真诚友谊，无私援助。”说到这里，邓小平停顿了一下，嘴角露出一丝浅笑。同时，他又一次将目光缓缓掠过表情各异的各国党的代表们，最后，目光停留在苏斯洛夫身上，笑容也消失了。

苏斯洛夫听完邓小平这番话，刚才的沉稳和自信一扫而光。他头也不抬，只把眉毛做遗憾状地耸了耸，两手交替搓着有些不自在。

“可见，苏斯洛夫同志，”邓小平的声音比刚才更为低沉缓慢，因而也显得更有分量，“你掌握的情况与事实有何等大的距离！”

苏斯洛夫此时的表情十分尴尬。他喃喃地说：“这种枝节问题不值得纠缠。”

“那么，到底为了什么撤走专家呢？你们撤专家，我们一再挽留，因为涉及我国各重要经济部门。你们片面撕毁合同到底要达到一个什么目的？”邓小平的双眼射出锐利的光芒，苏斯洛夫无言以对，因为就在两个多月前的 7 月 16 日，苏联政府撕毁了同中国政府签订的几百个合同，并通知中国政府，自 1960 年 7 月 28 日到 9 月 1 日，撤走全部在华的苏联专家，并且终止全部图纸、计划和资料，停止供应中国建设急需的重要设备，大量减少成套设备和各种设备中的关键部件的供应，使中国 250 多个大中型企业和事业单位的建设处于停顿、半停顿状态。这种做法且不论在道义上和政治上应当承担何种责任，就是从国际法上讲也是不允许的。苏斯洛夫深知此举会影响苏联在国际上的声誉，因此，为了替苏联方面开脱，他在这次谈判一开始便举出了给苏联专家送“白旗”的例子，想先发制人，以挽回苏联的声誉，没想到被邓小平抓住了把柄，使苏方陷入极为被动的境地。

有一天，在激烈的争论之后，中共代表团成员回到大使馆的饭厅吃饭，大家一时话不多。这时，邓小平忽然招呼刘晓大使的夫人张毅，笑着问：“张毅啊，你是江西人，你知道‘兔子吃鸡’这个掌故吗？”

“什么，兔子吃鸡？兔——子？”张毅以为听错了。

“对，兔子吃鸡。”

“哎呀，小平同志，我只听说过黄鼠狼吃鸡，可从来还没听说过兔子会吃鸡。”张毅欲忍住笑却又忍不住，鼓着嘴巴摇头，“而且还有什么掌故？”

“当然有掌故，此事发生在30年代。”邓小平含笑望望大家。大家不由得也都急切地望着他，等着听下文。

“你们谁知道？不知道我就告诉你们，这事出在陆定一身上……”

“是在延安吗？”有人问。

“是在延安。但不是在延安养兔子，是有一次在延安做报告，谈到托洛茨基什么什么的，他那个无锡话就糟了。说来说去总是‘兔子吃鸡’。我们有些同志听完报告，总是不相信兔子吃鸡，就像张毅现在一样，边出会场边四处打问：‘兔子吃鸡’怎么回事？没听说过兔子还会吃鸡呀……”

饭厅里早已笑成一片，会议争论时留下的紧张气氛被笑声一扫而光，大家的胃口立刻好起来。

那时，许多兄弟党的代表在会议上都是用俄语发言，并且是看着苏方的眼色行事，在发言中谴责阿尔巴尼亚劳动党，指责中国共产党。这其中就有一位伊拉克共产党的代表巴格达什。但这位代表俄语讲得蹩脚，学着苏联的腔调指责中国共产党时，常常洋相百出，人们听过他的话后总是忍俊不禁。

一天到了吃饭时，邓小平知道翻译李越然善于模仿别人讲话，过去就曾模仿过薄一波讲话，于是提议：“小李，你给大家出个洋相，学学巴格达什讲话。”

于是，李越然便模仿巴格达什的腔调和表情即席表演，引得哄堂大笑。

在26国党的起草委员会开会期间，中共代表团的成员都感到，尽管会上的争论紧张激烈，但会后，尤其是大家在一起吃饭时，邓小平非常善于调节紧张的气氛，往往他的一个笑语、一句玩笑，就会使大家从紧张的情绪中解脱出来。会议期间，大家的生活有张有弛，工作效率也很高，从而圆满地完成了任务。

签订《中日和平友好条约》

晚秋的东京，是红叶绚烂的时节。

1978年10月22日，一架尾翼上有红色五角星徽记的中国专机在东京羽田机场徐徐降落。

舷梯停靠后，早已等候在机场的日本外相园田直突然改变原定在舷梯下迎接来宾的计划，以礼宾官员猝不及防的速度急步奔入了机舱。

享受这一破格欢迎的贵宾，是中共中央副主席、国务院副总理邓小平及夫人卓琳。他们此行的目的，是对日本进行正式友好访问，并出席互换《中日和平友好条约》批准书仪式。

10月的东京，正是秋高气爽、枫叶流丹的季节，坐落在市区中心的赤坂迎宾馆附近的街道两旁，悬挂着中日两国国旗。

在机舱内，邓小平没等园田直开口，就满面笑容地握着他的手说："我还是来了嘛！"园田直也致"欢迎辞"说："您给我们带来了难得的艳阳天。"

园田直这话是故意说的。8月8日，园田直为缔结《中日和平友好条约》飞抵北京时，正逢这里久旱之后一场瓢泼大雨，前来迎接的黄华外长一语双关地对他说："你给我们带了雨来，太感谢了。"邓小平笑了，跟着园田直步出舱门。邓小平同前来迎接的有关人员一一握手，然后在园田直和日本驻华大使佐藤正二的陪同下，乘车前往赤坂迎宾馆。

到达迎宾馆后，邓小平流露出的第一个感觉就是："这里好比是缩小的法国凡尔赛宫嘛！"赤坂迎宾馆本是天皇的离宫，1968年到1974年照巴黎凡尔赛宫的模式，改建为富丽堂皇的国宾馆，专门接待来访的各国元首或政府首脑。日本前首相田中角荣1972年9月访问中国谈判日中邦交正常化时曾经表示，待这一国宾馆改建后，希望周恩来总理能够成为这里的第一位客人。周

1978年10月，邓小平应邀访问日本，出席《中日和平友好条约》批准书互换仪式。图为邓小平抵达东京时，在日本首相福田赳夫的陪同下检阅仪仗队（历史图片）

恩来表示，只要中日之间缔结了和平友好条约，他一定去日本访问。

然而，由于多种因素的制约，从 1974 年年底就已开始的中日和平友好条约的谈判，直到 1978 年才有最后的结果。1978 年 8 月 12 日，中国外长黄华和日本外相园田直终于在北京人民大会堂签署了《中日和平友好条约》。在《中日和平友好条约》正式生效的具有历史意义的时刻，邓小平作为第一位中国国家领导人来日本访问，实现了周恩来的遗愿。

23 日上午，日本首相福田赳夫在国宾馆举行盛大仪式，欢迎邓小平一行。迎宾馆前的庭院里，百花争艳，秋色迷人。

9 点半，邓小平和夫人在佐藤的陪同下来到了正面门厅。身穿深灰色中山服的邓小平神采奕奕，丝毫看不出有旅行的疲劳。

这天，东京的天空阴沉沉的，时而从云隙中透出微弱的阳光。但欢迎仪式结束时，天空顿时晴朗，秋天的阳光洒满大地。天气的这种变化，使双方人士都非常高兴，认为这是中日友好前景光明的象征。

10点左右，邓小平在安倍官房长官的引导下，前往首相官邸，对福田首相作礼节性拜访。

福田先生在一楼的吸烟室接待了邓小平。

“昨晚休息得好吗？”福田开口问。

“因为没有时差，休息得好。谢谢。”

两人随即肩并肩地来到二楼首相办公室，进行了大约30分钟的恳谈。

稍事寒暄，邓小平便从容地从口袋里掏出一包“熊猫”牌香烟，按中国的礼节递给在座的每人一支。这样一来，气氛立即变得轻松起来。

邓小平首先对日本的邀请表示感谢。他说：“多年来一直希望访问东京，这一天终于到来了。早就想认识福田首相，这个愿望实现了，我感到高兴。”

接着，两人谈到了缔结《中日和平友好条约》的经历、波折和困难。

当福田表示自己只了解战争前的中国，希望有一天能得到访华的机会时，邓小平掐灭烟头，侧一下身子，回答说：我感觉不到这是第一次会见福田首相。听说日本把坦率的会见叫作“披浴巾”。我愿意代表中国政府以及中国人民，邀请福田首相去中国。任何方便的时候，都欢迎。对此，福田表示“一定要访问中国”。

恳谈中，福田在谈到中国的汉字简化时不无得意地说：“我的名字中的‘赳’字就是取自《诗经》。”邓小平紧接着说：“省略那么多，我也不明白。”随即同在座的人一起大笑起来。

10点半，在首相官邸一楼大厅举行了《中日和平友好条约》批准书换文仪式。

这时，福田率先举起斟满了香槟酒的酒杯，表示祝贺。

邓小平也马上推开座椅，举杯走到右边的福田面前，说：“为天皇陛下，为福田首相阁下、为日本朋友们的健康干杯。”

在场的日方人员听到邓小平对天皇的祝愿个个笑逐颜开。

接着，邓小平放下酒杯，再次走到福田跟前同他拥抱。福田近来虽是在人面前自称“外交家”，但显然对共产党国家领导人的这一举动缺乏思想准备，因此表现得有些慌乱，姿势也颇为僵硬。站在一旁同黄华握手的园田大概正在为首相的形象担心，他更没料到邓小平会随即过来同自己拥抱，结果，由于一时反应不过来，弄得十分狼狈。

1978年10月23日晚，日本首相福田赳夫在首相官邸举行宴会，欢迎邓小平一行（历史图片）

由于互换《中日和平友好条约》批准书已在上午结束，所以晚宴始终是在无拘无束的气氛中进行。鉴于邓小平等中国客人都穿着整齐的中山装，包括福田首相在内的日方出席者只得穿着在正式晚宴中很少穿的西服便装。在两国人民喜爱的歌曲《樱花樱花》和《洪湖水浪打浪》的乐曲伴奏声中，吃的是“黄油炸鲅鱼”等纯法国式饭菜，到处谈笑风生，充满着亲切友好的气氛。

邓小平访日，“过去的事情就让它过去”

在日本访问期间，邓小平还前往皇宫，在正殿行厅拜会了天皇夫妇。这是中国领导人在第二次世界大战后第一次会见天皇，因此日方人士对这次会见颇为提心吊胆，生怕邓小平会代表全中国人民当面追究天皇在日本侵华战争中的责任。

然而，会见出乎意料的愉快和轻松。

1978 年 10 月 23 日中午，身穿西服的裕仁天皇首先伸出手去同邓小平及其夫人握手，说："热烈欢迎，能够见到你们，很高兴。"

邓小平接过话头，微笑着说："感谢贵国的邀请。"

随后，天皇把皇后向中国客人作了介绍。天皇和邓小平相对而坐，皇后与卓琳并肩坐在一张沙发上。

天皇首先开口说："你在百忙中不辞远道到日本来，尤其是《日中和平友好条约》签订了，还交换了批准书，我非常高兴。"

邓小平回答说："《中日和平友好条约》可能具有出乎我们预料的深远意义。过去的事情就让它过去，我们今后要积极向前看，从各个方面建立和发

1978年10月23日，邓小平和夫人卓琳在日本皇宫与裕仁天皇和皇后良子会见（历史图片）

展两国的和平友好关系。”

天皇可能从邓小平这诚恳坦率的话语中受到了触动，他松了口气，话也开始多了起来。

“在两国悠久的历史中，虽然其间一度发生过不幸的事情，但正如您所说，那已成为过去。两国之间缔结了和平友好条约，这实在是件好事情。今后，两国要永远和平友好下去。”

这话是天皇离开讲稿所作的“临场发挥”。通常，天皇会见外宾时，日本外务省都要同宫内厅商拟一个简单的讲话提纲，以防初次见面讲话错误而造成失礼。在天皇访问联邦德国和美国时，外务省和宫内厅拟就的讲稿中有对战争感到痛心的话。这次接待邓小平来访，讲稿中虽然没有写有关战争责任的话，但对每一个有良知的日本人来讲，战争责任问题都是客观存在的事实。就中日关系而言，天皇的脑海里一直萦绕着战争责任问题，因此才有可能在邓小平的触动之下，一气讲出原稿上没有提纲上也没有的心里话来。共同社说：“陛下在首次会见中国最高领导人时使用‘不幸的事情’这一措辞，是从天皇的战争责任这个角度，间接向中国人民表明谢罪之意。”

邓小平点点头：“一点不错，我赞成。”

“您身体很好啊。”

“我 74 岁，听说陛下比我稍大一点，身体却很好。这最要紧。”

皇后插话说：“北京很美吧？”

“北京还有各种各样的问题，现在正在加紧进行改造。”

“东京也有公害问题。”天皇说。

“看天空，好像在逐渐好起来嘛。北京可差远了。”

尔后，两人又从城市问题谈及植物和历史，越谈越热烈。

会见结束时，天皇和皇后把一张署名的照片和一对银花瓶赠送给邓小平和夫人，中方回赠了一幅画着驴子的水墨画卷和彩色的刺绣屏风。

午餐会是在皇宫内的丰明殿举行的。这里的装饰和布置富丽堂皇，32 只冕形灯发射出朵朵“彩云”，乍一看去，恍若仙境。

大概是考虑到邓小平曾留学法国，宴会上的菜全是宫内厅大膳科最拿手的法国菜。为了适合中国人的口味，还在汤里加了燕窝。日方还打听到中国人爱吃鸡肉，因此宴会上的肉全是味道鲜美、特色各异的鸡肉。这些都表明，皇宫为了准备这次宴会是作了周密思考的。

宴会桌上，摆设了紫红和黄色菊花、粉红色小菊花和白兰花。饭桌两边，各放了一只插满了满天星、白菊、黄菊和百合的大花瓶。

在宫内雅乐和《越天乐》《五棠乐急》等轻快优美的乐曲声中，邓小平和天皇、皇太子及福田等人频频举杯，互祝健康。当邓小平说要“子子孙孙、世世代代友好”时，天皇马上接过话头说：“日中两国建立起这样的友好关系，这在历史上是第一次。要永远继续下去。”后来，据一位侍从说，他是第一次看到天皇陛下心情这样愉快。福田首相也非常高兴，他见天皇和邓小平的历史性会面结束得这样圆满，心里像一块石头落了地。他从皇宫一回到官邸，就喜不自禁地自语道：“气氛非常愉快，陛下的心情似乎也很好。”甚至当记者团说“据说邓副总理比你大一岁”时，福田也没有像平时那样对自己非常忌讳的年龄问题表示抵触情绪，只是轻快地说：“不，邓副总理年轻。我是（明治）38 年，邓副总理是明治 37 年。”

福田对邓小平连日来显示出的充沛精力表示了浓厚的兴趣，他曾多次感叹地对邓小平说：“您真是一位超人，一点倦色都没有。”邓小平笑着说：“我多次说过，高兴时不觉得疲倦。我不是什么超人，只是一个兵。”

妙语连珠，“今天是老邓唱主角”

邓小平在访日期间，曾于 10 月 24 日上午前往日本国会议长接待室，对众议院议长保利茂和参议院议长安井谦进行礼节性拜访。

会见时，保利茂说："我迎接阁下一行，深切感到，日中两国间的和平友好关系不只是空喊，而是具有实际内容的。"安井谦说："过去的日中关系未必都是幸福的。但是，日本以第二次世界大战的结局为转机悔过自新，作为和平国家投入了新的建设。作为最后的总结，缔结了《日中和平友好条约》。"对此，邓小平说："对于两位议长的热情讲话表示感谢。"并说："诸位都是老朋友，彼此都是老相识。今天的好天气象征着两国之间的未来。"

在这里，邓小平还会见了日本社会党、公明党、民社党、新自由俱乐部、社会民主联盟和共产党等六个在野党领导人，并进行了约15分钟的恳谈。

邓小平对新自由俱乐部的代表河野洋平亲切地说："你还记得我们在北京见面时说的话吗？为了中日友好，需要太平洋的稳定，所以，我牢牢地记住了你的名字（洋平）。"他还说："请永远不要改你的名字。"见河野有些诧异，邓小平又解释说："太平'洋'和'平'是我最大的希望。"这话使河野恍然大悟，终于明白了邓小平的意思。原来，河野去年秋天访华时，邓小平就十分风趣地把他的名字"洋平"分解和引申过。河野对邓小平在百忙之中还能记起去年同自己会见的事大为感动，对这位中国领导人掌握人心的本领钦佩不已。他事后对记者说："还是高级领导人善于掌握人心。"恳谈中，邓小平大概想起了徐福奉秦始皇之命东渡日本寻求长生不老药的故事，便轻松地把话题一转："听说日本有长生不老药，这次访问的目的是：第一，交换批准书；第二，对日本的老朋友所做的努力表示感谢；第三，寻找长生不老药。"他话音一落，议长室里就爆发出哄堂大笑。之后，他又愉快地补充说："也就是寻求日本丰富的经验而来的。"

邓小平的话诱发了各党领导人的幽默感。一时间，议长室里谈的尽是"关于药的话题"。

公明党的竹入委员长说："（长生不老的）最好的药不就是《日中条约》吗？"

民社党的佐佐木委员长接过话头："日本正处于药物公害，最近对中国的中草药评价很好。”

对此，邓小平又说：“由于山区都在进行开发，草药也不大容易弄到了。所以，最近在进行人工栽培。”

恳谈结束后，保利茂和安井谦在众议院议长公邸庭院举行盛大的室外酒会，热烈欢迎邓小平和夫人卓琳。

当邓小平和夫人一行在保利议长、安井议长等陪同下步入翠绿如茵的庭院时，300多名日本国会议员长时间鼓掌，表示热烈欢迎。

在席间，保利议长代表众参两院致辞，对邓小平访问日本，表示由衷的欢迎。他说：“这次邓小平阁下一行的访问，是揭开两国新时代序幕的第一步。”

邓小平在祝酒时，首先向日本国会和日本人民转达了中华人民共和国全国人民代表大会常务委员会叶剑英委员长和中国人民的诚挚问候和良好祝愿，并对日本国会众参两院，对日本各地方议院，对日本朝野的大多数政党、政治家和由众参两院的许多朋友组成的日中友好议员联盟，为促进早日缔结《中日和平友好条约》，为发展两国睦邻友好的关系和中日友好事业，做出的巨大努力和宝贵的贡献，表示衷心的感谢和崇高的敬意。同时，邓小平强调说：“《中日和平友好条约》缔结了，但是，我们的任务并没有因此而告终，我们要做的事情还很多，任重道远。在座的各位都是日本的政治家，肩负着日本国民的重托。我们愿意同各位一起，再接再厉，为在《中日和平友好条约》的各项原则的基础上，进一步发展两国的睦邻友好关系和各方面的交流，为两国人民世世代代友好下去而共同努力。”

祝酒一结束，邓小平就拿着香槟酒走到草坪上，说是要“和保利议长一起走走”。于是，各位议员都陆续跑过来，一片“祝贺”“欢迎”之声。保利茂介绍说：“这些议员都为国会通过《日中和平友好条约》做出过努力，他们都是中国的好朋友。”邓小平说：“看见这么多的朋友，非常高兴。”保利茂还介绍不久将同他一起访华的议员同邓小平见面。邓小平高兴地说：“欢迎！

欢迎！”

当有人同邓小平谈到河野洋平3月访华时脱离自民党而结成新党一事时，河野笑着搭话说：“已经停止改名字了。”邓小平接过话头说：“不，不，这是个挺好的名字。”这时，河野开了个玩笑，说：“日中之间已经不存在令人担心的事情了。今后就是熊猫产仔的问题了。”公民党的女议员渡部通子说：“中国说妇女顶半边天，是不是？”她丈夫站在旁边，立刻接过去说：“在我们家里，老婆占60%。”邓小平当即笑着对他俩说：“也就是说已经成家了？”

这样欢欢喜喜地交谈了大约10分钟后，邓小平在议员们的鼓掌欢送下，挥手告别。目睹了这一动人情景后，福田首相和园田外相笑着说：“今天是老邓唱主角。”

田中角荣：“邓富有幽默感”

在访问日本国会之前，邓小平在24日上午曾专程拜访了前首相田中角荣和时任自民党干事长大平正芳这两位中国人民的老朋友。

田中角荣在1972年7月出任日本首相，1974年11月因被指控接受美国洛克希德飞机公司的巨额佣金而被迫辞职。任职期间，他同外相大平正芳一起，积极推动并实现了日中邦交正常化，为两国的和平友好事业做出了巨大贡献。

上午9点17分，邓小平在廖承志、黄华、韩念龙和符浩陪同下，乘车来到了东京目白台的田中私邸。

这天，在田中私邸周围的大街小巷，日本警视厅出动了大约8000名警察执勤，特别是在面对目白街的田中私邸正门附近，每隔五米就站着一名警察，形成了一道森严的安全防线。

从清晨起，田中就不断在门口出出进进，心神不定，生怕错过了在大门口迎接邓小平的机会。日本国会里的40多名田中派议员也一大早赶到田中家里。当邓小平和田中在齐呼“欢迎”的“田中军团”面前走过时，其情景真像阅兵式一样。

在会客室，田中和邓小平进行了亲切的交谈。邓小平说：“我们这次前来日本访问，一方面是为了互换条约批准书，另一方面也是为了对过去为两国（的友谊）做出努力的老朋友表示感谢。我们始终怀着感谢的心情记着田中先生就任首相时签署了《中日联合声明》。”田中说：“您的这次来访，是日中关系的新起点，所以受到全日本国民的欢迎。我等了六年，这一天终于来到了。”

田中还以动情的口吻说：“我见到您，心情就同与已故的周恩来总理会谈时一样。”这话可能勾起了邓小平对往事的追忆，但他只顿了一下，便略带遗憾地说：“那时，我在离北京很远的地方，没能见到您。”

邓小平说，我们对于过去的老朋友是不会忘记的，这是东方人特有的感情。今天我们就是同老朋友叙旧。他还邀请田中和在座的前官房长官二阶堂进再次访问中国。

随后，田中陪同邓小平一行从会客室走到庭院中，在草坪上合影留念。

这是一个典型的日本庭院，坐落在东京都的中部。在几棵苍松中夹着丹红的枫叶，池塘水声潺潺，各色鲤鱼在池中游来游去。这些鲤鱼都是田中从各国搜集来的，每条价值100万日元，按当时的汇率合5560美元。田中请邓小平品尝了他精心准备的两道表示吉祥的日本名菜——鲷鱼和龙虾，并同中国客人一道，举杯为《日中和平友好条约》的生效干杯。接着，他陪同邓小平一行走过庭院，去观赏一株名叫“雪椿”的山茶花。这是田中在日中建交后栽的一棵纪念树，现在已经长到两米多高了。

会晤中，邓小平向田中赠送了一套中国茶具和文房四宝。在砚台的背面，刻着周恩来早年东渡日本时手书的著名诗篇：“大江歌罢掉头东，邃密群科济世穷。面壁十年图破壁，难酬蹈海亦英雄。”田中则向邓小平、廖承志、

1978年10月24日邓小平拜会了日本前首相田中角荣。图为田中先生陪同邓小平一行观赏他在中日建交后种的一棵“雪椿”（历史图片）

黄华、韩念龙、符浩等人的夫人分别赠送了介绍插花艺术的书——《传统之美》，作为回赠礼品。

邓小平的来访使田中极为高兴。他事后对记者说：“邓富有幽默感”，“要是日本人也有幽默感，那就好了”。

告别田中后，邓小平一行在10点45分来到大仓饭店，拜访了大平正芳。邓小平在此感谢大平作为外相在中日邦交正常化之际所作出的积极贡献，并邀请他借最近的机会访华。对此，大平说：“我对您不忘老朋友，前来访问，表示感谢。并期待正在顺利发展的日中关系，以这次邓副总理访日为转机，其势头更加发展。”

邓小平和大平虽然是首次相见，但谈话时的气氛却像是在重温旧谊一样。大平没有忘记称赞在座的廖承志的功劳，他说：“我认为在佐藤大使之外还有一位大使，非常有魄力。”“廖先生日语说得非常好，又很了解日本的情况。”邓小平打趣地说:“他只有小学生的日语程度，可是他在中国却是闻名的高级知识分子。”

下午5点半，邓小平和夫人卓琳又在下榻的赤坂迎宾馆亲切会见了已故的日本朋友——前首相片山哲、前社会党委员长浅沼稻次郎、前农相村谦三、前首相石桥湛山、前企划厅长高碕达之助、前邮政铁道相村田省藏——的家属，对为中日友好作出了贡献的先驱者表示感谢，对他们的家属致以深切的慰问。

次日，邓小平在细雨霏霏中，兴致勃勃地观赏了京都市容和日益加深的秋色。京都御所的唐式建筑、日本式庭院、二条城的菊花以及琴声，使得他多次发出“很好”的赞叹。他说:“京都没有高层建筑，是一座美丽的城市，我十分喜欢。”二条城事务所所长高桥告诉邓小平说:“这里的一切文化，全是我们的祖先向中国学来，而后又以独自的方式培育起来的。说起来，中国是

邓小平和夫人卓琳在雨中游览日本京都（历史图片）

我们的先生。”邓小平听了立即回答说：“现在，这个位置颠倒过来了！”一句话说得大家笑了起来。

当来到满山红叶、雨雾迷蒙的岚山时，邓小平感慨万千，忆起了亲如兄长的周恩来。

邓小平是20世纪20年代初在法国勤工俭学时结识周恩来的，当时，周恩来是旅欧中国共产党青年团执行委员会书记，邓小平是他主持的理论刊物——《少年》杂志的“油印博士”。周恩来在旅欧之前，为报考中国留日官费生，曾东渡日本，到过京都岚山，写下了《雨中岚山》《雨后岚山》等几首诗。在《雨中岚山》里，周恩来写道：“雨中二次游岚山，两岸苍松，夹着几株樱。到尽处突见一山高，流出泉水绿如许，绕石照人。潇潇雨雾蒙浓，一线阳光穿云出，愈见姣妍。人间的万象真理，愈求愈模糊——模糊中偶然见着一点光明，真愈觉姣妍。”

诗句体现了周恩来在日本寻求了一个又一个的救国方案之后，终于接触到马克思主义时的欣喜之情。

如今，烟雨依旧，岚山依旧。然而，物换星移，故人已去。周恩来所留下的，是他倡导却没来得及实现的四个现代化事业。所幸的是，他昔日留法时的忠实伙伴邓小平坚定地接过了这一重任。从某种意义上讲，邓小平这次访日，正是为了实现这一事业。

邓小平在亭榭间默默地眺望了一会儿，然后回头对日本朋友介绍说：“1919年，周恩来总理访问这里的时候也是下雨。当时作的《雨中岚山》这首诗，最近已在北京出版。”对此，日本朋友非常高兴，为岚山能通过周恩来这位伟人的诗篇而被9亿中国人民所知晓深感荣耀。这时，廖承志大概是受到了先哲的启示，诗兴大发，也即席吟诵道：“天高江户正秋风，烟雨京都叶未红。大堰河边人越艳，岚山楼阁新枫看。”

此情此景，周恩来倘若泉下有知，一定会备感欣慰的。

“既诙谐，又善于雄辩，有时还岔开话题”

出席记者招待会，面对面地回答记者提出的各种问题，并且借此来表达自己的主张，这对于中国共产党领导人来说并不多见，尤其是中国刚刚对外开放之时。当邓小平于 1978 年 10 月访问日本，出席“西欧式”记者招待会时，很自然引起了不小的轰动。据说这是中华人民共和国领导人，也是邓小平本人出访时首次公开回答记者提出的问题。

10 月 25 日下午 4 点，来自时事社、共同社、路透社、合众国际社、美联社、法新社、德新社等著名通讯社的 400 多名记者云集在东京日比谷的日本讯得俱乐部，纷纷准备毫不留情地向邓小平“发难”，以期能从这位共产党领导人的即席发挥中找出破绽来，满足一下猎奇的心理。

但是，邓小平的表现让他们既失望又满足。

在众多电视摄影机和照相机的焦距中，邓小平镇定自若地简要介绍了《中日和平友好条约》缔结的意义、反霸问题和中国的内外政策，随后，他摊开双手，幽默地说：“如果我的回答有错误，请大家批评。”

一句话，使会场的气氛活跃起来，时事社记者率先“发难”：“在刚才的讲话中，您说有霸权主义存在，就有世界大战的危险。不过，我国采取全方位外交，同所有国家友好相处。您以为两国对世界形势的认识有没有分歧呢？”

日本政府对于反霸问题一直采取不明的态度。在 23 日福田首相举行的正式欢迎宴会上，邓小平只是含蓄地谈到中日联合反霸的话。现在，日本记者既然在这种场合挑破了这个话题，邓小平也就不客气、毫不掩饰地表了态：“反对霸权主义是《中日和平友好条约》的核心。因为我们要和平友好，谋求亚洲太平洋地区的和平与安全，谋求世界的和平与安全，不反霸是不行的。”“按照《中日和平友好条约》包含的意义来说，我想，如果有人把霸权强加在日本头上，恐怕日本人民也不会赞成。”

一席话，情真意切，语重心长，说得这位日本记者口服心服，连连点头称是。事后，这位新闻记者说：“邓小平以前虽然几乎没有在这种场合下会见过记者，但在巧妙地运用新闻界来宣传自己某些在正式场合不便表达的思想上，丝毫也不逊色于那些天天会见记者的西方领导人。”

记者们个个都是提问尖刻、不留情面的，接着又提出了“尖阁列岛”的归属问题。（日本所谓的）“尖阁列岛”，是中国的钓鱼岛，是甲午战争后被割让给日本的台湾省附属岛屿，自古属中国领土。1972 年中日邦交正常化时，为了不使该岛归属问题成为中日关系之间的障碍，周恩来曾对当时的田中首相表示过：“现在还是不要讨论，地图上又没有标，出了石油就成了问题了。”对此，日方也表示同意。长期以来，日本某些势力妄图在这个问题上找碴儿，制造是非，以此来阻碍中日关系的发展，而日本政府也觉得这是个棘手的问题，因此，当日本记者提出这一奥妙的困难问题时，会场刹那间紧张起来，大家都屏住呼吸，等着听邓小平怎样回答。

邓小平在记者招待会上，诙谐雄辩，语惊四座（历史图片）

邓小平显得非常镇定，他神态自若地说："'尖阁列岛'我们叫钓鱼岛，这个名字我们叫法不同，双方有着不同的看法，实现中日邦交正常化的时候，我们双方约定不涉及这一问题。这次谈《中日和平友好条约》的时候，双方也约定不涉及这一问题。"邓小平顿了顿，"倒是有些人想在这个问题上挑些刺，来障碍中日关系的发展。我们认为两国政府把这个问题避开是比较明智的。这样的问题放一下不要紧，等十年也没有关系。我们这一代缺少智慧，谈这个问题达不成一致意见，下一代总比我们聪明，一定会找到彼此都能接受的方法。"

会场上又恢复了轻松的气氛，众人怎么也想不到邓小平竟把许多国家多年来一直大动干戈的领土归属问题以如此容易、如此巧妙的中国方式给"解决"了。《东京新闻》评论说，邓小平"既诙谐，又善于雄辩，有时还岔开话题，很有谈话技巧——这位'矮个子巨人'真是名不虚传"。

当一位记者提出亚洲紧张的局势的中心在朝鲜和越南时，邓小平以其独特的广阔视野，由此谈及了被人为分裂的国家实行统一的问题："我们历来认为，人为地把一个国家一分为二，分割开来，这个问题迟早要解决。'两个越南'的问题解决了。尽管越南现在反对我们，但是，它解决自己国家的统一，这是正义的。除'两个朝鲜'之外，还有'两个德国'，'两个中国'，是不是还有一个一国有百分之一的日本的问题。这些问题总是要解决的。10年解决不了，100年，100年解决不了，1000年总能解决了吧！这种民族的愿望，这种潮流是不可抗拒的。"

随后，邓小平以坦率、务实的语言回答了有关中国的现代化问题。他说，为了要实现现代化，"首先要承认我们的落后，老老实实承认落后就有希望。再就是善于学习。这次到日本来，就是要向日本请教。我们向一切发达国家请教。向第三世界穷朋友中的好经验请教。相信本着这样的态度、政策、方针，我们是有希望的"。

26日，日本各大报纸都是在显著位置报道了这次会见。《每日新闻》以

《邓副总理首次举行“西欧式”记者招待会》为题评论邓小平说：“既不显威风，也不摆架子……始终笑容满面地谈日中友好和世界形势。一想起被称为‘长生鸟’一再倒台和上台的坎坷的人生，就令人觉得他是一个多么难得的‘人才’。”《朝日新闻》评论说，这次记者招待会充分显示了邓小平作为伟大人物的风度。

在日本列岛掀起“邓小平旋风”

1978 年 10 月 28 日上午 10 点左右，邓小平一行乘坐近畿铁路公司的特快电车，从京都来到了和中国西安结成“姊妹城市”的奈良市。

当天，在这座和中国渊源很深的古都，到处洋溢着欢快的气氛。在奈良车站的欢迎横幅下面，由 108 名儿童组成的鼓号队吹奏了《红星歌》《我爱北京天安门》等中国乐曲。从车站到著名的佛教圣地东大寺，大约有一公里长的路程，是奈良市的通衢要道。从前一天晚上起，雨就下个不停。但是，欢迎邓小平的人群仍然十分踊跃。有手挥小旗的幼儿园的儿童、小学生、家长、教师和政府机关职员，还有到奈良来的游客。一路上，小学生们用刚刚学会的中国话不断高呼“欢迎”“热烈欢迎”，大人们则不停地挥着五星红旗和太阳旗。奈良市市长健田站在第一线指挥，他说：“我们发自内心的欢迎是奈良之外的地方所做不到的。”

在东大寺，邓小平见到庙里的一尊加上台座高达 17 米的佛像说：“个儿真大。”东大寺执事长狭川宗玄告诉邓小平说，这尊佛像是世界最大的青铜佛像，是在中国唐朝时期建立的，“那时候，我们得到了中国技术人员的许多合作。东大寺和中国有 1200 年的友好交往”。邓小平听后，高兴地点了点头。在佛像背后，有一根柱子，执事长说：“听说穿过这个洞穴，便会遇到好事。副总理再苗条一点，就可以穿过这个洞穴了。”邓小平听了哈哈大笑，然后应执事长的要求题名留念。

从东大寺出来，邓小平前往奈良饭店吃午饭时，这家饭店大餐厅旁边的“菊厅”里正好有一对新婚夫妇在举行结婚典礼。祝贺婚礼的民歌声和阵阵掌声，传进了邓小平的耳朵。他当即表示“一定要去看一看”。于是，饭店方面立即作了安排。

下午1点，邓小平步入“菊厅”，同新郎和新娘握手，并通过译员向他们祝贺说：“恭喜恭喜。”“祝你们幸福，白头到老。”新婚夫妇十分感动，连声说：“谢谢！”参加婚礼的人看见邓小平如此平易近人，全都热烈地鼓起掌来。

午饭后，邓小平访问了奈良市郊外的唐招提寺，该寺是由唐朝著名的鉴真和尚建立的。寺内，供奉着鉴真的全身塑像。当邓小平到来时，该寺的森本长老就一直在考虑怎样向他提出鉴真和尚像回国探亲的问题。

邓小平在鉴真的塑像前停了下来，他向塑像献了兰花，卓琳献了菊花。接着，邓小平献了香。这时，森本长老鼓起勇气，试探道：“鉴真和尚来这里已有1200多年了，一定要让鉴真和尚看看祖国的面貌。”邓小平明白了长老

邓小平在奈良巧遇一对新人，送上祝福（历史图片）

的意图，爽快地回答说：“非常欢迎鉴真和尚和长老前往中国。”话音刚落，森本长老就以满堂震响的声音答道：“谢谢！”并同邓小平拥抱。廖承志从旁悄悄地添了一句：“中国方面高兴地等待鉴真和尚和长老的光临。”

在奈良，邓小平始终笑声不绝，显得很有精神，充分享受了同日本普通人民交往的愉快。

28日下午4点10分，邓小平乘车从奈良到达大阪府松下电器公司茨木工厂，用大约一个小时参观了彩色电视机的生产线。

在工厂大门口，邓小平受到了松下公司的创始人松下幸之助、董事长松下正治、总经理山下俊彦和放弃星期六休息来工厂工作的大约400名职工的迎接。进入工厂后，在松下正治的带领下，邓小平参观了检验工序、装配工序及陈列着从第一台黑白电视机到最新式的多音彩色电视机的历史馆。在参观装配工序时，邓小平在松下公司引以为自豪的新式无人自动嵌件机前定睛看了一会儿。

参观后，邓小平在二楼的会客厅里同83岁的松下幸之助交谈了约20分钟。松下幸之助是从徒工发迹的，目前已把松下公司培养成了世界超一流的企业，人称“经营之神”。邓小平谦虚地对他说：“值得我国学习的东西很多。（在电子设备技术方面）希望松下老先生和各位给予援助。”幸之助用大阪话回答说：“我们什么都传你们。”顿时，周围的人热烈地报以掌声。幸之助还说，他一贯认为世界繁荣的轴心将有变动，世界将进入亚洲时代。他说，如果出现这种情况，中国和日本将居中心，因此两国应该做好发挥这种作用的准备。幸之助还表示：“我愿意再活30年，看到21世纪。”对此，邓小平以极其诚恳的态度说：“日本暂当别论，中国还没有发展到这种程度。但是，我愿意那样。”他认为，中国也许再过20年才能够参加到这一进程中来。

10月29日下午，邓小平结束了对日本为期八天的正式友好访问，从大阪乘专机离开日本回国。

邓小平的访问获得了圆满的成功。

并在日本列岛掀起了“中国热”，被日本新闻界和政界人士形象地称之为“邓小平旋风”。

“中国人永远都不会忘记自己的老朋友”

1979 年 1 月 28 日，是中国农历正月初一。

早上，人们聚集在机场候机大楼里，等着为即将动身访美的邓小平夫妇送行。

8 点左右，邓小平和夫人卓琳与送行者们一一握手告别，并高兴地亲了亲小孙女的脸颊，然后健步登上了中国民航公司的一架波音 707 客机。

邓小平这次访问，是中华人民共和国成立以后，中国领导人对美国的第一次访问，也是对 1972 年尼克松总统访华的回访。

本来，尼克松在 1972 年访华后，美方就向毛泽东、周恩来发出了访美邀

邓小平出席联合国大会第六次特别会议（历史图片）

1979年1月底至2月初，邓小平应邀访问美国。这是中华人民共和国成立后中国领导人第一次访问美国，对中美两国以至整个世界产生了深远影响。图为邓小平在白宫南草坪出席美国总统卡特举行的盛大欢迎仪式（历史图片）

请。但当时中美尚未正式建交，华盛顿还有着台湾当局的“大使馆”，因此毛泽东和周恩来未能成行。直到 1979 年 1 月 1 日中美两国正式建交并互派大使后，中国领导人对美国的访问才得以实现。

这是邓小平第二次前往美国了。

1974 年 4 月，他作为中国代表团团长出席了在纽约举行的联合国资源大会，首次向世界介绍了毛泽东关于“三个世界”划分的理论，引起了全球的震动。在那以后刚好两年，他不幸再次被撤销职务，中国也随之陷入了深深的危机之中。

当然，今非昔比了。无论是从他个人的地位，还是从国际国内形势来讲，都是如此。

北京时间 29 日凌晨 4 点半，波音 707 抵达华盛顿安德鲁斯空军基地。

这时，华盛顿正值大雪纷扬，气温低至 3℃。但寒冷挡不住这个城市对有朋自远方来的喜悦心情。从安德鲁斯空军基地候机大楼到宾夕法尼亚大街两侧路灯杆上，鲜艳的五星红旗和星条旗一面挨一面地飘扬着，在凛冽的寒风中欢快得啪啪作响。

飞机停稳后，身着深灰色制服和深色大衣的邓小平出现在机舱门口。虽然飞行了一昼夜，行程18500多公里，但他依然情绪饱满，神采奕奕。欢迎的人群向他鼓掌、欢呼，他也在舷梯上鼓掌答谢。当他笑容满面走下舷梯时，美国副总统蒙代尔迎上前去同他热烈握手。

在接受中国驻美联络处妇女代表的献花后，黑色的卡迪拉克牌轿车载着邓小平朝白宫方向驰去。邓小平一行就下榻在白宫对面的布莱尔大厦。

风尘仆仆的客人稍事休息，便来到美国总统顾问布热津斯基的郊外住宅，参加一次别有风味的家庭晚宴——吃烤牛肉。

这次晚宴是在去年5月就预订好了的。那时，布热津斯基奉卡特总统之命来北京商谈两国关系正常化问题。邓小平为他举行了一次丰盛的宴会。在品尝了可口的中国菜后，布热津斯基邀请邓小平有机会到美国品尝一下美国家庭的饭菜。今晚，邓小平就是来践约的。

为了办好这次宴会，布热津斯基一家几天来一直忙个不停。他的夫人精心选择了菜单，亲手烹制了具有浓郁美国风味的烤牛肉、蟹肉、蔬菜、沙拉、水果，等等。他则负责选购了满满一柜各色美酒。宴会开始前几个小时，他忽然想起中国人好饮烈性茅台酒，因而担心自己这一柜酒不够客人畅饮，便又心急如火地打电话到白宫，让他的部属马上再捎一些来。由于客人身份高贵特殊，布热津斯基直到最后一刻都还在担心邓小平会不会突然失约。他不断地在门口急速走动，来回张望，直到邓小平确实如约到来后，他那颗悬到嗓子眼的心才落了下来。他还别出心裁，让他的三个孩子——伊恩、马克和米卡——充当宴会的服务员。

宴会开始后，觥筹交错，笑语声声。酣畅之间，布热津斯基当众发表自己的高见说，中国人和法国人有一个共同点，就是都认为自己的文明优于所

1978年5月21日，邓小平（右）在北京会见美国总统国家安全事务助理布热津斯基（历史图片）

有其他国家。

邓小平反应很快，不置可否却又颇为自得地接过话头说："我们可以这样说，在东亚，中国的饭菜最好；在欧洲，法国的饭菜最好。"

这话自然无人能够反对。在座的人们中间，大概再没有谁能像邓小平那样，同时对这两个国家都有那么长时间的真切了解了。

布热津斯基又对邓小平说："卡特总统由于决定和中国关系正常化，他在国内已碰到一些政治上的困难。你在政治上也碰到了许多困难吧？"

这是一个敏感而颇有些难度的问题，因为它直接牵涉到中国政治领导层和广大老百姓的政治态度。不过，邓小平丝毫没有被难住，他哈哈一笑之后，在座的人便马上领略到他的幽默与智慧："是的，我也碰到了困难，在台湾省，有一些人就表示反对。"这样的回答，自然是布热津斯基所料想不到的。他如果事先料到邓小平会如此巧妙地借用他的提问来重申台湾是中国领土的一部分的话，他极有可能会避开这个“愚蠢”的问题。

头年春天，由于万斯抱怨布热津斯基的一些公开言论妨碍了他有效发挥国务卿的作用，卡特总统一度降低了布热津斯基的职务，要他躲在幕后。这种情况直到布热津斯基参加了中美建交谈判后才有所改变。这次邓小平的光临，分明是在公开赞扬他对促进中美关系正常化所作出的积极贡献，给布热津斯基一家带来了极大的荣耀。几天后，他在办公室会见记者时，还异常激动地说：“在你想到这件事的时候，你就会感到惊奇。一个10亿人大国的领导人到达美国后仅两小时就到我家里赴晚宴！”“我是说，这的确相当令人惊奇！”

其实，也没有什么特别令人惊奇的。凡是了解中国传统、了解中国共产党的人，都会有这样一种强烈的感受：中国人永远都不会忘记自己的老朋友。

在华盛顿接到42年前毛泽东的亲笔信

邓小平访美期间，曾在华盛顿分别会见了尼克松、西哈努克亲王、美国前驻华联络处主任布什和著名记者海伦·福斯特等人。他向尼克松赠送了礼品，接受了布什送给他小孙女的两部动物影片。

不过，真正值得一提的是他同海伦那非同寻常的会见。

1931年8月的一天，一艘从西雅图启程的客轮把一位漂亮的美国姑娘带到了上海。她名叫海伦·福斯特，时年24岁。

海伦·福斯特出生在美国犹他州的一个律师家庭，很早的时候，就渴望去国外旅行，并立志成为一位作家，后来，她读了美国作家赛珍珠撰写的《大地》和威廉斯的《中国：昨天和今天》，从而对遥远的中国产生了强烈的向往之情。

海伦抵达上海的第二天，就在当地的一家饮料店初次见到了埃德加·斯诺。斯诺早在1928年就来到了中国，此时，他已是一个颇有名气的记者兼作家了。他一见到海伦，就完全被她那优雅的风度、秀美的相貌迷住了。海伦对斯诺也是一见倾心。在她看来，斯诺虽然身体瘦削，且不修边幅，但其言谈举止中所透露出来的热情和才华，却有一种不可抗拒的魅力。

“我到这里来，原因跟你完全一样，我想当一名大作家。来华前，我攒了好多的钱，读了好多关于中国的书。”海伦告诉斯诺。

“哦，我明白了。好吧，大作家夫人，未来的大作家先生向你致敬。”斯诺的表现既风趣又机敏。

1931年圣诞节，海伦和斯诺在日本举行了婚礼，然后双双返回中国，定居北平，从此开始了他们个人生活及事业史上的全新时期。

1936年6月，斯诺在《纽约太阳报》、伦敦《每日先驱报》和美国兰登书屋的资助下，经过宋庆龄的介绍和中共地下工作者的帮助，只身秘密到达陕北，对毛泽东、周恩来等中共高级领导人和陕甘宁边区进行了大量的采访，并在这里住了四个月，然后写成了轰动中外的《红星照耀中国》一书，从而冲破了国民党政府对前往边区旅行和新闻采访的封锁限制，成为第一个向世界全面介绍中国共产主义运动的外国人。

海伦·福斯特·斯诺（1907—1997年），美国新闻记者，中国人民的忠诚朋友。埃德加·斯诺的前妻，《续西行漫记》一书作者（历史图片）

当斯诺穿越封锁线到达陕北后，那里的一切都令他觉得新鲜，使他备感兴奋，他激动地写道："我所见到的人民，是那时候我见到过的最自由、最幸福的中国人。我从来没有受到过年轻人的希望、热情和人的不可战胜性如此强烈的影响，他们献身于他们认为完全正义的事业。如果我不是在中国待了一段时间，而是刚刚由我的祖国来到中国而访问红区，则我的这种感受也许会打折扣。"为了让身为记者的妻子也能享受这次奇特的旅行，他让人捎信给在北京的海伦，让她到西北红区来会合。这年 10 月初，海伦在中共地下交通员王林（中华人民共和国成立后曾任西安市市长）的护送下抵达西安，但因国民党宪兵加强了对西安到延安交通的严密封锁，海伦未能如愿前往红区，只得沮丧地返回北京，等待斯诺的归来。

不过，海伦并未虚此一行。10 月 3 日下午，张学良将军接见了她和几位中国记者，并发表谈话说："只有抵抗外国侵略才能表示中国的真正统一。""如果政府不从民意，就站不住脚。如果共产党能够真诚合作，抵抗共同的外国侵略者，这个问题有可能和平解决。"对张学良的上述谈话，只有海伦在发给《纽约太阳报》和伦敦《每日先驱报》的电稿中才如实地予以了报道，结果险些引起一场"早产"的西安事变。日本人要求国民党政府作出解释，国民党则极力否认张学良与红军联络之事。但在中国的大、中学校的校园里，海伦的报道却使青年学生欣喜若狂。

1937 年 4 月 23 日，海伦再次来到西安，决计从这里前往红区。

但"双十二事变"后的西安，戒备比什么时候都更严。更何况，去年斯诺秘密前往红区采访和她发出的关于张学良的报道，已使西安当局对任何一位姓斯诺的人都采取了不欢迎的态度。这样，她一进入西安就受到了七个警察的严密"保护"。

但天无绝人之路。不久，海伦在仍然留驻在西安的 12 位外国人中，结识了一名叫作坎普顿·菲奇的美国青年游侠。正是在这位游侠的帮助下，海伦才得以在深夜里冒险混出西安招待所后，乘上一辆将军车顺利出城抵达西北军驻地三原，然后由彭德怀派人接到了红军的前线所在地——云阳镇。

5 月初，海伦终于来到了中共中央所在地延安，受到了毛泽东、朱德、周恩来等人的亲切接见。

当时，中共中央正在延安开会，因此，海伦有幸见到了中国共产党的绝大多数高级领导人。遗憾的是，任弼时和邓小平已率部队前往云阳，所以她未能谋面。于是，海伦拿出了西方记者那特有的钻劲找到了毛泽东，要求让她随红军部队赴前线采访，并给予帮助。起初，毛泽东担心她适应不了前线的艰苦生活，因此有些顾虑。可海伦信心十足地说："我目睹和采访过 1932 年的上海之战。我冒险冲过西安城。"毛泽东听后顾虑顿消："那好吧，我为你写封信件。"接着他就提笔写道：

弼时、小平同志：

斯诺夫人随部队一起赴前方，作为战地记者，向外写报道。请在工作、生活诸方面予以协助和关照。

致礼！

毛泽东

一九三七年八月十九日

然而，当海伦拿着这封信件赶往云阳时，任弼时和邓小平已在几小时前率部队开拔了，海伦只好慨叹："难找！"

1949 年后，中美之间陷入了长达 20 年的对抗，邓小平也两度沉浮，命运多舛，任弼时则早在 1950 年就因脑出血告别了人世。但海伦并没有因此灰心，当她得知邓小平抵美访问的消息后，异常欣喜，立即从家乡康涅狄格州赶往华盛顿，向美国国务院提出了会见邓小平的申请。她终于如愿以偿了。在华盛顿庆祝中美建交的盛大招待会上，两鬓斑白的海伦在美国外交官员的引导下，来到了邓小平面前。

"你好难找啊！"海伦无限感慨。

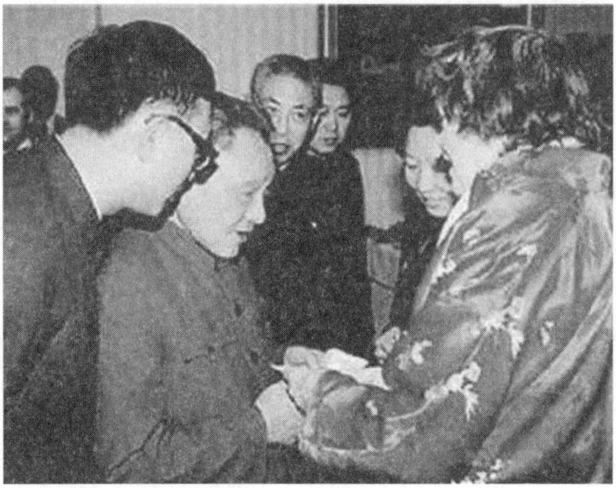
海伦·斯诺将1937年毛泽东介绍她去山西写给邓小平的信交给邓小平（历史图片）

“你就是斯诺夫人？”邓小平热情地握住海伦的手，亲切地问道。

“是的。”

“你可是大名鼎鼎的记者啊！我听说过的，听说过的，遗憾的是，我们今天才见面。”

然后，海伦拿出了那封42年前毛泽东的亲笔信，交给了它的收信人。这时，记者们纷纷举起相机，拍下了中美友谊史上这一珍贵的镜头。次日，美国各大报纸都以通栏标题报道了这一意味无穷的消息。

邓小平访美，引起全美“中国热”

在华盛顿，邓小平同卡特总共进行了三次会谈，连同一起出席白宫的欢迎仪式和美国国宴，彼此会晤的时间不算特别长。然而，正是在这短短的时间里，他的言谈举止都给卡特留下了难忘的印象。在卡特看来，邓小平是一个极其令人愉快的谈判对手。他觉得在这位身材矮小却十分健壮的中国领导人身上，和谐完美地体现出了机智、豪爽、魄力、风度、自信和友善。

卡特是美国历史上最年轻的总统之一，一生经历丰富。他务过农，当过兵，木工活也干得呱呱叫。他早已养成了写日记的习惯，曾详细记述他同邓小平的会谈情况和他对邓小平的印象。他把接待邓小平来访视为其总统任内最愉快的事情之一。他写道：

> 邓身材矮小，坐在内阁会议室的一把大椅子上，几乎看不到他这个人了。他在出神地听我讲话。他接二连三地吸着烟卷，一对明亮的眼眸常常东转西看。翻译员把我的话译给他听时，他时而发出笑声，时而对其他中国人频频点头。

这是他同邓小平第一次会谈中得出的印象。这次会议是在白宫的椭圆形办公室举行的。会谈前，照例是几句寒暄。

卡特：“1949 年 4 月，我作为一名年轻的潜艇军官曾经在青岛待过。”

邓小平：“我们的部队当时已经包围了那个城市。”

“那你们早就见过面喽？”布热津斯基插话说。

邓小平笑道：“是的。”

就在这次会议结束后，邓小平在美国国务院的休息室里撞上了一大群记

邓小平在卡特总统举行的欢迎仪式上发表讲话（历史图片）

者。记者们蜂拥而上，纷纷询问他同卡特谈论了些什么问题。邓小平以其独特的诙谐语气回答说：“我们无所不谈，上至天文，下至地理。”

记者们的提问虽然被这句话挡得严严实实，但他们对于能亲身领略到邓小平的灵敏反应、幽默和智慧，还是非常高兴的。

1月29日晚上，卡特和夫人在华盛顿举行盛大宴会，欢迎邓小平和夫人。

美国国宴向来以讲究豪华和排场著称。但那天，特别引人注目的，却是刚从卡特的故乡——佐治亚州——运来的1500株红色和粉红色的山茶花。这种别致的装饰使宴会厅里充满了春天的气息。

宴会桌上摆放了中国竹筷，菜单和座位也是由精通中国书法的美籍华人用中文书写的。这些细致的安排，显示了主人的匠心独具。

宴会开始后，卡特夫妇和邓小平夫妇坐在首席。同桌的还有美国众议院议长托马斯·奥尼尔，参议院民主党领袖罗伯特·伯德，女演员雪莉·麦克莱恩和哈佛大学的中国问题专家费正清。

卡特记述说：

在宴会桌上，（邓小平）这个很受欢迎的伙伴谈话轻松自如，自始至终都滔滔不绝地介绍他国内的生活情况，并谈论他认为国内情况如何好转。我们很风趣地谈到了我孩提时代就很感兴趣的基督教传教士的传教计划，他不无勉强地承认也有一些好的传教士到过中国，但他又坚持说有许多传教士到中国只是要改变东方的生活方式，使之西方化。我对他提起了传教士在中国创办的新式医院和学校，他说许多医院和学校现在还在。他极力反对恢复外国传教士传教的计划，并说中国的基督徒也同意他的看法。但当我提出他应该允许《圣经》自由传播以及让人有信仰自由时，他是很专心地倾听的。他保证要过问此事（后来他采取了有利于这两点建议的行动）。

出席宴会的还有美国前总统尼克松。这是他在1974年“水门事件”被迫辞职以来第一次回到白宫。他走进宴会厅时虽然嘘声四起，但他却表现得非常镇定。当乐队奏响《美丽的阿美利加》时，尼克松情不自禁地对邓小平说：“你知道吗？他们演奏的是同一支乐曲，就是我到中国时听到的那支。”

宴会上，邓小平始终谈笑风生。当雪莉·麦克莱恩对他个人的经历表示兴趣时，邓小平风趣地告诉她说，如果对政治上东山再起的人设立奥林匹克奖的话，他很有资格获得该奖的金牌。随后，他又同费正清有过一段颇有意味的谈话：

“贵庚？”邓问。

“72岁。”费答。

“我今年74岁。”

“但你仍满头乌发，而我早已秃头了。”

“这证明你脑筋用得太多。”

费正清本名John King Fairbank，他这个中文名字是梁思成替他取的，意为“正直清白”。他从1932年起就以学者和外交人员

邓小平和夫人卓琳与卡特总统和夫人罗莎琳·卡特在白宫阳台上向美国人民致意（历史图片）

的身份在中国待过七年，并在哈佛大学讲授中国历史40余年，是该校弗朗西斯·李·希金森讲座功勋历史学教授，也是公认的西方顶尖的中国问题专家。他之所以能获得参加国宴并在首席陪同卡特和邓小平的殊荣，是与他长期以来卓有成效地致力于中国问题研究，并积极呼吁中美关系正常化分不开的。他对此感慨万分，如沐春风，觉得这一盛会终于结束了他作为一个中国问题专家50余年来的奔走呼号。

宴会结束后，邓小平和夫人在卡特夫妇的陪同下，出席了在肯尼迪中心举办的文艺晚会。

这场晚会耗资50万美元，是由一家石油公司资助的。这家公司同美国其他公司一样，看好中国这个有着巨大潜力的市场，因此想借邓小平访美之机先来一次广告宣传。

晚会群星荟萃，高潮迭起。著名钢琴家鲁道夫·塞金、歌唱家及六弦琴演奏家约翰·丹佛的表演令人陶醉不已；精彩的现代芭蕾舞让观众如醉如痴；哈莱姆环球游览者职业文娱球队的表演（据说，安排这支球队表演是为了满足邓小平对篮球运动的爱好）则博得了全场热烈的喝彩……晚会的最后一个节目是一群天真活泼的儿童唱起了中国歌曲，从而使晚会的热烈气氛达到最高潮。

演出结束时，邓小平夫妇和卡特夫妇一起登台与演员们见面。卡特赞许地写道：

> 当邓拥抱美国演员，特别是拥抱演唱中国歌曲的小演员时，流露出了真诚的感情。他亲吻了许多儿童，后来记者们报道说不少观众甚至感动得流泪了。

参议员克泽尔特是极力反对中美关系正常化的，但这次演出之后，他说他们输了，没有办法投票反对儿童们唱中国歌曲。

邓小平在华盛顿肯尼迪中心观看美国艺术家演出，走上舞台祝贺小演员演出成功（历史图片）

邓小平和他的夫人真诚地喜欢人民，他确实感动了在场的观众和电视观众们。

据卡特说，他与邓小平的最后一次会议是在和缓轻松的气氛中进行的：

我提出最惠国待遇的法规问题，如果我们给予中国而不给予苏联，将造成不平衡。邓对我说，在移民问题上，中国不能同苏联相提并论。他还说："如果你要我输送1000万中国人到美国来，那我是十分乐意的。"这话很自然地引起了哄堂大笑。

我提了交换留学生计划的问题。我不赞成他关于美国学生完全由他们自己在一起生活，而不同中国学生或中国家庭住在一起的决定。他解释说，中国的居住条件差，达不到美国人的起码生活水平。我认为他们的解释理由不充分。我又提了另外一个问题："只要你同意派多少学生到中国，至于谁能够去，我们不要你们审查。"他笑着说，对付几个学生，中国还是有力量的。……我对他说，既然给提供1000万中国人，那我将给他提供1万名新闻记者，他放声大笑，并立即表示谢绝。

从卡特的日记可以看到，即使是在涉及双方关系中的棘手问题时，邓小平的表现也是很从容、灵活的。

在一次闲谈时，邓小平笑问卡特："美国国会有没有通过一条会谈中禁止吸烟的法律？"

"没有，"卡特回答说，"只要我任总统，他们就不会通过这样的法律。你知道我的州种植大量的烟草。"

邓小平听后显得非常开心，随即掏出一支"熊猫"牌香烟抽了起来。

熟悉邓小平的人都知道，他在日常生活和工作中经常会表现出这样的幽默和智慧来。1972年10月的一天，邓小平参观井冈山时，下榻井冈山宾馆。晚饭由井冈山人武部政委刘邦贤陪同。刘邦贤为邓小平夫妇安排了一顿便宴，弄了好几个菜，其中有一只清炖整鸡。邓小平经过一天的劳累，食欲很好，他用手掰开鸡腿、鸡翅膀后，用手拿着吃。席间，邓小平风趣地说："过去国际上有规定，吃鸡不能用手拿。后来英国有一个首相在国际宴会上自己不知不觉用手拿起来了。从此就打破了这个规矩，可以用手拿着鸡吃。"讲到这里，他顿了一下，然后颇为自信地说："这样我也用手拿着吃了。"大家听后，都笑了起来，也纷纷效仿，一顿晚宴便在愉快的气氛中结束了。

对于邓小平这种开朗坦率的性格，卡特十分喜欢。他赞扬邓小平想什么就说什么，而且说了就算数，不用担心彼此间产生误会。

岂止卡特，许许多多美国公众也都很喜欢邓小平。纽约州众议员莱斯特·沃尔夫说："副总理肯定给美国留下了深刻的印象。""他不但诚实坦率，而且和蔼可亲。"华盛顿州参议员亨利·杰克逊说："他沉着镇静而有自制力。"一位新闻评论员说，邓小平说话坚强有力和富于幽默感，他使你不能不有所反应。可以毫不夸张地说，邓小平每到一处，都给当地人民带来了愉快和欢乐。每一个人都想见一见他，同他握手，向他欢呼、问好，要求他签字留念。在象征着美国民主制度的国会山上，那些自以为是、见惯世面的议员们，也纷纷拿着以邓小平的肖像为封面的《时代》周刊排队请求他签名留念。可以说，邓小平的这次出访在美国引起了全国性的“中国热”。连日来，有两百多名新闻记者追踪采访和报道了邓小平的活动，美国三大全国电视网的黄金时间则全部变成了“邓小平时间”。这样的盛况，是近 20 年来美国外交史上从未有过的，充分体现了邓小平的特有魅力和中美两国人民的伟大友谊。

值得一提的是，美国政府对邓小平的这次来访非常重视，给予邓小平很高的礼遇，并按政府首脑的规格接待了他。在白宫南草坪举行的欢迎仪式是由卡特主持的。在那里迎接邓小平的仪式上，不仅有红地毯、仪仗队，而且还有 19 响礼炮。不仅如此，卡特在三个星期前就详细审阅了所有接待计划的细节，包括国宴的菜单。美国国务院则发出了多达两千余张的特别记者证，以使两国关系史上这一具有划时代意义的大事能够最充分地为世人所知晓。有舆论认为，在邓小平访美之前还从未有一个外国贵宾受到过美国政府如此郑重其事的接待，也从没有一个中国人曾在外国受过如此隆重的接待。1946 年温斯顿·丘吉尔正式访美，受到了美国朝野的空前欢迎，但隆重程度远不及此次邓小平访美。究其原因，在于美国人把丘吉尔当作英雄崇拜，但在第二次世界大战已经结束的情况下，他并不代表什么。1959 年赫鲁晓夫访美时，也曾受到了隆重的接待。当时美国政府为其安排的访问节目的高潮是游览迪斯尼乐园，鸟瞰公路上如蚁群的私家车，以及享受一天纯粹美国式的农村生活，在美国人看来，赫鲁晓夫只不过是一个乡巴佬。

但邓小平的情况与此截然不同。他除了自己那极富传奇性的政治经历外，更是一位名副其实的大国代表和雄心勃勃的现代化领导人。在他身后，是一个正在崛起的拥有 9 亿人民的国家。

在美国的短短八天里，他除了在华盛顿同卡特及其他人士进行必要的会谈和接触，还访问了著名的工业城市亚特兰大、休斯敦和西雅图。他在这些地方兴致勃勃地参观了福特汽车公司、休斯敦国家宇航中心、波音飞机公司和休斯工具公司，并同得克萨斯的石油大亨们共进了晚餐。不管是在华盛顿还是在上述的任意一个城市，他都坦率地表达了自己决心向美国人民学习的谦虚态度。仅仅就这一点而言，邓小平就足以打动每一个美国人的心了。

厚待哈默，让大熊猫来到洛杉矶

1979 年 2 月 2 日，邓小平和夫人卓琳一行告别了亚特兰大后，飞抵埃可顿空军基地，开始对得克萨斯州的休斯敦市进行正式友好访问。

休斯敦始建于 1836 年，是美国南部最大的炼油、化学、机器制造、造船和宇航工业中心。在全美国 25 家最大的石油公司中，有 24 家在这里设有总部或分公司。美国国家航空和航天局也在这里设立了航天中心，著名的“阿波罗”登月和“天空实验室”计划就是在这里完成的。

在机场举行的欢迎仪式上，乐队演奏了歌曲《得克萨斯的黄玫瑰》。得克萨斯州州长克莱门茨向邓小平赠送了一副该州生产的银踢马刺和一大篮子给中国儿童的玩具，并说：“这是得克萨斯州早期开发边疆的日子里的玩具，我们的儿童欢迎你到得克萨斯来。”

邓小平和卓琳一行离开空军基地后，顾不上休息，就立即赶往约翰逊航天中心参观。

邓小平在航天中心负责人克拉夫特和第一个环绕地球飞行的美国人、俄亥俄州参议员约翰·格伦的陪同下，参观了该中心博物馆里“阿波罗 17 号”指令船、月球车和有三层楼的登月器的复制品，并兴致勃勃地在登月器和航天飞机中体验从 10 万英里和 3 万英里高空模拟性着陆。

据合众日报社报道说，邓小平在访问航天中心时，他的严肃而没有表情的神态消失了，赏玩着航天时代的玩具。

邓小平在天空实验室中详细询问了宇航员在宇宙中是如何进食、睡觉和进入浴室的。他坐在登月车的指挥台，在宇航员艾伦·比恩的指导下戴上耳机。比恩五年前曾在月球待了两天，在天空实验室待了59天。

比恩说："请阁下看我手一指便按按钮。"

于是，邓小平遵照比恩的指示，驾着航天飞机模型飞过了宽阔的莫喻维沙漠，然后在拉斯维加斯和洛杉矶"着陆"了。这天晚上，邓小平从宇航中

1979年2月2日，邓小平与夫人卓琳在克里斯多夫·C. 克拉夫特博士的陪同下，参观了美国国家航空航天局的载人航天工程（历史图片）

心的高科技领域来到休斯敦西北部的西蒙顿，领略了美国的西部风情。主人在这里为他安排了一个盛大的烤肉宴会和马术表演。

出席这个宴会的除了政府官员，主要是得克萨斯州的石油巨头们。不过，在宴会上真正受到邓小平青睐的，却是一位来自加利福尼亚的不速之客，他的名字叫亚蒙·哈默。

哈默时任西方石油公司董事长，1889 年生于纽约，父亲是一位医生。当他从哥伦比亚大学医学院毕业时，他既拥有医学博士学位，又握有百万家产。

1921 年，哈默大学毕业后，听说苏联乌拉尔地区正在闹传染病，斑疹、伤寒流行，就决心去那里帮助扑灭流行病。他买下了第一次世界大战军队剩余物资中的野战医院设备，运到了苏联。可在行医中，他很快发现，苏联当时迫切需要的不是医药，而是粮食。他告诉当地苏维埃政府，我可以用船运来各种物资，只要你们装上能在美国出售的货物。这些条件是不高的。当地官员同意了。他于是运来了上百万蒲式耳小麦。列宁会见了这位当时只有 20 岁的美国青年。列宁建议哈默接受一两项苏联的特许权，于是哈默萌发了经商的念头。他选择铅笔制造和石棉开采两项贸易，建立了进出口机构，同时成为 38 家美国第一流大公司在苏联的代表。

哈默在苏联居住了九年，其间经常见到列宁。后来，他同斯大林、赫鲁晓夫、勃列日涅夫等历届苏联领导人也都保持了一种极为友好的关系。由于当时中苏两国正处于对抗状态，因此，哈默同苏联领导人之间的这种友好关系成为美国政府有关机构一直拒绝邀请他参加有关邓小平在场的任何活动的理由，尽管他是卡特政府的积极支持者之一。在这种情况下，哈默也不能够出席在西蒙顿举行的这次宴会，只得略施小计才“混”进了宴会厅。

当译员按惯例向邓小平介绍哈默时，邓小平止住了译员的话，对哈默说:“中国许多人都知道哈默先生，你是列宁的朋友。苏联困难的时候，你帮助过他们。我们欢迎你来中国访问。”

邓小平的这个表示使得哈默非常高兴，他说："我很愿意到中国去，可是我年纪太大了，坐一般民航飞机我受不了，可是中国又不让私人飞机降落。"邓小平听后大笑起来，说："这很简单，你来之前先来个电报，我们会作出安排的。希望你多带专家来。"

看到哈默受到邓小平如此厚待，在座的美国官员和石油大亨们都露出了惊讶和羡慕的表情。

晚宴过后，邓小平和卓琳来到了竞技场，卓琳头戴一顶灰色的牛仔帽。

对于邓小平来说，竞技场的壮观景象完全是一种新鲜事物：牛仔靴、发出刺耳响声的踢马刺、宽边高顶帽、皮制马鞍、猛然跃起的野马、往前闯的小公牛和打旋的套绳。

在热烈的鼓掌声中，邓小平健步走向他的座位，不时像一位参加竞选的老练的美国政治家一样同大家握手。

表演开始前，两名骑白马的妇女把邓小平和方毅请到观众前面，向他们各赠送了一顶崭新的、边沿翘起的白色牛仔帽，他们当即高兴地戴上了。中国贵宾的这一举动，立刻引起了全场暴风雨般的掌声。接着，邓小平应邀坐进一辆 19 世纪的马车，绕竞技场两圈，向热情欢呼的观众们挥手致意。

陪同邓小平的美国贸易谈判代表马伯特・斯特劳斯、能源部部长施莱辛格和已被提名为驻华大使的伍德科克，也观看了这场别开生面的表演，他们也都头戴各种颜色的牛仔帽。

邓小平一行的到来，使竞技场周围的牛仔帽生意大为兴隆，一个摊贩以每顶 30 美元的价格出售，结果他手中的上百顶牛仔帽很快就被抢购一空。

亚蒙・哈默自从在得克萨斯的烤肉宴会上受到邓小平的赞许之后，对中国市场的向往之情与日俱增。1979 年 5 月，他乘坐自己的波音 727 专机首次降落在北京机场，并迅速同中方签署了关于石油勘探、煤炭开采、杂交稻种和化学肥料方面的初步协议。此后，哈默几乎每年都要前来中国一趟，并同邓小平见面。其间，邓小平多次对哈默在中国的活动给予方便和照顾。

据哈默在自传里绘声绘色的介绍，他曾经帮助他的朋友马尔科姆·福布斯在中国作了次奇特的飞行。马尔科姆是著名的《福布斯》杂志的出版人，也是世界上最厚颜无耻的享乐主义者和资本家之一。他热心地鼓吹这样一个原则：人们应该得到生活中的乐趣，不管选择什么方式都可以。他选择了自己最心爱的两件运输工具——摩托车和热气球——周游世界。对此，更喜欢乘坐私人飞机出游的哈默当然不好说什么。

1980年，马尔科姆带领一队摩托车骑手想做一次穿越苏联的旅行，哈默通过与苏联领导人的密切关系帮他获得了批准和签证。1982年，马尔科姆又想出了一个令哈默觉得更加荒诞不经的主意——带领一个配备着热气球的摩托车队横越中国。他为此请求美国前总统理查德·尼克松写了一封私人信件给邓小平，并请前国务卿亨利·基辛格帮忙，但都没有回音。最后，马尔科姆把他的愿望告诉了哈默，哈默没法劝说他停手不干，只得千里迢迢跑来中国找到邓小平。恰好，邓小平看在哈默的面子上，指示有关方面给予了马尔科姆的摩托车队横越中国的特许权。

不过，更让哈默感动的是，邓小平还帮助他作出安排，空运大熊猫到美国，让哈默把中国大熊猫带到了洛杉矶奥运会。

事情的由来是这样的：

1982年3月26日，哈默的美术收藏品展览在北京开幕之后，他在会见邓小平时第一次提出了空运大熊猫的想法。哈默对邓小平说，大熊猫伴随着共产党中国第一次参加奥运会的体育队伍，出现在洛杉矶，会使洛杉矶人民感到高兴，并且对美中两国间的友好关系大有裨益。实际上，在哈默之前，已经有各种各样美国的委员会和代表团来中国讲条件、谈交易，要求中国同意把大熊猫运送到奥运会上去，但得到的回答总是“不行”。中国有关方面强调说，大熊猫是中国的国宝，目前的数量已寥寥无几，因此按法律禁止向国外输出大熊猫。但当哈默向邓小平提起此事时，邓小平立即看到了这个主意的价值，所以答应将指示让大熊猫出国。

邓小平作出这一决定时，一定想到了当年周恩来总理为增进中美友谊而向美国赠送大熊猫的故事。

这个故事发生在1972年2月尼克松总统访华时的一次国宴上。当时，周恩来指着摆放在宴会桌上的“熊猫”牌香烟盒对尼克松的夫人帕特说：“我想送给你这个。”

帕特大为吃惊：“你说……香烟吗？”

周恩来笑了，向帕特解释说：“不，不是香烟，我说的是熊猫。我们要送给你们两只熊猫。”

“哦！”帕特惊喜地对尼克松说，“理查德，周恩来总理说送给我们两只熊猫！真的熊猫！”

这个镜头通过通信卫星传到美国后，引起了美国舆论的极大兴趣，《纽约时报》评论说：“周恩来真是摸透了美国人的心思。”《华盛顿邮报》则说：“周恩来通过可爱的熊猫，一下子就把美国人的心征服了。”

从那以后，熊猫成了友谊的象征。

在哈默同邓小平会见后不久，中国野生动物保护协会会长秦建华接到了一个电话，告诉他做好送大熊猫前往加利福尼亚的准备。这使他大吃一惊：“可这是违法的啊。”他叫起来。

“邓小平刚刚制定了一条新法。”对方告诉他。

这样，在邓小平的过问下，大熊猫和它的饲养员由中国民航一架波音747飞机从北京送到了加利福尼亚，并受到了如同国家元首所受到的那种隆重殷勤的接待。在奥运会开幕之前，哈默还牵头为大熊猫举行了一个盛大的招待会。

大熊猫在洛杉矶的出现，不仅为奥运会增添了光彩，也向全世界充分地展示了中国人民的和平精神，可谓一举多得。

智对法拉奇，“我总算通过了考试”

1980年初秋，北京正进入秋高气爽的时节。天安门广场游人如织，天安门城楼上毛泽东的画像依然高高悬挂，凝目注视着北京一年中最美好的季节。

《关于建国以来党的若干历史问题的决议》的起草工作，正在邓小平的主持下进行。

8月21日，一辆高级轿车载着一位神秘人物驶入中南海。

她是奥琳埃娜·法拉奇，驰名世界的意大利女记者，以善于抓住关键时机采访风云人物著称，已经先后采访过数十位著名活动家。越战炽热时，她出入河内、华盛顿；中东危机时，她紧追阿拉法特、侯赛因；联邦德国与东方暗送秋波，她便找到维利·勃兰特；西班牙风云突变，她又出现在卡里略眼前。当世界都注视着中国如何评价毛泽东时，她当然不能无动于衷，1980年，风云人物在北京。

自从成为中国共产党的实际负责人后，这似乎是邓小平第一次单独会见外国记者，谈论国家重大问题。他为什么想起要会会那位让许多西方政治家头疼得厉害的女记者呢?

中国共产党领导人单独会见记者，可以说有一个独特的历史由来。1936年夏秋，当红色中国对外界仍是一个传说的时候，一位美国记者冒着生命危险，只身进入中国的西北角。他的热情与勇气感动了正在艰苦创业的毛泽东及其战友，他们告诉他中国革命的苦战历程。他就是埃德加·斯诺，通过他的笔，世界才首次了解中国共产党人的奋斗。

这种与记者的交往以后又有一种特别的习惯。比如，当中共中央要对某一重大问题发表声明与意见时，并不一定由正式机构出面，而是通过某一领导人与记者谈话的方式表明态度。

斯诺与毛泽东的相会可遇而不可求。当邓小平决意见法拉奇时，他当然无意重现那段不可重现的传奇。他只是觉得事关重大，既然决议思路已清，那么可以采用一下先前的做法，借一位名记者的笔宣传北京的态度。

奥琳埃娜·法拉奇（历史图片）

挑选法拉奇似乎并非偶然，这不仅是由于她的名气，更是由于她的资格。

这位意大利女强人提问尖锐、言辞泼辣，善于触及敏感问题，连足智多谋的基辛格也被她诱出内心本不想吐露的秘密，弄得狼狈不堪。“接受法拉奇采访是我一生最愚蠢的事情。”基辛格如是叹息。

也许，当邓小平决定会会法拉奇时，他内心企盼的正是一种智慧的挑战。这位已经76岁的老人精神依然年轻，他乐于面对一位厉害的对手，乐于对付那些“难回答的问题”。在这样的时刻谈论毛泽东，谈论“文化大革命”，当然不是轻松的林间散步，他原来就是为谈那些“难回答的问题”才要见记者的，那么何不就找法拉奇？！

法拉奇的采访方式合乎邓小平议题的需要，法拉奇的报道方式也一定让邓小平觉得满意。这位女记者录下全部的采访问答，然后一字不改、一字不落地全文发表，如果她有什么意见要说的话，她就在前面另写，与采访正文互不干涉。完全的客观当然不可能，但照实发表采访问答总比断章取义的改写要强。会会法拉奇实在无妨。

8月21日与8月23日，采访共分两次。

气氛从一开始就不轻松，也许这正是法拉奇所追求的。她单刀直入，首先便触及盛夏刚刚进行的那次行动。她问："天安门上的毛主席像，是否要永远保留下去？"

邓小平明快、干脆："永远要保留下去。过去毛主席像挂得太多，到处都挂，并不是一件严肃的事情，也并不能表明对毛主席的尊重。"他又说："从我们中国人民的感情来说，我们永远把他作为我们党和国家的缔造者来纪念。"

法拉奇坚决地把问题引向尖锐："对西方人来说，我们有很多问题不理解。中国人民在讲起'四人帮'时，把很多错误都归咎于'四人帮'，但他们伸出的却是五个手指。"

1980年8月，邓小平在人民大会堂连续两次接受意大利女记者奥琳埃娜·法拉奇的采访，明确表示：天安门上的毛主席像要永远保留下去（历史图片）

邓小平并不想躲避法拉奇的暗示："毛主席的错误和林彪、'四人帮'问题的性质是不同的。毛主席一生中大部分时间是做了非常好的事情的，他多次从危难中把党和国家挽救过来。"他坚定地说："我们要对毛主席的一生的功过作客观的评价。我们要实事求是地讲毛主席后期的错误。我们还要继续坚持毛泽东思想。毛泽东思想是毛主席一生中正确的部分。毛泽东思想不仅过去引导我们取得革命的胜利，现在和将来还应该是中国党和国家的宝贵财富。”

如果说这里的评论是抽象的，那么法拉奇在听到关于毛主席纪念堂的回答时，一定体会到了一位老资格政治家准确而辩证的务实感。

邓小平主动告诉她，粉碎“四人帮”后建毛主席纪念堂是不对的，甚至是违反毛主席自己的意愿的。他点及问题的要害：“粉碎‘四人帮’以后做的这些事，都是从为了求得比较稳定这么一个思想考虑的。”

“那么毛主席纪念堂不久是否将要拆掉？”法拉奇问。

邓小平摇头：“我不赞成把它改掉。已经有了的把它改变，就不见得妥当。建是不妥当的，如果改变，人们就要议论纷纷。现在世界上都在猜测我们要毁掉纪念堂。我们没有这个想法。”

作为西方记者，法拉奇与斯诺的差异是显而易见的。斯诺不是猎奇的冒险家，而是富于理想主义和同情心的热血青年，他真正地对红色中国的事业产生了兴趣。他试图全身心地呼吸红色中国的空气，试图理解“中国共产党人为什么这样长期地、这样毫不妥协地、这样不像中国人地进行战斗”。

法拉奇是时髦的职业记者，她的兴趣主要在个人，在于政治家个人以及彼此之间的关系。如果说她也有她的理想主义，那也是针对个人的。这种兴趣与世界最大的共产党的领袖的兴趣之间，存在着的距离是不言而喻的。

于是，我们从他们的交锋中可以感到一种奇特的转化。每当法拉奇从个人角度、从毛泽东本人及其与他人的关系发问时，邓小平总是宏观地、充满历史感地回答，于是，回答的性质便在不知不觉间转化为理论性的、总结性的。

这一定让法拉奇的心里抱怨。她不能不感到，想探察邓小平本人是件力不从心的难事。在采访时，法拉奇原本是以巧妙地探察采访对象本人为追求目标的。

现在，她不能不正面问了：“据说，毛主席经常抱怨你不太听他的话，不喜欢你，这是否是真的？”

邓小平顿了顿，平静地说：“毛主席说我不听他的话是有过的。但也不是只指我一个人，对其他领导人也有这样的情况。这也反映毛主席后期有些不健康的思想，就是说，有家长制这些封建主义性质的东西。他不容易听进不同的意见。毛主席批评的事不能说都是不对的。但有不少正确意见，不仅是我的，其他同志的在内，他不大听得进了。集中制被破坏了，集体领导被破坏了。否则，就不能理解为什么会爆发‘文化大革命’。”

这里，邓小平仍是循着总结历史的思路侃侃而谈，决议的起草在他的思想中酝酿了那么久，他眼下就是要阐述这些观点。

法拉奇继续尝试扭转话头：“为什么你想辞去副总理职务？”

“不但我辞职，我们老一代的都不兼职了。”邓小平从容不迫地一句话就又转到了总结“文化大革命”的教训。他说，“文化大革命”的原因之一在于制度不健全，其中也包括领导职务终身制。我们存在一个领导层需要逐渐年轻化的问题。我们需要带个头。

法拉奇坚持着探察。当邓小平说到周恩来、刘少奇、朱德等许多同志也对毛泽东思想做出了贡献时，这位意大利女记者又找到了机会：“你为什么不提自己的名字？”

邓小平回答说：“我算不了什么。当然我总是做了点事情的。革命者还能不做事？”邓小平不动声色地又将个人归到了一般“革命者”的行列。

法拉奇的感受，斯诺在36年前早已经历。在陕北窑洞的油灯下，毛泽东答应向他详细讲述个人的经历，然而说着说着，斯诺便感到了那个奇妙的转化。他写道：“毛泽东的叙述，已经开始脱离‘个人历史’的范畴，有点不着痕迹地升华为一个伟大运动的事业了，虽然他在这个运动中处于支配地位，但是你看不清他作为个人的存在。所叙述的不再是‘我’，而是‘我们’了；不再是毛泽东，而是红军了。”

对于革命者与其事业的一体关系，大概再也没有比这更生动的展现了。

然而，令斯诺饶有兴味的那一转化却让法拉奇烦恼。最后，她终于以其独有的机智发出了邓小平不能轻易转化的个人性问题。

“对江青你觉得应该怎么评价，给她打多少分？”

“零分以下。”邓小平不假思索。

问题顺势一推：“你对自己怎么评价？”

这确实是不好对付的问题，邓小平难以回避，也许他原本就不打算回避：“我自己能够对半开就不错了。但有一点可以讲，我一生问心无愧。你一定要记下我的话，我是犯了不少错误的，包括毛泽东同志犯的有些错误，我也有份，只是可以说，也是好心犯的错误。”

两次采访总共四小时。对于法拉奇的问题，“邓小平时而发笑，时而愤怒地给予反驳”。

话题像一只红蜻蜓，时而飞跃，时而盘旋，时而在一些敏感的问题上久久停留。他们还谈到“文化大革命”的错误，谈到中国的现代化，谈到如何理解资本主义。邓小平明确中国将引进大量外国资金与技术。至于由此会带来西方一些消极的影响，邓小平自信地说：“我们意识到了这个问题，但这不可怕。”他痛快地确认，共产主义承认个人利益，今天承认，将来会更多地承认，满足个人需要。

8 月 28 日，意大利报纸发表了这次谈话的内容。随后各国报纸纷纷转载、评论。

外电评论：“邓小平第一次宣布，在明年的党代会上，将不会像批判斯大林那样，全面批评毛泽东，但是将总结大跃进以后的总路线，今后的中国将与毛路线诀别，进行四个现代化建设。”

外电认为：“中国领导人讲解今后党的路线的轮廓是极为例外的。”

这确实是非常年代的一次非常举动。中国改革的总设计师老练地选择这一特别的方式，向全世界传达了北京的信息。

五年之后，意大利共产党总书记纳塔访问中国，笑谈间邓小平提及当年他与法拉奇的交锋，无比欣慰地说：“她问了许多难回答的问题，我总算通过了考试。”是的，邓小平通过了考试，中国通过了考试。中国已开始步入新的征程。

接见陈香梅，“我要和肥仔的亲戚谈谈”

1980年11月，美国总统大选，共和党竞选人里根获胜。时隔不久，中国驻美第一任大使柴泽民带去了中国领导人邓小平的请柬，邀请陈香梅到北京访问，陈香梅当即向里根总统做了汇报，并建议田纳西州的参议员贝克同行。里根总统很快采纳和批准了她的建议，并委任她为总统特使，出访北京。

起程前一刻，因贝克要入院开刀，临时请史蒂芬议员代他出马——因为这是一次秘密的北京之行，故各项措施都做得非常保密。

1981年大年初一上午8时，在人民大会堂台湾厅，陈香梅和史蒂芬在陈香梅的舅舅廖承志及其夫人的陪同下，第一次会晤了邓小平。

宾主寒暄一番后，陈香梅女士将里根总统的一封信面呈邓小平。邓小平接过来，马上交冀朝铸翻译出来。邓小平听完后，随即对陈女士和史蒂芬说：“谢谢，请你们代我向里根先生和他的夫人问好！”

会见完后，廖承志悄悄地对陈香梅说：“会见后可以让参议员史蒂芬夫妇先回宾馆，有国防部官员招呼他们进餐，你留下和我与你的舅母吃中饭，邓老请客。”

中午时分，陈香梅随廖承志夫妇来到一个小客厅。那里有一张方桌，摆了四把椅子，廖承志说：“邓老一会就会过来和咱们吃午饭，大家随便聊一聊。”接着，廖承志关切地问：“你的姊妹都好吗？静宜、阿珍、香竹和香桃都常见面吗？”陈香梅答道：“都好，常见面，请舅舅放心。”

正说着，邓小平来了，他亲切地说："我要和肥仔的亲戚谈谈。"

陈香梅听到邓小平称她舅舅为"肥仔"，心里感到热乎乎的，因为他们都是几十年患难与共的亲密战友，建立了深厚的友谊才如此亲切随和地称呼。

邓小平抽烟果真名不虚传，他一根接一根地猛吸着。不一会儿烟蒂便把烟缸填得满满的。廖承志见了，摇头一笑，便伸手向邓小平要烟抽。邓小平笑着对陈香梅说："你的舅父有气管炎，你可晓得？"陈香梅好生疑惑：我舅父不是好好的吗，哪来的"气管炎"？

正当陈香梅发愣之际，邓小平用手指着经普椿说："妻管严，一天只分配三根烟，不准多抽。他又来向我要烟了。你看，他的烟瘾和我差不多，不过，我没有人管，每天三包。"

邓小平和廖承志一边开玩笑，一边拉家常。他突然转过身来，风趣地对

邓小平会见美籍华人、美国总统出口委员会副主席陈香梅（历史图片）

陈香梅说："你来京之前，我就对你舅舅说过，他这个海外关系实在要得，怪不得他们要把他送进牛棚。哈哈，他是坐牢的专家，英国的牢，日本的牢，国民党的牢，共产党的牢，他都进去坐过了。了不起，了不起呀！"

陈香梅记得，小时候听外祖父和母亲说，舅舅廖承志长期从事地下革命活动，一生多半在狱里度过，一共坐过九次牢。1933 年，廖承志在上海被捕。何香凝曾找过当时任上海市市长的吴铁城，后又经宋庆龄、柳亚子、经亨颐三人担保，才恢复其自由。抗战时期，廖承志又在广东被捕，先后被押到韶关、乐昌、重庆等地监狱，直到 1946 年年初，国共两党交换政治犯时才被放出来。

廖承志坦然地笑了，他幽默地说："你坐牢经验不如我，因为我会画漫画，你不会。"邓小平不服气："你的桥牌技术可差劲哩，得努力学习。"廖承志夫人经普椿在一旁笑着对陈香梅说："他们两人在一起就喜欢抬杠。"

这是陈香梅平生过得最舒服、最惬意的一天，在她的心中留下了难以磨灭的印象。

会见美国国务卿，"中国是一个主权国家，她的屈辱的时代已一去不返了"

1983 年 2 月的一天。

美国国务卿舒尔茨来访，邓小平在钓鱼台国宾馆会见了他。

当时，美国的霸权主义行径十分猖狂，美国某些人对中国有一些轻慢的议论，说什么中国又穷又弱，在世界上是一个不值得重视的国家；中美建交是中国有求于美国，而美国无求于中国。对此，早在两年前邓小平在会见美国参议院共和党副领袖史蒂芬和美国总统出口委员会副主席陈香梅时就讲了一番十分硬气的话，坚决有力地回击了世界上对中国的轻慢之词。

邓小平指出，中华人民共和国就是依靠自力更生建立起来的。在非常困难的时候，我们也敢于正视现实，用弱小的力量去面对强大的力量。中国尽管穷和弱，但需要中国自己做的事情，中国是敢于面对现实的。所以，对中国在世界政治中的地位发生错误估计的人，起码不会有一个正确的国际战略。

这次邓小平在与舒尔茨的谈话中，再次严词谴责了美国的霸权主义言论，对此，舒尔茨很不服气，竭力为美国辩解，于是，在邓小平与舒尔茨之间又展开了一场激烈的唇枪舌剑。

“特使先生在中国过得愉快吗？”

邓小平热情而又礼貌地向客人问候。

“谢谢，一切都很好。”舒尔茨通过翻译客气而又显得友好地说，“里根总统要我转达他对您的问候。”

“谢谢总统先生的好意。”邓小平微笑着说。

当双方入座互相问候之后，邓小平很快把话引入正题：“自 1972 年《中美上海公报》发表以来，中美关系发展比较正常。作为中美双方，我们都应该珍惜这种关系。”

“但是，邓小平先生，”舒尔茨说，“在某些地方，还是发生了些小摩擦。”

“是。有摩擦，但责任不在中国，”邓小平指出，“就说技术转让吧，中国并不是非要美国的先进技术不可。老实讲，我们搞现代化主要是靠自力更生。即使美国的技术可以全部转让，中国也未必就全部买进。”

“某些尖端技术，”舒尔茨略带傲慢地摇摇头，“可能也不是贵国自力更生所能办到的吧？”

“不，您错了！”邓小平用事实驳斥，“原子弹、氢弹和所有的核武器，算得上‘尖端’吧？美国这方面的技术一直在对中国搞封锁。但是，我们不都一一通过独立钻研，自力更生，办到了吗？”舒尔茨没有那么傲慢了。

“问题不在于美国对我们转让什么，而在于美国究竟把中国当作潜在的敌人，还是真正的朋友？”邓小平坦率而又严肃地对舒尔茨说，“时至今日，许多中国人心目中，同美国能不能交朋友，美国够不够得上朋友，还存在着许多疑问呢！”

“这……未免太多心了吧？”舒尔茨尴尬地说。

“不，这是历史的经验告诉我们的。”邓小平继续说，“别说历史上美国对中国不平等，就是现在，也未必平等。前不久，美国司法机关公然企图‘传讯’中国政府，这是典型的霸权行径，真是岂有此理！请转告里根政府，中国作为一个主权国家神圣不可侵犯。我们对此提出了严正抗议！”

“邓小平先生有所不知，美国司法制度是独立的，”舒尔茨辩解道，“政府无权过问呀！”

“如此说来，美国实际上就有三个政府了：国会，内阁，法院。那么，究竟要人家同你们哪个政府打交道呢？”

邓小平义正词严，谈吐锋利，抨击美国霸权主义行径时毫不留情。他的一席尖锐有力的话语驳得舒尔茨哑口无言，只得默不作声了。

会谈结束了，邓小平向舒尔茨伸出了手说：“请您转达我对里根先生的问候，并请特使先生代我告诉他，中国是一个主权国家，她的屈辱的时代已一去不返了。”

交锋“铁娘子”，“香港是中国的领土，我们一定要收回来的”

“一国两制”构想的初定，首先是从“中国解决台湾问题”出发的，但历史的发展却使香港、澳门先于台湾而步入“一国两制”的轨道。

1982 年 9 月，北京秋高气爽，景色宜人。

22 日下午 1 时 20 分，一架英国皇家空军专机在北京首都机场徐徐降落。

英国首相撒切尔夫人仪态万方地步下了飞机舷梯，前往机场迎接的有中国外交部副部长章文晋夫妇、西欧司司长王本祚、港督尤德爵士、“船王”包玉刚等。

是日，北京首都机场、天安门广场和钓鱼台国宾馆上空飘扬着中英两国国旗，天安门广场附近的东西长安街一带亦挂上了欢迎彩旗。

西方报纸报道说：“说来也巧，这个日子正值主张‘和为贵’的中国古代伟大思想家孔子诞辰2463年纪念之时，她（撒切尔夫人）在丈夫丹尼斯及一大批政府官员和16名记者陪同下，来到这具有几千年文明史的礼仪之邦——中国。”

撒切尔夫人此行的目的是为了加强中英关系，扩大两国贸易，此外还为了一件举世瞩目的大事，即就香港问题与中国领导人进行会谈。

正是因为这样，所以中英港三方面人士对此都极为重视，新闻机构更不敢怠慢，各自派出精明强干的记者云集北京，各显神通，打响了新闻采访的战役

早在来华之前，撒切尔夫人就事先声明：“有关香港的三个条约仍然有效。”在国际上大造舆论，其用意在于试探中国方面的立场。然而，这是一种摊牌性的接触。

24日上午，“铁娘子”撒切尔夫人穿一袭蓝底红点丝质西装裙，脚蹬黑色高跟鞋，挽黑色手袋，颈上戴一条珍珠项链，显得雍容华贵。她先来到人民大会堂新疆厅与邓颖超交谈片刻，随即告辞，前往隔邻的福建厅，与邓小平进行会谈。

在邓小平步出大厅迎接“铁娘子”前，记者们为了占据一个有利位置拍照，你挤我拥地一次又一次骚动。在此期间，某外国电视台一记者，被北京的一位电视台摄影师的镜头不小心撞了一下，竟然回身一脚踢在那位同行腰部，被踢者也怒不可遏，似乎失去了理智，还以一拳，眼看一出“全武打”即将上演。就在这个当口，福建厅的大门一下子打开了，邓小平步出大厅迎

接铁娘子，大家的注意力顿时都集中在这两位领导人身上，一场风波遂自动平息。

记者们观察到，铁娘子从新疆厅那一头走向福建厅时，由于走了一半还未看到邓小平的身影，而福建厅亦紧闭，与刚才邓颖超老早就在门外伫立恭候的情况截然不同。所以，她一路走来，面带犹疑之色。大概她那时内心正忐忑不安，门却突然打开，邓小平满面笑容地迎出来，上前走五六步，与撒切尔夫人握手问好。此时，闪光灯闪个不停，“嚓！”“嚓！”记者抓住时机抢镜头。

撒切尔夫人一见面后就说：“我作为现任首相访华，见到你很高兴。”

不料，邓小平却说：“是呀，英国的首相我认识好几个，但我认识的现在都下台了。欢迎你来呀。”

1982年9月24日，邓小平会见英国首相撒切尔夫人，全面阐述了中国政府对香港问题的基本立场。他指出：如果在1997年还不把香港收回，任何一个中国领导人和政府都不能向中国人民交代，甚至也不能向世界人民交代。就意味着中国政府是晚清政府，中国领导人是李鸿章（历史图片）

这本来是句大实话，不过善于揣摩弦外之音的人不免胡思乱想，所以有些记者闻言肚里暗自好笑，也不知铁娘子当时对这句话的感受如何。

接着，宾主双方在福建厅就座，两人的坐姿形成对比，邓小平半靠在沙发上，状态轻松舒适，铁娘子却正襟危坐，双手平放在膝上。由于有大批记者在场拍照。两人话题只好仍然停留在寒暄阶段，大谈饮食之道。

撒切尔夫人说："知道你是刚从外地回来。"

邓小平接言："我是陪同朝鲜主席金日成去了四川。"

"此行必定愉快？"撒切尔夫人深入一步问道。

"不错！我们在四川吃过好几次川菜，我本身很喜欢川菜。中国是以川菜和粤菜最为著名。"

说到这里，邓小平转问陪同在侧的港督尤德爵士是喜欢川菜还是粤菜。

尤德说："两样我都喜欢。不过，我的外交生活正是从四川方面开始的。"

邓小平说："那么你也是四川人了。"

撒切尔夫人从旁打趣说："尤德爵士的说话很有外交辞令。"略微停顿了一下，她又发表了自己的看法说："我倒觉得苏州菜风味不错。"这大概是由于她五年前以保守党领袖身份访问中国，到过苏州等地参观，故有此语。

邓小平却不同意撒切尔夫人的说法，笑笑说："以游客来说，总是到哪里说哪里的菜好。"

谈到这里的时候，记者被请离场，会谈闭门进行，转入正题。

对这次会谈，卫星进行了现场直播，全世界许多人目不转睛地注视着会谈的每一个细节、每一句谈话，因为它将被载入史册。对自己命运和前途十分关心的香港人，电视现场的直播更是如磁石般吸引着他们的心。人们从电视上可以看到，撒切尔夫人向邓小平还是强调有关香港的三个条约仍然有效。

是啊！香港昔日不过是荒山野岭的一个名不见经传的小地方，如今却高楼林立，寸土寸金，英国怎么能够甘心情愿地拱手奉还呢？又怎能不难以舍

1984年12月，邓小平同前来出席中英两国政府关于香港问题的联合声明签字仪式的英国首相撒切尔夫人亲切会谈（历史图片）

弃呢？

既然问题再一次摊开了，就必须要回答。这个回答，关系中华民族的尊严和威信，关系到执政的中国共产党如何向历史作交代的大事，邓小平的回答是斩钉截铁的两句话：“香港是中国的领土，我们一定要收回来的！”这十七个字震古烁今，大义磅礴，决不妥协，决不退让，将中华民族收回香港主权的鲜明立场昭之于世界。

尔后，邓小平坦诚地对撒切尔夫人说，香港问题很简单，我看一二年能解决。并向撒切尔夫人讲了中国政府的三点原则性意见，即：

第一，主权不容讨论。香港本来就是我们的地方；但从现实出发，“香港问题”可以谈，而主权不能讨论。

第二，希望在一两年内解决香港问题，否则到时候中国将单方面宣布自己对解决香港问题的对策。

第三，与其今后解决，不如现在解决。假如香港出现了不可收拾的局面，那么我们将重新考虑收回香港主权的日期。

邓小平的三点意见具有相当的分量，他脚踏着960万平方公里的大地，身后有10亿人民，岂能“做李鸿章第二”？撒切尔夫人是挟英阿福克兰（阿根廷称马尔维纳斯）群岛之战胜利之余威前来与中国谈判香港问题的，幻想可以继续保持英国侵占香港的三个不平等条约。然而，中国不是阿根廷，香港也不是马尔维纳斯群岛，撒切尔夫人找错了对象。

外电评述：撒切尔夫人是锋芒毕露，邓小平是绵里藏针。还说，撒切尔夫人尽管受丘吉尔影响极深，有“铁娘子”之称，尽管她坚持鲜明的传统保守主义哲学和强硬的经济政策，但在邓小平的面前，她毕竟还年轻……

由于邓小平在会谈前没有对记者发表任何谈话，而事前有关人员曾表示：邓小平经常有对记者讲几句话的雅兴。所以，香港记者在被请离场后，内心都盼着等会儿邓小平送客出门时，能拦住他，请他对香港同胞讲几句话。于是，大家不惜耐着性子站了两小时，结果是大失所望，会谈结束后连邓小平的影子也没有见着。只见撒切尔夫人落寞地从门口走出来，脸色凝重。她步下大会堂北门石阶，抬眼望见石阶右下方的记者，突然绽开笑脸，拧过头来向记者点头示意。也许，此刻她的心境正如拜伦诗中所说，“我必须压下内心渺小的忧郁”，她正努力把倒海翻江的内心世界掩饰得像深潭一样平静。当她走到倒数第二级石阶时，其高跟鞋与石阶相绊，使身体失去平衡，栽倒在石阶地上，以致皮鞋、手袋也被摔到了一边。幸好她已将到平地，摔得不重，有惊无险。

在旁的英国驻华大使柯利达、一名军人及一名穿灰色中山装的工作人员见状，马上在第一时间合力将撒切尔夫人扶起，另外有人为她拾起掉在一边的手袋，并拍拍沾在上边的灰尘。虽然这时“铁娘子”颇为狼狈，但她不愧为“铁娘子”，起身后神态自若，看不出“惊魂未定”的迹象，接过别人递过来的手袋时还不忘道谢。随后，她轻挽裙摆，猫腰钻入停在石阶下的“红旗”牌小轿车内，坐好后又向记者挥手微笑，似乎叫记者不要为她跌的这一踥担心，充分显露出其处变不惊的“女强人”本色。

事后，这便成了街谈巷议的话题。

向黄华道歉，“知过能改，善莫大焉”

1984 年 5 月 28 日，邓小平在北京接见香港“船王”包玉刚先生。两个人很自然地谈起了香港的问题。当谈到驻军问题时，邓小平突然满怀内疚地说：“黄华同志没有说过驻军问题，我不该错怪他。”他这是对三天前当着记者的面公开批评黄华一事道歉。

事情的经过是这样的。

25 日上午，邓小平在人民大会堂接见正在北京出席六届二次政协和人大会议的港澳代表，并与他们合影留念。记者们被允许进去拍照。当时中英

邓小平与老朋友、香港著名实业家包玉刚在一起（历史图片）

1984年12月19日，邓小平出席中英两国政府关于香港问题的联合声明签字仪式（历史图片）

双方正就香港问题进行谈判，香港到处传播着有关谈判情况的传闻。什么中方提出成立联络小组要干预港府事务、什么英方出现了“福克兰情绪”而立场转趋强硬、什么中英谈判陷入僵局甚至面临破裂……这些无不冲击着香港人脆弱的神经，加上香港的金融、股票市场又起波澜，有人还等待着又一个“黑色星期五”的出现。记者们，特别是首次被邀请赴京采访“两会”的香港记者得知他们可以参加邓小平与港澳代表的会见，一个个都十分兴奋，盘算着就大家关心的有关香港问题向邓小平提问。邓小平的讲话将是最权威的。但是大会方面通知，记者们只能在邓小平与代表们合影时拍照。不得提问，也不得闯入邓小平接见代表的大厅内。记者们好生失望，合完影后，只能眼巴巴地望着邓小平与代表们鱼贯进入东大厅。但不一会，大会方面又临时通知记者们可以入东大厅内拍照五分钟，但仍不得提问。记者们闻言，蜂拥而入，争先恐后地抢拍镜头。

正当拍得差不多时，一直坐着沉默不语、神色凝重的邓小平忽然开口说:“有这机会，我和记者讲几句话。”

邓小平清了清嗓子说，中央对香港问题的发言，除了他本人和负责具体问题的姬鹏飞等人，所有其他的发言人都无效，都不算正式的。

在场人士对邓小平这一番话无不感到突然。坐在邓小平旁边的中国记协副主席、香港《大公报》社长费彝民急忙插口说:“五分钟了，够啦，够啦!”意在请记者离场，制止邓小平再往下说。但邓小平此时显得很激动，似乎不吐不快的样子。因此他继续说道:“另外，我要辟个谣，黄华、耿飚讲的香港驻军问题不是中央的意见。你们去登一条消息，没有那回事，香港要驻军的，既然是中国的领土，为什么不能驻军呢?这个英国外相和我会谈时，他也承认，他也说:当然希望中国不驻军，用另外一种形式，但是他承认中国政府既然收回香港主权，有权在香港驻军。这个明确得很，难道连这一点权利都没有吗?那还叫中国领土?”

邓小平 28 日的道歉就是针对上述这番话说的。

引致邓小平批评黄华、耿飚的导火线是一份香港以知识分子为主要读者对象的报纸刊登的一条消息。邓小平接见出席“两会”港澳代表之前，刚好看了 22 日出版的这份报纸。报上刊载前国防部部长耿飚 5 月 21 日出席湖南省人大代表小组会议时就香港问题发表的一席谈话。耿飚在谈话中说:“中国军队将来不会驻在香港，而香港人也无须负担军费!”同时，邓小平还听说，黄华也曾接受过香港记者的采访，并在采访中谈到了香港问题。

黄华在此之前确实接受过香港亚洲电视台的采访，谈论香港问题，但是他并没有就驻军的问题发言。邓小平批评黄华时，采访过黄华的亚洲电视台的一位女记者就在场。她说，她听了邓小平的那段话，害怕得连麦克风都举不起来，以为邓小平四川口音很浓的那番话是指他们发播的新闻“胡说八道”。

邓小平当时并不知道黄华在接受香港记者采访时谈话的具体内容，在盛怒之下，以为黄华也像耿飚一样，谈的是驻军问题，因此，把他们两人点名批评了。

香港问题当时原本就是一个敏感问题，驻军问题又是这一敏感问题中最敏感的问题。本来，一个主权国家对其领土内的一切人、物和所发事件享有排他性的管辖权。主权的具体表现是治权，主要包括官员设置、军事部署与指挥、财政支配等。中国政府在收回香港主权后，在香港驻军是理所当然、无可非议的，不应成为问题。但是，当时港英方面通过某些舆论媒介传出不希望甚至反对中国政府在香港驻军的意向。国外舆论我们管不着，也无关大局，但作为中国政府官员，发表在香港不驻军的谈话，性质就不一样了，这就可使普通民众误以为他的谈话就是中国政府的意见。在邓小平看来，这种谈话是一种轻率的、不负责的、有违根本原则的谈话。因此，当他看到报纸上耿飚的谈话，听到旁人关于黄华的谈话后，情绪非常激动，以致当着记者的面，公开批评耿、黄二人。

事后，邓小平得知，黄华并没有讲驻军问题，是他错怪了黄华，因此他以会见包玉刚先生之机，公开向黄华道歉、作自我批评。

孔子的弟子子贡说过："君子之过也，如日月之蚀焉。过也，人皆见之；更也，人皆仰之。"邓小平的公开道歉与自我批评，正表现了中国共产党人高风亮节的品质和知错能改、勇于认错的政治家风度，令人肃然起敬。

丹麦的自行车和助听器

1986 年 3 月 25 日，在人民大会堂福建厅，邓小平会见了丹麦首相施吕特一行。

上午 10 时，当丹麦贵宾来到福建厅时，年逾 80 岁的邓小平身着灰色中山装，健步走到大厅门口，和他们紧紧握手，表示欢迎。这时早就等候在那里的中外记者围上前去，他们紧张工作的状态和邓小平轻松自如的神态形成

1986年，邓小平会见来访的丹麦首相施吕特（历史图片）

鲜明的对照。

施吕特说："我一直盼望能见到你，现在见到你我很高兴。"

接着，邓小平把客人迎进福建厅。大厅里两盆桃花散发着芳香，花架上的君子兰郁郁葱葱，整个大厅充满着春天的气息。在亲切愉快的气氛中，在45分钟时间里，两位领导人纵论天下大事，畅谈丹中友谊，把施吕特首相的这次访问引向了高潮。

会见刚开始，邓小平就对施吕特说："你是我今年会见的第一个外国朋友。不久前，香港传说我病了，而且股票也因此而下跌。现在可以辟谣了。"

施吕特风趣地接着说："你的会见对我是一种荣誉，我相信明天哥本哈根的股票市场将非常活跃。"

谈到两国关系时，邓小平说，中丹关系一直很好。丹麦是最早同中国建交的西方国家之一。近年来，我们两国政治和经济关系又有了不小的发展，两国领导人的互访也有所增加。丹麦为帮助中国的建设尽了自己的力量，我们对此表示感谢。

施吕特接着说，丹麦不仅愿意同中国发展经济贸易关系，而且希望了解中国的历史、语言。

邓小平点头表示赞同。他说，友谊是建立在相互了解和信任的基础之上的。他希望两国在政治和经济方面的友好关系继续发展下去。

他指出，在国际事务中，中国和丹麦对许多问题有共同的认识。两国都根据自己的国情制定政策。中国奉行独立自主的政策。我们希望欧洲国家也奉行独立自主的政策。我们深信这种政策有利于世界和平。邓小平说，我们希望中国、欧洲和所有第三世界国家强大起来，加强团结，维护世界和平。这样，和平是有希望的，战争应该避免也可以避免。

邓小平说："这几年来我有意识地少做工作，让别人多做。中国的现行政策并不仅仅体现在我一个人身上。我好久没有露面就是这个原因。"他指出："中国的政策并不是我一个人提出的，中国的现行政策得到全国绝大多数人的广泛支持，得到广大干部的支持。干部和群众都要求改革。"

他说，城市改革比农村改革复杂得多，大体要花五年时间。这种改革没有前人的经验，全靠我们自己摸索。他表示相信中国的改革是会成功的。

施吕特在哥本哈根时曾对新华社记者说，丹麦希望成为了解中国和中国人民的冠军。邓小平风趣地对施吕特说："你已经当上了冠军，只不过我还没有制作一个奖杯，只要我们这样合作下去，总有一天我会送你一个奖杯。"

会见快结束时，邓小平请施吕特几年后再来看看中国的变化。施吕特说："下次我要骑自行车来。"

邓小平紧接着说："我们两国自行车都很多！"

施吕特点点头，丹麦人喜欢骑自行车锻炼身体。

邓小平侧过身子对施吕特说："四年前一位丹麦朋友告诉我，丹麦产的助听器质量最好。"

邓小平1989年会见外宾时调整左耳的助听器（历史图片）

施吕特说："助听器是丹麦主要的出口产品之一，质量很好。"

邓小平指着自己的左耳说："我的耳朵有些背，前几年就是用的丹麦的助听器……这样我们又有两个共同点，自行车和助听器。"听着他风趣的话，会见大厅里又一次响起了笑声。

华莱士制造"邓小平热"

1986年9月2日，中国官方媒体新华社称：

"中共中央顾问委员会主任邓小平今天上午在中南海接受了美国哥伦比亚广播公司'60分钟'节目记者迈克·华莱士的电视采访。

"邓小平回答了华莱士提出的有关中国经济改革、中国的统一、中美关系、中苏关系等方面的问题。"

第二天，《人民日报》在第一版刊登了这一消息，并配上了一幅邓小平接受华莱士采访的照片。

这份简短的报道在当时十分引人注目，又令人颇费猜测。邓小平接见美国记者的情形如何？具体谈了些什么？有没有新的、惊人的东西出台？官方消息没有提供任何细节。

有幸受到邓小平接见的华莱士，也守口如瓶。他遗憾地告诉记者们："在这次与记者的谈话播出之前，我们不会透露任何内容。我相信你们能理解。"

华莱士主持的"60分钟"节目固定在每个星期天晚上播出，而邓小平接见美国记者这一天还是星期二，即使哥伦比亚广播公司以最快的速度把节目制作好，也只能在四天后的9月7日晚与观众见面。在这之前，该公司自然不会泄露自己的独家新闻而使星期天的节目失色几分。造成轰动效应，是新闻界苦心追求的目标。

但是，守口如瓶的华莱士也难以抑制成功带来的冲动，他喜形于色地告诉同行们：邓小平在谈话时非常幽默，看起来"在休假后很健壮"。他还得意地透露说：邓小平在接受他的采访时，非常乐于提供消息。

中国方面的沉默，美国方面的封锁消息，使这次采访罩上了一层神秘的面纱，人们期待着星期天的来临。

果然，哥伦比亚广播公司不负众望。9月7日晚，电视台播放了邓小平接受华莱士采访的全过程。当人们看到那张熟悉的东方人的面容在美国电视屏幕上谈笑风生时，都深深地叹服这位时代风云人物卓越的才能、超人的智慧。

美国轰动了。

世界轰动了。

一时间，几乎全球所有的新闻机构都以最快的速度报道了邓小平同华莱士的谈话。许多电视台纷纷向哥伦比亚广播公司要求购买谈话的播放权。中国《人民日报》也在9月8日和9月15日分两次刊登了邓小平谈话的详细内容。

在电视录像播放后的一周多时间里，邓小平谈话一直是世界舆论评论的中心话题。

华莱士在全球又制造了一股"邓小平热"。

时年68岁的华莱士出生在波士顿一个俄国犹太移民家庭。他身材高大魁梧，仪表堂堂，有一种典型的西方记者的派头。

1968年起，他出任哥伦比亚广播公司“60分钟”节目主持人。在他的主持下，这个节目在竞争激烈的美国电视界享有极高的收视率，多次获得大奖。华莱士这个名字，也像“60分钟”一样，在美国家喻户晓，他也因此而成为世界第一流的新闻记者。

18年来，华莱士备尝事业的艰辛与成功的欢乐。作为新闻节目的特派记者，他采访过水门事件、越南战争和中东战争；他单独采访过的国际风云人物就有十多个：约翰逊、尼克松、里根、霍梅尼、萨达特、贝京、巴列维国王、指挥越南战争的威斯特摩兰将军……但是，无论是在逆境还是顺境，他始终以其坚韧不拔的毅力和高度的职业责任心，向一个又一个的目标攀登。这一次，他把镜头对准了中国的邓小平，决意要在他成功的道路上，再留下一个辉煌的足迹。

为了这次采访的成功，华莱士煞费苦心，进行了充分的准备。他仔细阅读了几乎所有能够找到的有关邓小平的文字材料，其中邓小平的女儿毛毛写的《在江西的日子里》一文，描述了邓小平一家在“文化大革命”中的遭遇，给他留下了深刻的印象。他还请中国的中央新闻纪录电影制片厂和中央电视台提供了一些有关邓小平的革命经历和工作、生活方面的影视资料，如邓小平与刘伯承在解放战争中指挥战斗、邓小平在十二大等场面。根据电视的特点，他要求中国方面把采访地点定在中南海，而不是邓小平通常会见外宾的人民大会堂，以便让观众欣赏到具有中国传统特色的古建筑，也借此机会让人们一睹中国领导人日常办公的所在地。

9月2日清晨，秋高气爽、阳光明媚。

10时许，中共中央顾问委员会主任邓小平来到中南海岸边的紫光阁。

这位刚刚过了82岁生日的老人，依然步履稳健、精神饱满，双目炯炯有神。由于刚从北戴河度假归来，他脸上的皮肤被夏季的日光晒得黝黑——这是他经常在海边游泳的结果。也许是因为要拍电视的缘故，当天，他特意穿上一套新制的十分合体的中山服，脚上的皮鞋也刷得锃亮，显得整洁而朴素。

作为推进中国现阶段变革的主要人物，邓小平是许多中外记者渴望采访的对象。邓小平的所思所想所为，不仅具有极高的新闻价值，而且对研究中国的现状和未来有着重要的科学价值。这一次，邓小平终于接受了美国记者华莱士的采访要求，按他的说法，是想借这个机会同美国人民见见面，使美国人民更好地了解他、了解中国。

此前，在邓小平所接见的无数外国记者中，谈话时间最长的是作风泼辣、提问尖锐的意大利记者法拉奇。对那次著名的谈话，世界舆论反应极好，认为邓小平向记者交了一份水平很高的答卷。时隔六年，他又将面对另一位不易对付的名记者的采访，而且是他从未经历过的一对一的电视采访，这无疑是对这位年事已高的老人智慧和精力的又一次考验。

邓小平同早早等候在阁内的华莱士握了握手。华莱士兴奋地说："我把今天同您的交谈看成是一次非常难得的机会。因为像您这样的人物，我们记者不太容易得到专访的机会。"

邓小平微笑道："我只是一个普普通通的人。"语调平缓稳重。

"我希望我们在一起的一个小时对您是有趣的。"华莱士又道。

"我这个人讲话比较随便。因为我讲的都是我愿意说的，也都是真实的。我在我们国内提倡少讲空话。"

邓小平坦率质朴的言语、平易近人的风度，使他同记者在正式提问开始前的谈话，就像老熟人之间的聊天，娓娓道来。

华莱士问："您有没有接受过一对一的电视采访？"

邓小平回答："电视记者还没有。与外国记者谈得比较长的是意大利的法拉奇。"

华莱士说："我读了那篇谈话，感到非常有趣，法拉奇问了您不少很难答的问题。"

邓小平坦率地承认："她考了我。我不知道她给我打了多少分。她是一个很不容易对付的人。”

华莱士不无自负地说：“是的。我采访过法拉奇。但我也问了一些她很难答的问题。”

……

寒暄过后，华莱士拿出预备好的提问提纲，开始正式提问。三台摄像机在六名美国电视技术人员的操纵下开始转动。

华莱士首先从中苏关系入手：“您对戈尔巴乔夫最近在海参崴的讲话有何看法？”

这是指 1986 年 7 月 28 日戈尔巴乔夫在中国大门口的海参崴就苏联的亚洲太平洋政策发表的讲话。戈尔巴乔夫表示愿与亚洲国家尤其是中国和日本改善关系。对于中国，他说，苏联愿意从阿富汗撤出 8000 名军人，安排从中苏边界撤军，依照中国的意见谈判黑龙江边界。他还表示，苏联准备同中国在任何时候任何级别上举行最严肃认真的会谈。当时，中国的反应是“有新意，将仔细研究”。现在，华莱士开门见山提出这一问题，实际上是要邓小平对戈尔巴乔夫的倡议作出中国的正式答复。

1986年，邓小平在中南海接受美国哥伦比亚广播公司“60分钟”节目记者迈克·华莱士的电视采访（历史图片）

邓小平答道：“戈尔巴乔

夫在海参崴的讲话有点新东西，所以我们对他的新的带积极性的东西表示了谨慎的欢迎。但戈尔巴乔夫讲话也表明，他的步子迈得并不大。在戈尔巴乔夫发表讲话后不久，苏联外交部官员也讲了一篇话，调子同戈尔巴乔夫的不一样。这就说明，苏联内部对中国政策究竟怎么样，我们还要观察。”

华莱士问：“您以前有没有见过戈尔巴乔夫？”

“没有。”

“您是否想见见他？因为他说过，他愿意同你们在任何时候、任何级别上谈任何问题。您愿意同他进行最高级会晤吗？”

“如果戈尔巴乔夫在消除中苏间三大障碍，特别是在促进越南停止侵略柬埔寨和从柬埔寨撤军问题上走出扎扎实实的一步，我本人愿意跟他见面。”

谈到这里，华莱士犯了个不大不小的错误，差一点与这次采访中最有价值的新闻失之交臂。他本来应该接过邓小平的话，追问对方准备怎么与戈尔巴乔夫见面、在什么地方见面，可他却转而去谈：“越南人今天发表讲话，表示愿意和中国谈判，以便结束中越之间的困难局面。”

这时，在电视监视器屏幕前“督战”的节目制作人，站起来皱了眉头，对这一败笔感到焦虑。

谈话在继续。

邓小平说：“越南这种表示至少有一百次了。我们也明确告诉他们，前提是越南从柬埔寨撤出全部军队。柬埔寨问题由柬埔寨四方商量解决。”

华莱士说：“所以，就邓小平和戈尔巴乔夫举行最高级会晤来说，球在戈尔巴乔夫一边。”

“要越南从柬埔寨全部撤军。”邓小平强调，“对这个问题，苏联是能够有所作为的。因为如果苏联不帮助越南，越南一天仗都打不了。戈尔巴乔夫在海参崴讲话一直回避这个问题。所以我说，苏联在消除中苏关系三大障碍上迈的步子并不大。”

华莱士说：“看来，中国同资本主义的美国的关系比同苏联共产党人的关系更好一些，这是为什么？”

邓小平说：“中国观察国家关系问题不是看社会制度。中美关系是看中国同美国关系的具体情况来决定。中苏关系是看中国和苏联关系的具体情况来决定。”

幸好这时摄像机的第一盘录像带用完了，在停机换带的间歇，节目制作人赶紧上前向华莱士献策。

第二盘录像带开始转动后，华莱士立即补问道：“邓主任，刚才我的节目制作人要我再问一下邓主任是否愿意会见戈尔巴乔夫。”

这一问，引出了邓小平在这次采访中的最精彩、后来被新闻界评述最多的一段谈话：

“我刚才说了，如果苏联能够帮助越南从柬埔寨撤军，这就消除了中苏关系的主要障碍。我再说一次，越南入侵柬埔寨问题是中苏关系的主要障碍。越南在柬埔寨驻军也是中苏关系实际上处于热点的问题。只要这个问题消除了，我愿意跟戈尔巴乔夫见面。我可以告诉你，我现在年龄不小了，过了八十二了，我早已经完成了出国访问的历史任务。我是决心不出国的了。但如果消除了这个障碍，我愿意破例地到苏联任何地方同戈尔巴乔夫见面。我相信这样的见面对改善中苏关系，实现中苏国家关系正常化很有意义。”“三大障碍主要是越南侵柬，因为中苏实际上处于热点和对峙，不过方式是通过越南军队同中国对峙。”

邓小平关于中苏关系的谈话，显示了他作为一个老练的战略家所具备的机敏和胆识。中国最高领导人愿意前往苏联举行两国首脑会晤，这在双方关系破裂二十多年来还是第一次。但邓小平在作这种表示时，并没有放弃中国一贯坚持的立场，即中苏关系正常化必须排除三大障碍。

法新社评论说：“戈尔巴乔夫通过在符拉迪沃斯托克（海参崴）发表讲话取得了重要的几分，但是，80 多岁的邓小平的这次讲话已把球挡了回去。”

美国《基督教科学箴言报》说：“邓小平巧妙地在没有作出任何让步的情

况下从戈尔巴乔夫手里夺走了舞台中心位置。”

……

话题从中苏关系转到中美关系。

华莱士说，里根总统和夫人南希曾亲口告诉他，他们对“60 分钟”节目很感兴趣，几乎每个星期天晚上都要看这个节目。他问邓小平：“不知您有什么话要对里根总统说？”

邓小平在沙发上欠了欠身，说：“在里根总统和夫人访问中国时，我们认识了。我们相互间的谈话是融洽的和坦率的。我愿意通过你们的电视台，转达我对里根总统和夫人的良好祝愿。我希望在里根总统执政期间，中美关系能有进一步的发展。”

华莱士不愧是采访老手，他不仅善于从新闻角度摄取重大信息，而且注重设计每一个细节。他提的这一富于人情味的问题，使这次采访生色不少。当里根夫妇和千百万美国人坐在电视机前，听到来自太平洋彼岸的问候时，一定不会无动于衷吧？

“目前中美双方是否存在大的分歧问题？”话锋一转，立即触到了最敏感之处。

邓小平坦率地说：“有。如果说中苏关系有三大障碍，中美关系也有个障碍，就是台湾问题，就是中国的海峡两岸统一的问题。美国有一种议论说，对中国的统一问题，即台湾问题，美国采取‘不介入’的态度。这个话不真实。因为美国历来是介入的。”他回顾说：“在五十年代，麦克阿瑟、杜勒斯就把台湾看作是美国在亚洲和太平洋的‘永不沉没的航空母舰’，所以台湾问题一直是中美建交谈判中最重要的问题。”

华莱士还不满足：“美国在处理美台关系时是否未能按照它承担的义务去做？”

邓小平避免正面回答：“我认为美国应该在这个问题上采取更明智的态度。”

在访问中，邓小平谈笑风生（历史图片）

“什么态度？”华莱士一定要追根问底。

邓小平答道：“很遗憾地说，在卡特执政的后期，美国国会通过了《与台湾关系法》，这就变成了中美关系的一个很大的障碍。刚才我说，希望里根总统执政期间，能够使中美关系得到进一步发展，其中就包括美国在中国统一问题上能有所作为。我相信，美国特别是里根总统，在这个问题上是能有所作为的。”

华莱士继续追问：“他们在这个问题上能有哪些作为呢？”

“可以鼓励、劝说台湾首先跟我们搞‘三通’：通商、通航、通邮。通过这种接触，能增进海峡两岸的相互了解，为双方进一步商谈统一问题创造条件。”

华莱士问道：“台湾有什么必要同大陆统一？”

“这首先是个民族问题，民族的感情问题。凡是中华民族子孙，都希望中国能统一，分裂状况是违背民族意志的。其次，只要台湾不同大陆统一，台湾作为中国领土的地位是没有保障的，不知道哪一天又被别人拿去了。”他稍作停顿，“第三点理由是，我们采取‘一国两制’的方式解决统一问题。大陆搞社会主义，台湾搞它的资本主义。这对台湾的社会制度和生活方式不会改变，台湾人民没有损失。”

接着，邓小平针对台湾与大陆经济发展水平的差异，提出了自己的看法：“至于比较台湾和大陆的发展程度，这个问题要客观地看。差距是暂时的。拿大陆来说，我们建国三十七年来，有些失误，耽误了，但根据大陆的现行政策，发展速度不会慢，距离正在缩小。我相信大陆在若干年内至少不会低于台湾的发展速度。道理很简单，台湾资源很缺乏，大陆有丰富的资源。如果说台湾已发挥了自己的潜力，大陆的潜力还没有发挥，肯定会很快发挥出来的。而且就整体力量来说，现在大陆比台湾强得多。所以单就台湾平均收入比大陆现在高一些这一点来比较，是不全面的。”

邓小平这番透彻的分析，既阐明了民族感情、国家利益之所在，又照顾到目前海峡两岸的差距，实在入情入理。

……

华莱士看了一眼提问单，把话题转向中国国内政策：“中国谈到，搞现代化，发展经济，需要西方的资金，但现在西方投资者抱怨同中国做生意太难，存在一些问题，房租太高，谈合同争吵不休，各种税收名目繁多，劳动力太贵，贪污、受贿，还存在着官僚主义。您是否了解这些情况？”

邓小平点点头，坦率地承认：“我了解，是有这种现象。因为同西方做生意这对我们来说是一件新事物，有一些差错是难免的。外国投资者有这些意见，我能理解。投资不赚一点钱，那不可能，那谁愿意来？我们正在采取一些有效措施改变这种状况，相信问题可以逐步得到解决。”他表示：“解决了这些问题，还会有新的问题产生，还要加以解决。作为领导来说，要摸清情况，采取措施，包括教育干部。”

“现在中国领导提出致富光荣的口号，资本主义国家很多人对此感到意外，这个口号同共产主义有什么关系？”不仅是华莱士有这样的疑问，就是在中国，也还有些带着“左”的条条框框看问题的人，对这样的口号感到难以接受。

对此，邓小平是这样看的：“我们经历了‘文化大革命’。关于共产主义，‘文化大革命’中有一种观念，宁要穷的共产主义，不要富的资本主义。我在一九七四年、一九七五年重新回到中央工作时就批驳了这种观点。正因为这样，当然还有其他原因，我又被打下去了。当时我告诉他们没有穷的共产主义，按照马克思主义观点，共产主义社会是物质极大丰富的社会。因为物质极大丰富，才能够实现各尽所能、按需分配的共产主义原则。社会主义是共产主义第一阶段，当然这是一个很长很长的历史阶段。社会主义时期的主要任务是发展生产力，使社会物质财富不断增长，人民生活一天天好起来，为进入共产主义创造条件。不能有穷的共产主义，同样也不能有穷的社会主义。致富不是罪过。但我们讲的致富不是你们讲的致富。社会主义财富属于人民，社会主义的致富是全民共同致富。社会主义原则，第一是发展生产，第二是共同致富。我们允许一部分人先好起来，一部分地区先好起来，目的是更快地实现共同富裕。正因为如此，所以我们的政策是不使社会导致两极分化，就是说，不会导致富的越富，贫的越贫。坦率地说，我们不会容许产生新的资产阶级。”

华莱士谈起他在广东珠江三角洲看到农民买摩托车、彩电、盖新房等情况，邓小平摆摆手：“现在在农村受到赞扬的有些万元户，一万元不过二三千美金，还是一年的收入，能够算富吗？我们就算富了，那能有多少？比起发达国家来，人均国民收入还是很低的。”

谈到“文化大革命”，华莱士请邓小平谈谈他和他的家人在“文化大革命”中的遭遇如何。这也是那些爱猎奇的西方人感兴趣的东西。对此，邓小平却不置一词，只是说：“那件事，看起来是坏事，但归根到底也是好事，促使人们思考，促使人们认识我们的弊端在哪里。”

华莱士急忙插话：“那是不是说，当时让您扫地、做饭、劈柴等等也是好事？”

邓小平笑了：“说那些完全是好事，不能那么说。我的意思是使不好的事变成好的事。”他说：“毛主席经常讲坏事转化为好事。善于总结‘文化大革命’的经验，提出一些改革措施，从政治上、经济上改变我们的面貌，这样坏事就变成了好事。为什么我们能在七十年代末和八十年代提出了现行的一系列政策，就是总结了‘文化大革命’的经验和教训。”

显然，在邓小平心中，个人的命运是置于国家的命运之中的，同国家的灾难相比，个人的遭遇算不上什么。何况，他本来就是一个心胸开阔、永远向前看的人。

华莱士接着问道："到现在为止，还没有看到在中国的任何公众场合挂您的照片，这是为什么？"

"我们不提倡这个。"邓小平说，"个人是集体的一分子。任何事情都不是一个人做得出来的。所以就我个人来说，我从来不赞成给我写传。我这个人，多年来做了不少好事，但也做了一些错事。'文化大革命'前，我们也有一些过失，比如'大跃进'这个事情，当然我不是主要的提倡者，但我没有反对过，说明我在这个错误中有份。如果要写传，应该写自己办的好事，也应该写自己办的不好的事，甚至是错事。"

华莱士又跳到另一个问题："每个人都会问这样的问题：在过去几年中，邓小平干得不错，现代化搞得不错，经济在发展，人们不像以前那样担心害怕，但邓小平以后情况会怎样？是否会回到以前的状况？"

"肯定不会。"邓小平加重了语气，"因为确定现行政策会不会发生变化的主要根据是，现行政策对不对，对国家来说对不对，对人民来说对不对，人民的日子是不是逐步好过一些。我相信人民的眼睛是雪亮的。现行政策只要一改变，人民生活肯定会下降。如果人民认为现行政策是正确的，谁要改变现行政策，谁就要被打倒。"

……

谈话到这里，已不知不觉过了一个多小时。可华莱士的提问单上还有好些问题没有来得及问。他请求邓小平将原定的一小时采访时间延长 20 分钟，哪怕是 10 分钟。邓小平爽快地答应了，但又不无幽默地说："我又犯一个错误，违反了只谈一小时的协议。"

华莱士继续发问："您说过，您要活到一百岁，然后可以去见马克思。到那时候，马克思旁边可能还坐着毛泽东，他们可能对您说些什么？"

邓小平略加思索后，毫不含糊地说：“我是个马克思主义者。我一直遵循马克思主义的基本原则。”他说：“我们过去干革命，打天下，建立中华人民共和国，就因为有这个信念，有这个理想。我们有理想，把马克思主义基本原则同中国实际相结合，所以我们才能取得胜利。革命胜利以后搞建设，我们也是把马克思主义的基本原则同中国实际相结合。我们搞四个现代化建设，人们常常忘记是什么样的四个现代化，是社会主义的四个现代化。这就是我们今天做的事。”

华莱士继续坚持自己的意见，他说：“毛泽东逝世已经十年，他对现在的一些事会怎么看？现在的领导人主张致富光荣，主张个人幸福，允许私人办企业，准备搞政治改革，人民有了言论自由，这一切同毛泽东的主张都不一样，毛泽东会怎么看？”

邓小平用一句概括明了的话作了回答：“有些不一样，但有些原则还是一样的。现在毛泽东思想还是我们的指导思想。我们有一个《关于建国以来党的若干历史问题的决议》，解答了这些问题。”

“但我还是不清楚。邓小平领导下的中国和毛泽东领导下的中国是不一样的。看来中国现在在进行一场新的革命，至少是试图进行一场新的革命。”显然，华莱士还希望邓小平在这个问题上继续发挥。

邓小平说：“这个话是对的，我们也讲现在我们搞的实质上是一场革命。从另一个意义来说，我们现在做的事都是一个试验。对我们来说，都是新事物，所以要探索前进。既然是新事物，难免要犯错误。我们的办法就是不断总结经验，有错误就赶快改，小错误不要变成大错误。”

华莱士朝提问单看了一眼，说：“最后一个问题。您是中国的第一号领导人物，您准备在主要领导人和主要顾问的位子上再留多长时间？”

邓小平说：“我提倡废除终身制，而且提倡建立退休制度。你也知道，我同意大利记者法拉奇谈话时说，我干到一九八五年就行了，现在超过一年了。我正在考虑什么时候退休。就我个人来说，我是希望早退休。但这个问

邓小平回答迈克·华莱士提出的问题（历史图片）

题比较困难，在党内和人民当中很难说服。我相信，在我有生之年退休，对现行政策能继续下去比较有利，也符合我个人向来的信念。但这件事还要做更多的说服工作。最终我是一个共产党员，要服从党的决定。我是一个中华人民共和国的公民，要服从人民的意愿。我还是希望能够说服人民。”

华莱士笑着说：“您当时告诉法拉奇准备一九八五年退休，您准备对华莱士作什么表示呢？”

邓小平说：“坦率地告诉你，我正在说服人们，我明年在党的十三大时就退下来。但到今天为止，我遇到的都是一片反对声。”

正式提问结束后，邓小平与华莱士并肩走出紫光阁大门。在秋日柔和的阳光下，庭园里苍翠的树木把紫光阁的雕梁画栋衬托得格外幽雅迷人。

“瞧，邓主任，多么迷人的秋色啊！”华莱士说，“您每天工作多少时间？”

“每天工作两小时。”

“那你其他时间干什么呢？”

"与孙儿们玩玩，也看些书。"

"你有几个孙儿？"

"有四个。最小的才一岁零两个月。"

……

望着邓小平宽厚的背影渐渐远去，华莱士禁不住暗暗称奇：真不愧为世纪伟人啊！

/第五章/

风云起落：邓小平交往实录

◎邓小平的女儿毛毛曾问邓小平：在一起留法勤工俭学的人中间，你与哪个人的关系最为密切？邓小平深思了一下，答道：还是周总理，我一直把他看成兄长，我们在一起工作的时间也最长。可以说，周恩来是邓小平的兄长，而在长达半个多世纪的岁月中，邓小平是周恩来的得力助手和忠诚战友。

战友深情

“周恩来是我的兄长”

周恩来比邓小平年长6岁，在巴黎相识后的50多年里，他一直是邓小平最亲密的兄长。周恩来1898年3月5日生于江苏淮安。邓小平与周恩来，同是在留法勤工俭学期间参加了革命。那时一起参加革命的还有很多人，后来都成为党和国家的重要领导人，如聂荣臻、陈毅、李富春等。邓小平的女儿毛毛曾问邓小平：在一起留法勤工俭学的人中间，您与哪个人的关系最为密切？邓小平深思了一下，答道：还是周总理，我一直把他看成兄长，我们在一起工作的时间也最长。可以说，周恩来是邓小平的兄长，而在长达半个多世纪的岁月中，邓小平是周恩来的得力助手和忠诚战友。

从1923年起，邓小平就已直接在周恩来的领导下工作。在欧洲时，周恩来和邓小平一道参加旅欧共产主义青年团机关刊物《赤光》半月刊的出版工作。周恩来负责编辑、发行和主要撰稿，邓小平负责刻蜡版和油印。

20世纪20年代末到30年代初，邓小平作为中共中央秘书长，在周恩来领导下做地下工作，一起度过了一段艰险的岁月。

20世纪三四十年代，在江西中央苏区、在长征路上，乃至随后的抗日战争、解放战争中，他们的友谊在艰苦的斗争中进一步发展了。

新中国成立以后，邓小平来到党和国家的最高领导机关工作，长期与周恩来并肩战斗，两家的关系也极为密切。有一段时间，因为周恩来夫人邓颖超与邓小平同姓，邓小平家的子女还喊邓颖超为姑妈。

特别是在“文化大革命”这样极端困难的情况下，他们的伟大友谊不论是对他们个人还是对党的事业，都显得弥足珍贵。“文化大革命”一开始，邓小平就作为“党内第二号走资本主义道路的当权派”被打倒了，周恩来在极为不利的情况下，忍辱负重，竭尽全力，尽可能减少这场大规模动乱给党和国家带来的损失。

1969年，邓小平被下放江西劳动。行前，周恩来给江西省革委会打电话，要他们安排好邓小平夫妇，尽可能地给予方便。江西方面经过商议，提出方案，准备将邓小平夫妇安置在赣州。

周恩来当即表态：赣州离南昌较远，交通不便，而且又是山区，条件较差，将邓小平安排在赣州不妥，应在南昌市郊为宜。邓小平住的房子应该是一栋两层的楼房，楼上他们夫妇住，楼下工作人员住，最好是独家独院，又能散散步，又比较安全。

周恩来同邓小平、卓琳在园中漫步（历史图片）

在周恩来的直接关怀下，邓小平夫妇被安排在南昌市郊的新建县拖拉机修配厂劳动，在工厂附近的望城岗原福州军区南昌步兵学校原校长的住房即“将军楼”居住。

周恩来的这份关照，使邓小平的处境稍有好转，对邓小平顺利渡过难关、后来重新走上工作岗位，起到了巨大作用。有一次，邓小平突然生了急病，好在离南昌近，工人们用拖拉机将他送到有较好条件的城里医院治疗，才得以转危为安。

1972 年 1 月 6 日，陈毅在北京病逝。1 月 10 日，在八宝山革命公墓礼堂隆重举行追悼会。在同陈毅亲属谈话时，毛泽东提到了邓小平，说邓是人民内部矛盾，并把邓小平和当时任中央政治局委员的刘伯承并列在一起。显然，此时毛泽东对邓小平的“定性”，已经将他划出了自己的对立面。这是周恩来期盼已久的信号。他当场便示意陈毅的子女，把毛泽东对邓小平的评价传出去，为邓小平早日复出广造舆论。

林彪集团覆灭后，1973 年，在周恩来、叶剑英、王震等老一辈革命家的努力下，邓小平得以复出。2 月 20 日，邓小平全家离开望城岗的“将军楼”，踏上返京的旅程。1973 年 4 月 12 日晚上 7 点 30 分，在北京人民大会堂一楼宴会厅，周恩来主持盛大宴会，欢迎柬埔寨国家元首诺罗敦・西哈努克亲

周恩来和邓小平在天安门城楼上（历史图片）

王。当中国领导人鱼贯而入时，客人们惊奇地发现了一个曾经熟悉的身影。

是邓小平？许多人不敢相信自己的眼睛。是的，他就是邓小平。已经重新恢复国务院副总理职务的邓小平，在周恩来的安排下，首次在公开政治场合露面。

不久，周恩来病重，邓小平实际代替他主持全面工作。在周恩来的有力支持下，邓小平领导大规模的整顿工作，使局面有了极大的好转，但也因此遭到“四人帮”的忌恨。

身患重病的周恩来对邓小平的工作非常满意。

1975 年 9 月，周恩来住进 305 医院进行最后一次较大的手术。即将进入手术室之前，躺在手术车上的周恩来突然问：“小平同志在吗？”

等候在旁边的邓小平赶忙走上前去，周恩来紧紧地握着邓小平的手，很激动地大声说道：“过去一年多的工作，证明你干得好，比我强得多！”

1974年4月，周恩来抱病欢送以邓小平为团长的中国出席联合国大会第六届特别会议代表团（历史图片）

1976 年 1 月 8 日，国务院总理周恩来逝世。

邓小平忍住巨大悲痛，代表全党和全国人民为周恩来致了悼词。当时邓小平处境已经很困难，所谓的“反击右倾翻案风”运动使他处于受批判的地位。中央开会讨论的时候，“四人帮”有意把邓小平排除在外，张春桥提议周恩来的悼词请叶剑英来作。叶帅很干脆地说，我不能作，邓小平来作最合适，请小平同志来作。江青、张春桥说，那样合适吗？叶剑英为邓小平说话，理直气壮地把他们顶了回去，说：我看不出来有什么不合适，他是中央政治局的常委、军委副主席，他又是周恩来总理的亲密战友，代理总理工作，为什么小平同志不合适？我作不合适，只有小平作合适。由于叶剑英的坚持，“四人帮”也无可奈何，只得作罢。这样，1976 年 1 月 15 日，邓小平代表中共中央为周恩来致悼词。

1980 年，邓小平在接受意大利记者法拉奇采访时，满怀敬意地说：周恩来是同志们和人民很尊敬的人，他勤勤恳恳、任劳任怨，一天的工作时间总超过 12 小时，有时在 16 小时以上，一生如此。对我来说他始终是一个兄长，我们认识很早，在法国勤工俭学时就住在一起，差不多同时期走上了革命的道路。“文化大革命”时，我们这些人都下去了，幸好保住了他。在“文化大革命”中，他所处的地位十分困难，也说了好多违心的话，做了好多违心的事。但人民原谅他，因为他不做这些事，不说这些话，他自己也保不住，也不能在其中起中和作用，起减少损失的作用。他保护了相当一批人。

1976年1月，周恩来与世长辞。在追悼大会上，邓小平代表中共中央致悼词。4月，邓小平再次被撤销党内外一切职务（历史图片）

邓小平对周恩来的评价是发自内心的，邓小平对周恩来的了解、谅解和理解也是发自内心的。

拜访宋庆龄

1949 年 5 月，中共华东局书记邓小平在“三井花园”住下。此时，上海已完全解放，歼敌 15.3 万人。当捷报传来时，极其庞杂的接管工作便开始了。邓小平日理万机，在他的工作计划里，有一项是和一些著名人士会见。其中最重要的便是和上海市市长陈毅等人一起去拜望中国革命先行者孙中山的夫人宋庆龄。

宋庆龄是中国共产党忠实的老朋友，在长期革命斗争中，她对中国共产党的支持和帮助是巨大的。1949 年 1 月 19 日，毛泽东和周恩来曾联名向宋庆龄发出电文致意，并盛情邀请她到华北去共商建国大计。

电文内容如下：

> 新的政治协商会议将在华北召开，中国人民革命历尽艰辛，中山先生遗志迄今始告实现。至祈先生命驾北来，参加此一人民历史伟大的事业，并对如何建设新中国予以指导。

宋庆龄接到此电后，因健康情况，未能成行。但她亲笔回信给中共中央，表示“我的精神是永远跟随着你们的事业”，深信中国共产党所领导的人民民主革命必将取得最后的胜利。

5 月 29 日，上海解放后，毛泽东委托陈毅和邓小平前往宋庆龄寓所表示慰问，并派出警卫部队为她站岗放哨，以保证安全。

为了拜访宋庆龄，邓小平和陈毅等同另一位知名人士、爱国“七君子”

之一的史良女士商量。史良在上海解放的第二天，就看望过宋庆龄。她俩重逢时，宋庆龄欢快地拉着她的手，说："解放了就好了。国民党的失败，是我意料之中的。因为它敌视人民，反对人民，压迫人民；共产党取得胜利，是必然的，因为它代表人民，爱护人民，为人民谋福利。"于是，他们于5月31日，偕同长期在上海坚持地下斗争的优秀干部文义、吴克坚等一同去拜望宋庆龄。6月1日，他们用华东局的名义向中央报告：

孙夫人宋庆龄处，我们到后即决定首先拜访。因她有点病，故迟了三天才见面。在此三天内，我们部队因找房子（因她现住宅系国民党政府行政院另拨的）曾进去麻烦了两次，引起她一些误会。昨日陈、饶、邓与吴克坚、史良同往拜访道歉，已检讨问题责任，我们已派卫兵在其住宅警卫。又据史良说，她现在经济困难，决定由潘汉年先送100万人民票给她，以后当陆续供给。

华东局的报告刚刚发出，上海市委便收到中央的指示：要保存孙中山先生在上海的旧居，以资纪念；从优供给宋庆龄的日常费用及实物。邓、陈对此事的处理正同中共中央的指示完全一致，体现了我党和老朋友荣辱与共、生死不渝的真挚感情。

6月，毛泽东又与周恩来商议，决定派中共候补中央委员邓颖超前去上海迎接宋庆龄北上，参加新中国的筹建工作。临行前，毛泽东和周恩来亲笔附信，托邓颖超转交。

6月25日，邓颖超抵达上海，当晚即在宋庆龄住所与之会面，并递交了毛泽东和周恩来的亲笔信。宋庆龄看到信后，心情十分兴奋，对中共中央领导人的深厚情谊非常感谢，欣然决定北上。

当毛泽东得知宋庆龄由上海乘车来北平参加新政协会议的消息后，曾高兴地表扬了邓小平、陈毅和邓颖超出色地完成了党中央交给的任务。

陶铸："保刘邓，我是对的"

陶铸与邓小平的关系也是感人至深的。当年，陶铸坚定不移地站在刘邓一边，说"保刘邓，我是对的"，被康生等人视为眼中钉、肉中刺，含冤而死。粉碎"四人帮"以后，陶铸的夫人曾志和女儿陶斯亮奔走呼吁，要求为亲人平反昭雪，但四处碰壁，在两年中，几十万字的申诉材料如石沉大海。

邓小平要出山的消息使曾志心中顽强闪烁的火苗燃烧起来，像一股热流迅速发散到全身。她像丈夫生前思考问题时所喜欢的那样踱起步，然后冷静地对女儿说："我们只有去找小平同志了，现在就去找！如果等他出山后再去找就困难了。那时他工作忙，要见也难。现在他正在西山休养，空闲多，也好见面，也好谈话。"

曾志带着女儿陶斯亮一同找上西山，见到了邓小平。

邓小平赋闲在家，儿孙绕膝，似乎已经超脱于世外，除了天伦之乐再也别无所求。曾志满怀希冀地向他陈述陶铸的情况，可是邓小平却笑眯眯地将手朝旁边一指，说："你们听，这是最好的音乐。"

1960年陶铸和邓小平等同志在湛江市海滨公园。前排右一为杨尚昆（历史图片）

曾志和陶斯亮一怔，很快明白邓小平是指孙子孙女吵得热闹。

陶斯亮的心抽缩着打了一个寒噤：他在闪避？他对陶铸是什么态度？要不要管？肯不肯出面说一句公道话？……

曾志坚持讲完要讲的话，将陶铸的材料递上去。她的神情是那么庄重，仿佛双手托着全部希望和责任。

“哦，陶铸的。”邓小平淡淡地喃一声，或者说是随意地、不经心地，甚至是下意识地喃了这么一声，用一只手接过材料，看也没看一眼，随手放到桌子上，就那么随随便便一丢，像丢一本过了期的毫无保留价值的旧刊物！

陶斯亮的心一下子凉到底。她尽了自己的努力，几次帮助母亲重提父亲的话题。她一心想听听邓小平对父亲的看法，哪怕“唉”一声，给个无言的感情流露也好呀！

偏偏没有。邓小平既不动情也不接关于陶铸的话题。

下了西山，陶斯亮再也无法掩饰那种绝望而痛苦的心情：“他怎么这样子啊？”

曾志却露出了微笑：“耐心等等，主席说他是绵里藏针。你爸爸生前也讲过，党内如果允许拜师，他愿拜邓小平为师……”

果不其然，邓小平出山后首先办的几件大事中，就有一件是将陶铸的案子从专案组调出来，交中组部胡耀邦负责审查，并且交代了许多话，表示出少有的重视。陶铸的案子原来就是卡在专案组，邓小平把它从专案组调出来交给中组部，问题一下子迎刃而解。

十一届三中全会期间，邓小平对陶铸问题亲笔作出指示：“关于陶铸同志的问题。陶铸同志，他是我们党的一位老党员，在几十年的工作中，对党和人民是有贡献的。经过复查，过去把他定为叛徒是不对的，应予平反。陶铸同志已于 1969 年 11 月 30 日病逝，他的骨灰应该安放到北京八宝山革命公墓第一室。”

刘伯承："希望邓小平同志主持我的追悼会"

在抗日战争和解放战争十多年间，刘伯承和邓小平曾并肩战斗，共同领导和指挥八路军一二九师和晋冀鲁豫野战军、中原野战军、第二野战军。历史以自己特有的进程，把刘邓连在一起，他们之间难以放进一个顿号。

刘邓连接在一起，像一座威严的山，一座威严的太行山，一座威严的大别山，一座威严的喜马拉雅山。

我们仅从刘、邓生活方面的交往中便可见一斑。

让我们先从邓小平为刘伯承祝寿说起吧。

邓小平和刘伯承同是四川人。刘伯承诞生于1892年12月4日，比邓小平年长12岁，两人生肖都属龙。

1942年刘伯承即将迎来自己的50寿辰。

1942年，可以说是敌后各根据地斗争最艰苦、环境最恶劣的一年。为了鼓舞全体军民的抗日斗志，为表彰刘伯承领导一二九师和晋冀鲁豫根据地的军民英勇抗日的伟大功绩，为提高并活跃部队的情绪，掀起一个向刘伯承学习的高潮，邓小平决定并报请中央批准，在太行山根据地组织为刘伯承祝寿的活动。

对于组织上的关怀和邓政委的深情厚谊，刘伯承深感欣慰。但他却坚决不同意举行祝寿活动，不愿宣扬自己。为此，他连自己的生日都秘而不宣。

无可奈何的办事人员实在没招了，只好去搬邓政委来劝。

邓小平听了工作人员一番叙述，笑了笑说："我有办法让师长开口讲。"因为他最知道也最了解这位老大哥一样的师长的性格和脾气。因此，进门就说：

"师长，我看您还是讲一下子！这是党组织的决定，也是中央批准了的。

八路军一二九师政委邓小平和师长刘伯承（历史图片）

没得年谱和简历咋个庆寿嘛！这些人既然来啰，您就简要地谈谈嘛，更详细地以后可以再谈，您说好不好？”

刘伯承沉默了片刻，说道：

“既然政治委员说了，这是党的决定，那我只好无条件地服从了。不过说实在的，我的生日已经过去十几天了呀！”

一看刘伯承松了口，机智的邓小平马上接上说：

“具体日子在哪天不要紧，择日不如撞日，依我看就定在 12 月 16 日好了。”

刘伯承这回算彻底没话讲了，因为他历来是尊重政治委员和政治机关决议的模范。

1942 年 12 月 16 日这一天，晴空万里，阳光和煦。太行山上锣鼓喧天，彩旗招展，军民一起，纵情高歌，到处是欢声笑语，衷心祝贺统帅兼士兵的刘伯承将军健康、长寿。一二九师师部宾客如云，函电如雪。八路军彭德怀副总司令、罗瑞卿主任、滕代远参谋长以及晋冀鲁豫边区政府和各个区党委的同志，都来到了师部，参加庆寿。

邓小平作为刘伯承亲密无间的老战友，又是这次为刘伯承祝寿活动的发起人和主持人，自然是有更多的话语要讲。为此，他撰写了热情歌颂刘伯承高尚品德及其为革命所作出的伟大贡献的长篇贺文——《庆祝刘伯承同志五十寿辰》。在文中，邓小平热情洋溢地写道：

> 热爱国家，热爱人民，热爱自己的党，是一个共产党员必须具备的优良品质。我们的伯承同志不但具备了这些品质，而且把他的全部精力献给了国家、人民和自己的党。在30年的革命生活中，他忘记了个人的生死荣辱和健康，没有一天停止过自己的工作。他常常担任着最艰苦最危险的革命工作，而每次都是排除万难，完成自己的任务。他为国家和人民的解放事业负伤达九处之多。他除了国家和人民的福利，除了为党的事业而努力，简直忘记了一切。在整个革命过程中，他树立了不可磨灭的功绩。
>
> 我同伯承同志认识，是在1931年，那时我们都在江西中央苏区。后来都参加了长征。而我们共事，是在抗战以后。五年来，我们生活在一块，工作在一块。我们之间感情是很融洽的，工作关系是非常协调的。我们偶尔也有争论，但从来没有哪个固执己见，哪个意见比较对，就一致地做去。
>
> ……
>
> 伯承同志可供同志们学习的地方太多了，这些不过是其中的一枝一叶。他的模范作用，他的道德修养，他的伟大贡献，是不可能在短文中一一加以介绍的。
>
> ……
>
> 在伯承同志五十寿辰的时候，我祝福他健康，祝福我们共同努

力的事业胜利！

原来本不愿意做寿的刘伯承，被邓小平政委和广大军民发自肺腑的热情深深打动了，不由得抚今追昔，回想起半个世纪以来自己所走过的坎坷道路，感慨万千。

他缓步地走上讲台，向大家深致谢意之后说："我自己的一生，如果说有一点成就，那是党和毛主席的教导所给的。离开党，像我这样的人，是不会搞出什么名堂来的。因此，我愿在党的领导下，做毛主席的小学生，为中国人民尽力，如果我一旦死了，能在我的墓碑上题'中国布尔什维克刘伯承之墓'12 个大字，那就是我最大的光荣。"

在刘、邓心里，觉得彼此难以分开的思想感情和友谊，一直保持到他们的晚年。一位日本学者撰文写道："据传，在'四人帮'垮台后的 1976 年 10 月 26 日（邓小平还未复出），两眼均已失明、卧床不起的刘伯承向来看望他

1949年底，邓小平和刘伯承在重庆（历史图片）

的华国锋提出要求说：我同邓小平同志一起工作 50 多年，我最了解他。以后我死了，希望邓小平同志主持我的追悼会，如果不行，我决不进八宝山。让儿子把尸体扔到荒草野地里好了。”如果此事属实，那么，这位同邓小平有着深厚情谊的老元帅的话，表明了他直到晚年仍然保持着“彼此难以分开”的心情。

1986 年 10 月 7 日，刘伯承在北京病逝。

10 月 14 日，邓小平率全家向老战友的遗体告别。

邓小平最先来到灵堂，向静卧在鲜花翠柏中的战友深深地鞠躬，然后久久凝视着昔日的搭档，仿佛回想起太行山的岁月、大别山的战斗，以及逐鹿中原、鏖兵淮海、渡江作战和进军大西南的往事……渐渐地，泪水模糊了他的视线。

邓小平的夫人卓琳和刘伯承的夫人抱头痛哭。邓小平的儿孙辈，能来的也都来了。按照中国人的习惯，只有世交情分的家族，才享有这份崇高的礼遇。

按刘伯承生前愿望，邓小平主持了刘伯承的追悼会。

10 月 21 日，邓小平撰写的《悼伯承》一文在《人民日报》上发表。文中说：“伯承久病，终于不治。我和他长期共事，相知甚深。他的辞世，使我至为悲痛。”“我们一起工作，是 1938 年在八路军一二九师，一个师长，一个政治委员，以后在晋冀鲁豫野战军、中原野战军、第二野战军，前后共事 13 年，两人感情非常融洽，工作非常协调。我比他小十多岁，性格爱好也不尽相同，但合作得很好。人们习惯地把‘刘邓’连在一起，在我们两人心里，也觉得彼此难以分开。同伯承一起共事，一起打仗，我的心情是非常愉快的。”

这篇朴实无华但却充满真情的悼文高度概括了刘、邓共事数十年间产生的深情厚谊，为刘、邓之间的友谊画上了圆满的句号。

邓小平请刘伯承为胖胖起名也成为佳话流传至今。

1945 年 10 月，平汉战役前夕，晋冀鲁豫军区司令员刘伯承、政委邓小平在涉县赤岸村，共同运筹、制订、部署平汉战役的作战方案。那时，刘伯承的大儿子已 7 岁，起名刘太行。邓小平的儿子两岁了，还没起名，因为长得胖，都叫他“胖胖”。

一天工作之余，就着落日的余晖，刘、邓两家在院子里休息聊天，在逗胖胖玩时，卓琳对邓小平说：

“咱们孩子都两岁了，总叫胖胖也不行呀！该给孩子起个名字了！”

邓小平想了想，说：“胖胖也出生在太行，我们也给他起个‘太行’，叫邓太行吧。”

“不行，不能都叫‘太行’呀！”卓琳不同意，转身对刘伯承说，“司令员，你的儿子占了我们的名字，你得给胖胖起个名！”

刘伯承笑着说：“这是政委的事情，与司令员没有关系。”

邓小平不以为然，说：“谁都知道刘、邓不分嘛！你就给起个吧！”

1945年，邓小平、卓琳和刘伯承、汪荣华两家人在河北武安县（历史图片）

既然政委要求，刘伯承就笑眯眯地答应道："那好！"

刘伯承一边把胖胖叫到跟前，爱抚地摸着孩子的头，一边让夫人汪荣华把桌子上写的几个字拿过来，说："我刚才写了朴实方正四个字，这孩子生得正是朴实方正，就叫'朴方'好不好？"

邓小平和卓琳没想到刘伯承为胖胖起的名寓意这样好，听后都异口同声地说："好！很好，就叫朴方吧！"

卓琳忙拉住胖胖说："快，快！快谢谢伯伯。"

在一旁玩耍的刘太行看见后，马上跑上前去，按着胖胖的头向他爸爸行了个礼，引得满院子的人朗声大笑。从此，邓朴方的名字就叫开了。

后来次子出生后，邓小平以"质朴"配对，取名为质方。

……

在业余爱好方面，邓小平和刘伯承迥然而异。刘伯承闲时多是散步、聊天。不过由于他博学多闻，闲聊起来，天文地理，风土人情，古今中外，无所不侃，常有令人捧腹的笑话出口，人称"口头娱乐家"。邓小平业余活动则相当丰富，除各项运动，还常在"梅花""方片""黑桃""红心"中斗法，或是在麻将城中摆方阵。尽管如此，他们却是一对密不可分的搭档。"刘、邓不可分"一直是一二九师和第二野战军老同志中流传的佳话。

但在书法方面，两个人的爱好却是相同的。

安徽桐城，是清朝以著名散文家方苞、姚鼐为代表的"桐城派"的发祥地，人文昌盛，遐迩闻名。1949 年初春，中国人民解放军第二野战军司令部暂时设在这里。首长们群策群力，为百万雄师过大江的战役积极做着准备。

在桐城中学的花园内有一个亭子，亭子里有一块由乾隆年间著名书法家梁山献书写的碑刻，故名梁碑亭。由于碑文书法刚劲挺拔，刘伯承非常喜爱，便吩咐处长魏锦国、参谋李明义和高易拓下来。几天后，为了战备工作的完美落实，邓小平风尘仆仆地赶到了桐城，和刘伯承、张际春、李达等召开二野高级干部会议。刘伯承知道邓小平喜欢书法，立即赠给他桐城梁山献碑墨拓。

刘伯承是文武双全的儒将，书法造诣颇深，写得一手好字。当时，刘、邓首长同寝一室，每日他们黎明即起，刘伯承翻译俄文军事论著，邓小平就将他的字帖、拓本拿来细心琢磨，并临摹刘伯承那运笔遒劲的手迹。诸如“避其锐气，击其惰归”“王者之道，厚爱其民者也；王者之师，所向无敌”等，邓小平都临摹得入木三分，惟妙惟肖。

有时，工作人员前去欣赏，邓小平总是自豪地说：

“我练的是‘刘体’，这可是集王（羲之）、颜（真卿）、柳（公权）、欧（阳询）等名家之大成呀！”

经过一段认真临摹，邓小平的字很快就颇接近刘伯承的翰墨了。

刘伯承有一张 1915 年时的照片，但在战乱中丢失了，中华人民共和国成立以后，刘伯承在重庆一位友人处又重新得到了这张珍贵的照片。1950 年 10 月，他把这张珍贵照片赠给邓小平，并在照片背面亲笔写下如下字样：

小平同志：

1916 年袁世凯称帝，发生了反袁战争。我在反袁战争中于是年阴历二月十七日在四川丰都县城脑顶受伤，右眼残废。此为前一年所照之相，历经 36 个年头始获之。置之左右，以博一粲。

刘伯承敬赠

邓小平十分珍惜地保存着这张照片。这张珍贵的照片，承载着两人并肩战斗、非同一般的战友情谊。

邓小平和刘伯承在战争年代结下的深厚情谊，中华人民共和国成立后得到加强和升华。在西南、在北京，很长一段时间里他们两家相邻而居，往来十分密切，成为真正的世交之家。

与陈毅的关系“亲如兄弟，胜于兄弟”

邓小平与陈毅都是四川人，早年都在法国勤工俭学。

他们留法回国后的第一次见面，是在 1929 年夏天。当时陈毅去上海向中央汇报红四军的情况。邓小平当时任中央秘书长，在参加听取汇报时与陈毅重新见面了。之后，邓小平参加长征北上，陈毅留在南方坚持游击战争。

1944 年元旦以后，陈毅赴延安参加中共七大，顺路到达八路军前方总指挥部所在地——晋冀鲁豫解放区的中心左权县麻田，在这里他又与邓小平会合了。

两位四川老乡、留法的同学、党内的战友重逢后甚为欣喜。

1948年，中原局和中原军区领导人在河南宝丰县。右起：邓小平、李达、李雪峰、张际春、刘伯承、陈毅（历史图片）

邓小平对远道而来的陈毅给予了十分热情的接待，对生活食宿作了周密细致的安排。

过了将近十天，邓小平交给陈毅一份毛泽东发来的电报："……望动身来延，沿途请小平注意安全部署。"

邓小平专门为陈毅赶路选配了好马，再派部队护送，保证了沿途的安全，使陈毅一行顺利到达了延安。

陈毅对邓小平热情的接待和周密细致的护送安排十分感动，不久，他以雄浑笔墨创作了《过太行山书怀》诗一首。诗中写道：

黄河东走汇百川，自来表里太行山。
万年民族发祥地，抗战精华又此间。
山西在怀抱，河北置左肩。
山东收眼底，河南示鼻端。
长城大漠作后殿，提携捧负依陕甘。
更有人和胜天时，地利攻守相攸关。
创业不拔赖基地，我过太行梦魂安。

解放战争后期，邓小平和陈毅都与自己的夫人、子女团聚了，尽管他们仍旧日夜忙碌，但开始有了家庭生活的温馨。陈毅和邓小平呢，回到家里后，有时或俩人一起下围棋，或一起在花园散步，或一起陪客人进餐，显得十分融洽。两位大首长住在一个院子，在今天肯定有许多不便，可是邓、陈两家却比一家人还和睦友爱。有一天，他们忽然来了兴致，居然把各自的夫人、子女都找来合影留念，使我们今天有幸重睹当年这十分感人的一幕——

陈毅坐在正当中，大腹便便，潇洒倜傥，派头十足，张茜竟是那么年轻漂亮，头上还扎着头绳，一点儿也不像三个孩子的母亲。邓小平和卓琳也显得很年轻，英姿勃发，而几个孩子也都很小，活泼可爱……

1949年，上海解放后，邓小平和陈毅两家人合影。左二为陈毅夫人张茜，后立者为卓琳（历史图片）

这是邓、陈两家友谊的真实写照。

整个京沪杭战役胜利结束后，总前委的历史使命胜利完成。刘、陈、邓根据中央命令各司其职，陈毅留华东任华东军区司令员、上海市市长。邓小平将和刘伯承一起挥戈向大西南进军。

在上海的这段时光，也有趣事。

有一次，邓小平和上海新任市长陈毅去参加一个大型庆祝活动。他们走出办公地点的大门，在众多警卫人员的簇拥和保卫下，去街对面开会。就走这么一条不宽的街道，就这么几分钟的时间，邓小平胸前口袋中别着的一支从敌人手中缴获来的派克钢笔，就被上海的小偷偷走了。

后来邓小平一到上海就对孩子们讲起这件事。他说："上海的小偷真厉害啊！"

邓小平在即将离开上海和陈毅一家人分手时，在小本子上工工整整地记下了陈毅的电话号码：

市长办公室：15630

家中（湖南路262号）：79649

1952年，邓小平从西南调到中央工作，任中央政务院（1954年后改称国务院）副总理。1954年，陈毅从华东调中央工作，任国务院副总理。从此，在长达12年的时间里，他们共同协助周恩来总理工作。1957年，邓小平一家搬进了中南海。在一条胡同里排列着四个四合院：一院为李富春家，二院为谭震林家，三院为邓小平家，四院为陈毅家。从此，邓小平便和陈毅毗邻而居，打开邓小平家的后窗，便是陈毅家的小前院，故而两家来往更多，友谊也与日俱增。

在这里，他们两家共同度过了一些令人难忘的好时光。当时，陈、邓都是中央政治局委员，都是国务院副总理，俩人总是一起开会，一会儿是中央的会，一会儿是国务院的会，一会儿又是一组（毛泽东）那儿的会，一天到晚总是在工作，总是在开会，总是忙个不停。

邓小平的小女儿邓榕在《怀念陈伯伯》一文中曾这样写道：

> 我还是很小的时候，就认识陈毅伯伯了。
>
> 那是1957年，我们家搬进中南海，一条胡同里一字排列着四个四合院。一院是李伯伯（富春）和蔡妈妈，二院是谭伯伯（震林），三院是我们家，四院就是陈伯伯和张茜阿姨。
>
> 打开了我们家的后窗，就是陈伯伯家的小前院。
>
> 我和陈伯伯的小女儿珊珊同岁，于是就成了好朋友。我和珊珊一天进小学，我还记得我们两人紧紧地手拉着手，靠在门边上，不敢进教室的样子。我和珊珊一起去少年宫学钢琴，有一次上台表演四手联弹，慌张之间把琴谱都放倒了。我和珊珊一起去少年体校学游泳，一个黑黑的袁教练教我们，她学的是蛙泳，我学的是仰泳。

我们还一块儿跳皮筋、跳房、玩各种各样的游戏。

因为和珊珊是好朋友，我有一段时间几乎每天都要去陈伯伯家。

那时候我觉得，陈伯伯家真有意思呀！一进院子，有时就会听见张茜阿姨那细细的却是音调很高的叫声："珊珊！侉子！羊子！……"他们家还有老爷爷和老奶奶，是陈伯伯的父母。那个老爷爷的胡子又白又长又扎人。珊珊带我去看过陈伯伯的元帅服，吓，真棒，全是金晃晃的大勋章！我和珊珊还趁她哥哥不在的时候，摸进他们的屋里张望一下，小侉哥哥是中国科技大学的高才生，多神气，多了不起呀！把珊珊带大的刘妈，总是在她的小屋里给我们两个人讲东讲西的，反正都是有意思的小故事。陈伯伯很忙，不是开会，就是外事活动，连饭也很少在家吃。但是如果他在家，家里就总是很热闹。因为他们家的人都是斯斯文文的，大概是张茜阿姨的遗传，而陈伯伯则是个大嗓门，他一在家，就好像家中的人口增加了一倍！

……

爸爸和陈伯伯都是四川人，四川人的通病就是嘴馋，陈伯伯尤其好吃。爸爸知道陈伯伯爱吃东南亚那种味道很怪的水果"榴梿"，于是每逢外国友人送来榴梿，爸爸定要把大半都送去给陈伯伯，而每逢此时，陈伯伯又定要约了另一个榴梿爱好者——廖公（承志），来共同品尝。有时候，爸爸得到一点好的葡萄酒，也总是送去给陈伯伯共尝。

在中南海里，吃完晚饭，是我们最高兴的时候了。因为我们的功课都做完了，而如果父母有空，就会带着我们去散步。有时候爸爸妈妈带我们去李伯伯、蔡妈妈家串门，有时候就去陈伯伯家串门。有的时候他们这些大人们聚在一起，有周伯伯、有陈伯伯、有李伯伯、有爸爸，他们一聊就聊得海阔天空，一聊就聊得十分开心，还常常会听到他们开怀地哈哈大笑。至于他们说些什么，我们这些小孩不去听，也听不懂。但长辈们之间的那种亲密无间的样子，至今还历历在目。他们那种开朗的、心怀坦荡的笑声，永远在我们的耳际萦绕。

他们那一代的人，一起战斗、生活几十年，相知甚深。他们是同志，是战友，他们之间的关系，亲如兄弟，甚于兄弟，就连我们这些孩子们，也好像是生活在一个大家庭之中，没有丝毫的隔阂与障碍。

慢慢长大了，我才知道，原来，父亲和陈伯伯的交往，并非一朝一夕。他们相知，已有几十年了。

……

1967 年 10 月，刘少奇和邓小平两家的孩子被赶出了中南海的家。在这之前，有一天，邓榕和姐姐俩人从家里往外走，当她们走至胡同中间的时候，便看见陈毅带着警卫员，刚刚看完大字报，正往回走。当时，为了“教育”这些还不理解“文化大革命”伟大意义的高级领导人，要求他们都要去看大字报“学习”。邓榕姐妹俩看见陈毅消瘦多了。原先那脸庞上的红润没有了，往日那慈祥而又动人的笑容也消失了，但他的腰板，还是挺得那样笔直，犹如傲霜凌雪的青松一般。邓榕和姐姐很久没有见过陈伯伯了，也从未见过他这样一副严肃和沉默的神情，她们正要绕道走开时，陈伯伯一眼看见了她们，脸色一变，眉头一扬，远远的几步就跨过来，叫着她俩的名字问：“都好吗？”

自从邓小平被打倒后很少有人这样问候她们及家人了，邓榕不禁心头一酸，忍不住一股热泪就要夺眶而出。但坚强的她还是忍住了泪水，说道：“都好。”

陈毅连声说道："好，好。"

说完，陈毅走了，缓缓地向着巷子深处走去。此后，邓榕再也没有见过陈毅。

1972年，邓小平一家在江西从广播中听到了陈毅去世的消息，十分悲痛。1973年年初随着形势的好转，邓小平夫妇带着全家回到了北京，一到北京就听说，张茜也不幸身患癌症。昔日的战友岂能相忘？邓小平夫妇带着邓榕去301医院看望张茜。当时，正好珊珊刚刚从国外学习回来，也在医院。邓小平夫妇和张茜久别重逢，真是有说不出的万千思绪在心头。张茜身穿一套过于宽大的医院病服，人已相当瘦削，颧骨显得很高，眼睛显得更大。她含泪向邓小平夫妇讲述了"文化大革命"以来他们的遭遇，讲述了他们在林彪"一号命令"以后被下放到石家庄的生活，讲述了陈毅追悼会的情形。她的双眼饱含着热泪，但泪光中闪烁的是坚毅和一股傲然之气。

这时，张茜赠给卓琳一张照片，那是她和陈毅在石家庄谪居时照的。照片上陈毅已重病在身，身体虚弱，而张茜则鬓添白发，俩人身着军服，并肩而坐，深沉地微笑着……

看着这张照片，想到邓、陈两家在上海解放时的那张合影照，卓琳不禁唏嘘不已，感叹不已。欣慰的是，邓小平和陈毅的友情已超越时空！

由于陈毅和邓小平关系极深，同时由于邓榕与陈珊珊的友谊的确不同一般，所以，在陈毅和张茜去世后，邓小平说："别人我都不管，就管珊珊一个，我收她当个女儿！"

聂荣臻："小平同志了不起"

聂荣臻和邓小平同为四川老乡，又同为中国革命历史上两位杰出的代表人物。他们各人的经历，都是一部富于传奇色彩的光辉篇章；而由他们这一代人所共同谱写的，则是我们民族辉煌灿烂的革命史诗。他们的相识是在20世纪20年代初。

当1920年10月，邓小平和中国赴法勤工俭学学生一起到达巴黎时，欢迎他们的人中，有一位于一年前来法勤工俭学的四川同乡，他就是聂荣臻。从那天起，这两位四川老乡便结下了非同一般的长达半个多世纪的革命友谊。

1922年6月，由周恩来、赵世炎等人发起组织的“旅欧中国少年共产党”（后改名为“旅欧中国共产主义青年团”）应运而生。不久，聂荣臻、邓小平等一批进步学生相继加入“少共”。

从此以后，聂荣臻和邓小平，由一般的同乡和同是勤工俭学学生的关系，进一步上升为革命战友之间的战斗情谊。

他们在“少共”的组织下，一同参加会议，一同进行革命活动，并先后转为中国共产党党员，成为职业革命家。

此后，他们又先后被党组织派到当时的革命圣地苏联学习，先后回到祖国，直接投身于中国革命的最前线。

他们参加了第一次国内革命战争，经历了“四一二”蒋介石叛变革命后白色恐怖的腥风血雨。此后，聂荣臻参与领导了八一南昌起义和广州起义，邓小平领导了广西百色起义，开始成为中国革命斗争中叱咤风云的人物。

在经历了风风雨雨、坎坷不平的革命历程后，1931年，他们又走到了一起，先后进入中央苏区，参加了红军反“围剿”斗争。在长征过草地前的毛儿盖，邓小平从中央秘书长上调到红一军团任宣传部部长，而红一军团的政治委员就是聂荣臻。从这时开始，直到全国抗日战争爆发，邓小平调到总政治部任副主任的两年间，邓小平和聂荣臻一直战斗在一起、工作在一起。

据邓小平的女儿毛毛回忆说：聂荣臻曾决定把所有的牛奶都给邓小平，而邓小平就是靠着这些牛奶而起死回生的。

那是在西安事变发生前，邓小平在甘肃庆阳得了非常严重的伤寒病，昏迷不醒，什么东西也不能吃，生命十分危险。真是天无绝人之路，正好此时张学良将军和共产党搞统一战线，派人送来两车慰问品，其中有一些罐装牛奶。

看到这些在当时是十分高级的食品，聂荣臻马上就想到了重病的邓小平，当即决定：所有的牛奶全给小平。

正是靠了这些牛奶，才救了邓小平的命。

1952 年，邓小平全家从四川迁往北京。说来也巧，正好住在聂荣臻家的隔壁。

那是在景山的东北角上，一条小胡同里，一道不高的围墙把他们隔成两家，墙上有一个小木门，打开门，两家就成了一家。

邓小平和聂荣臻，两个四川老乡，两个革命军事委员会副主席，两个国务院副总理，两个中共中央政治局委员，两个亲如兄弟的革命老战友，住在一起，来往更加频繁了。

邓小平的女儿毛毛曾这样回忆两人及两个家庭的关系：

> 晚上，饭后，只要有时间，聂伯伯、张妈妈，总要和我们的父母亲一起去散步。在北海公园那湖光塔影之畔，在景山公园那苍郁翠绿之中，留下了多少他们轻松的脚步，留下了多少他们那欢快的笑声。我和我的弟弟飞飞，才上幼儿园，下学后，从来是问都不用问，开门就钻进聂伯伯家的院子，去爬假山，去钻山洞，去摘藤萝架上长满了的长豆角。
>
> 聂伯伯和张妈妈只有一个女儿——力力姐姐，家里没我们这样的小不点儿。因此，他们很喜欢我和飞飞。只要我们一去，张妈妈就又是拿糖，又是拿水果。在我们心里，从小，就把聂伯伯和张妈妈看成和我们自己的爸爸妈妈一个样儿。
>
> 1957 年，我们搬家了。但是，爸爸和聂伯伯之间的亲密友谊依然如旧。爸爸常常会带着我们全家人一起去聂伯伯家吃四川小

1937年，红军第一军团和十五军团的部分领导干部在陕西淳化县。右起：邓小平、徐海东、陈光、聂荣臻、程子华、杨尚昆、罗瑞卿、王首道（历史图片）

吃——豆花。爸爸说，聂伯伯家的豆花最地道。因此，我们从来也不见外，隔一个时候，就自动提出“打一次秋风”。聂伯伯家平时人少清静，我们家一去就会热闹一场，每逢此时，张妈妈总是忙东忙西，而聂伯伯却总是看着我们这乱哄哄的一大家子人，斯文而满意地微笑。

啊，那是哪一年？力力姐姐结婚了，生了一个又小又乖的小女儿，取名叫非非。在北戴河，爸爸妈妈带着我们去聂伯伯家玩，大家围着襁褓中的小非非一个劲儿地看，聂伯伯和我的父亲，两个爷爷，看着这第一个小孙辈，开心地、慈祥地笑了，笑中透露着那种当爷爷的心满意足。

聂荣臻虽晚年身患重病，但始终为党为国操劳，思虑不已。邓小平退休后，已不大外出，但时不时地还是去聂荣臻家走动一下、探望一下，凡有要事都去通报一下。

每当他们坐在一起，邓小平总是亲热地高喊“老兄”；每当他们坐在一起，话长话短，总还是离不开党、国家、人民和军队；每当他们坐在一起，半个多世纪的时光好像一下子就会浓缩变醇；每当他们坐在一起，那些历史巨变和艰苦岁月都好像顿失其色，而化为可以弹指一挥的瞬间。

1990年10月，86岁的邓小平还登门探望91岁的老兄聂荣臻。

邓小平乐观而幽默地说：“过了90岁，就是胜利。”

1991年12月29日，聂荣臻92岁大寿时，邓小平的夫人卓琳代表邓小平去向聂荣臻祝贺生日。

聂荣臻仍然念念不忘邓小平，说：“你们回去替我问小平好。”

他叫毛毛过去，拉着她的手，说：“毛毛，我还没有和你聊天呢！”

毛毛为了了解邓小平和聂荣臻的革命历程以及他们之间相濡以沫的战斗友谊，提出要求，请聂荣臻给她讲点“故事”。没想到，在病痛之中，聂荣臻

邓小平和聂荣臻（右一）与来自四川的川剧演员亲切握手（历史图片）

居然还记得她的这个小小的请求……

1992年年初，邓小平视察南方发表重要谈话，聂荣臻让秘书先后读了三遍，没听清的地方，他都要再仔细询问一遍，边听边深有感触地说："小平同志了不起！小平同志的重要谈话对中国社会主义现代化建设事业有着重大而深远的影响。中国加快改革开放的步伐，集中精力把经济建设搞上去，就因为坚持了小平同志思想。按小平同志的思想搞下去，我国的改革开放会有更大的发展。"

1992年4月，聂荣臻病重，他自知不起，说："医生当然在想尽办法挽救，但很难挽救过来。因此趁头脑还清醒，写几句话，就叫作临终遗言吧。"

秘书赶紧取来收录机，让共和国最后一位元帅的遗言忠实地留在世间。

聂荣臻声音嘶哑，断断续续地说：

"我已经93岁了，寿命也算是很长的。我入党已70年，从未脱离过党的

1987年10月25日，聂荣臻与邓小平、邓颖超在中共第十三次全国代表大会开幕式上高兴地相互握手留念（历史图片）

岗位，始终为党和人民的事业奋斗终生。我虽然对党没作过多大的贡献，但党交给我的任务都是坚决完成的。

“我坚信党的改革开放政策，坚信走有中国特色的社会主义道路是十分正确的。我非常赞同邓小平同志视察南方的重要讲话……”

聂荣臻的临终遗言表明了一个老共产党员的坚定信念和心声，表明了对邓小平的崇敬和信赖。

在20世纪的史册里，能找出多少人具有这样的风采和光辉？只有在中国，只有在中国这片广袤丰润的沃土之上，才能孕育出聂荣臻和他的战友们这样出类拔萃的杰出人物。

邓小平和聂荣臻，70多年的革命战友，70多年亲如兄弟的浓厚友情，此种豪情，此种风采，任你抚古述今、知晓中外，又能找到几人可以与之相比！

叶剑英：“你也是老帅嘛，是我们老帅中领班的”

邓小平与叶剑英的友谊，主要表现在“文化大革命”时期及其以后，是患难中的真情、战斗中的友谊。邓小平被打倒，叶剑英大声疾呼：中国可以没有叶剑英，不可以没有邓小平！林彪折戟沉沙，邓小平复出，主持军委工作的叶剑英立即向毛泽东提议：邓小平参加军委并主持工作。西沙之战，他们并肩指挥，严惩了南越侵略者。毛泽东去世，邓小平与叶剑英密议，把粉碎“四人帮”的希望寄托在叶剑英身上。

1969年10月至1970年年初，由于林彪的所谓“一号命令”，一大批老一辈革命家被以战备为名“疏散”到了外地。邓小平则被“下放”到江西，住在原南昌步兵学校内。此前王震也被“下放”到了南昌。叶剑英被“下放”到长沙，受尽林彪及其追随者的刁难和折磨。

三位老一辈革命家，尽管天各一方，但却心心相印。邓小平、王震很惦念叶剑英。此时，王震尚未被限制自由，可以走动，便借故从南昌来到长沙看望叶剑英。

王震带来邓小平的问候。叶剑英一见王震的面，首先就询问邓小平的情况：

“小平同志的身体怎么样？”

“他生活起居情况如何？”

“是不是天天要去劳动？”

“家里的子女都到身边了吗？”……

当王震告诉叶剑英邓小平生活很苦时，叶剑英忙说：“你赶快回去照顾他，中国可以没有叶剑英，不可以没有邓小平！”

一句话，充分表达了叶剑英对邓小平的信任和关心。

王震陪叶剑英吃了顿饭，找来在长沙的老部下，交代要改善叶剑英的生活后，就遵照叶剑英的嘱咐匆匆返回江西去照顾邓小平。

邓小平见到王震，知道叶剑英的处境后深为不平，同时，也甚为叶帅处境忧虑。

随着林彪反党集团的覆灭，叶剑英、邓小平、王震等老一辈无产阶级革命家先后陆续返京。

在“四人帮”疯狂地迫害邓小平的同时，打击矛头进一步指向了叶剑英。他们制造事端，追查“天安门反革命事件”，一直追查到叶剑英头上，说他“保护邓小平”“紧密配合了右倾翻案风”，逼他“靠边站”，妄图完全剥夺他对军队的领导权。

在“四人帮”肆虐、邓小平遭难的日子里，叶剑英还让子女们去问候，寄予安慰，沟通联系，并采取措施竭力保护他。

这时，担任党中央第一副主席、国务院总理的华国锋难以有效地制止“四人帮”的猖狂活动，而邓小平、陈云等老一辈革命家又遭到打击迫害和严密监视。在这种情况下，人们瞩目于叶剑英。叶剑英虽然被宣布“靠边”了，但他仍保留着党中央副主席、中央军委副主席的职务，团结全党全军全国人民、运筹决策、粉碎“四人帮”的历史重任理所当然地落到了他的肩上。

经过长时间的观察和思索，叶剑英意识到，解决“四人帮”这场斗争不是轻而易举的。这需要一个酝酿、决策乃至实施的过程。

邓小平再次被打倒，退居在家里，但他仍然时刻关注政局的发展，为党和国家的前途、命运担忧。

据王震回忆，一天吃过早饭，他去看望邓小平。邓小平正在院内散步。主人喜出望外，到门口迎接。他照例恭恭敬敬地鞠上一躬，问候小平同志身体健康状况和生活起居。主人关切地问了问“外边”的情况之后，打听起叶剑英来。

“叶帅那里，你最近去过吗？”

“常去。”

邓小平稍微思索一下，接着提出了一连串的问题：叶帅现在常住在什么地方？他每天的起居活动是怎样安排的？身体怎么样？什么时间精神最好？……

王震一一作答，告诉邓小平，主席逝世前后这一段，叶帅从西山下来，来往于小翔凤和二号楼之间。

邓小平点了点头，没有再说什么。王震事后知道，第二天邓小平连电话也没有打，竟单独去看望了叶剑英。他冒着极大风险，悄悄来到叶帅住地。

两位老革命家坐在元帅的书房里，悄悄地交谈着。邓小平嘱咐叶剑英，一定要多找老同志谈话，听听群众呼声。

他们对斗争形势的发展和如何解决“四人帮”问题，交换了看法。邓小平对叶剑英必能“收拾残局”抱以极大的期望。

叶剑英对邓小平的处境十分关切。那一年，邓小平因患前列腺炎等病，住进解放军 301 医院，叶剑英给医院领导人打招呼要安排好一切。那时虽然报纸和广播每天“批邓”、口诛笔伐不已，但叶剑英不顾一切，给医院作明确指示：“一定要治好，一定要保护好！”

叶剑英没有辜负邓小平等其他老一辈革命家的期望。他经过较长时间的酝酿和充分的准备，配合华国锋果断地作出决策，于1976年10月6日晚一举粉碎了“四人帮”。

粉碎“四人帮”之后，当天夜里叶剑英回到玉泉山，出席中央政治局会议，宣布处置“四人帮”的经过和商讨粉碎“四人帮”后党和国家的大计。会议完全赞同对“四人帮”所采取的果断行动。会议刚刚结束，叶剑英想到的第一件事，就是把粉碎“四人帮”的喜讯迅速透露给一直被“软禁”的邓小平和其他老同志。邓小平对这个伟大斗争的胜利，由衷喜悦。

随着“十月的胜利”，全党和全国人民渴望着中央能解决两大问题：一是请邓小平重新出来工作，二是为“天安门事件”平反。这可谓人心所向，大势所趋。

粉碎“四人帮”不久，叶剑英立即考虑到请邓小平重新出来工作的问题。他派孩子把邓小平接来，向他传达政治局会议精神。

邓小平的女儿毛毛回忆说：“为了让父亲第三次复出，叶伯伯让他的小儿子亲自驾车，把还在软禁中的父亲偷偷接到他的住处。当时我在场，清清楚楚地记得，他们两人见面之时，万分激动，父亲长叫了一声‘老兄’，两人的手便紧紧握在一起。”

叶剑英多次向华国锋提议，赶快让小平同志出来工作，恢复他原来的职务。他说：小平同志具有治党治国的全面经验，是我们党内难得的人才。毛主席、周总理多次赞扬过他。现在，党内、军内的绝大多数同志和全国人民强烈要求让小平同志出来工作。我们应该顺应民心，顺应潮流，尽快把小平同志请出来。

紧接着，在一次政治局会议上，叶剑英排除阻力，正式提出这个问题：“我建议让小平出来工作，我们在座的同志总不会害怕他吧？他参加了政治局，恢复了工作，总不会跟我们挑剔吧？”后来，叶剑英干脆派人把正在生病的邓小平请到西山疗养，住在离自己住的15号楼不远的25号楼里。

在当时中央还没有作出相应的正式决议的时候，叶剑英就对身边的工作人员说：“凡我看的文件，都要送给小平同志，让他看，熟悉情况。”他派自己的办公室主任和机要秘书去转送文件、汇报情况。

1977年3月中央工作会议前，叶剑英对中央的一份文件的修改稿提了两条意见：一是“天安门事件”是冤案，要平反；二是对邓小平同志的评价，应把提法改变一下，为小平同志重新出来工作创造有利条件。

就在3月的中央工作会议上，陈云、叶剑英、聂荣臻、王震等不少老同志针对邓小平出来工作和给“天安门事件”平反的问题，提出了强烈的要求。这是全国人民的心愿。

4月10日，邓小平经过深思熟虑，给中共中央写了封信，针对“两个凡是”的错误，他明确地写道：“我们必须世世代代地用准确的完整的毛泽东思想来指导我们全党、全军和全国人民，把党和社会主义事业，把国际共产主义运动的事业，胜利地推向前进。”

5月3日，在陈云、叶剑英等一大批老同志的坚持下，中共中央转发了此信，肯定了邓小平的正确意见。从此，一场破除迷信、解放思想的运动在全国逐步开展起来。

神州大地到处充满勃勃生机。

……

1977年5月14日，天晴日朗，微风和煦，叶剑英迎来了80寿辰。这一天在京的将帅们纷纷来到叶帅住地给他祝寿，庆赞他在粉碎“四人帮”的斗争中为人民立下了新功。

第一个到来的是王震夫妇。随后到来的是余秋里、杨成武。接着聂帅夫妇来了。徐帅也来了。

人们刚刚坐定，聂帅的女儿聂力便向众人透露了一个秘密，爸爸手里有一首诗。于是聂荣臻手里的诗篇展现在寿星和众人面前：

揭竿羊城五十年，风雨齐州步履艰。
川西传讯忠心耿，京华除害一身胆。
行若吕端识大事，功成绛侯有愧颜。
八秩寿翁犹继志，旗展神州贺新天。

徐向前元帅也补来一首诗：

吕端当愧公一筹，导师评论早有定。
当年英，劲倍增，八秩犹似四十前。
射虎屠龙宿有志，二三鬼神一扫光。
千秋伟业断不坠，辅佐堪作后者镜。

叶剑英捧读老战友热情洋溢、满纸褒勉的诗句，一如往日的谦虚，连连说：“惭愧、惭愧，不敢当啊！”

众人正谈笑间，邓小平和家人也驱车赶来了，邓小平一进门就十分高兴地说：“老帅们都在这里盛会啊！我也来祝贺。”

听到邓小平的笑语，叶剑英赶忙迎上前去，高声说道：“你也是老帅嘛，是我们老帅中领班的！”

正说着，粟裕最后一个赶到。邓小平开玩笑说：“别让他进来，坐不下了！”

叶帅起身，迎他进来。

邓小平叶剑英并肩坐下以后，元帅、将军们都如同众星拱月一般，很自然地围拢过来，和家人孩子们一起来吹寿烛。

插在寿糕上的寿烛，因是叶剑英80大寿，所以只有8根。邓小平建议再插一根。众人不解其意，邓小平笑道："这样变成9根，象征'长久'。"

叶剑英听着老战友这衷心的祝贺，十分开心，和大家一齐吹起来，顿时满室生辉，爆发出一阵阵笑声和掌声。

入夜，"寿星"送走了战友、亲朋和同志，独自坐在写字台前，回顾走过的人生道路，喜见除掉"四人帮"后的大好景象，心如潮涌，情不自禁，他奋笔疾书，作七律一首：

八十毋劳论废兴，长征接力有来人。
导师创业垂千古，侪辈跟随愧望尘。
亿万愚公齐破立，五洲权霸共沉沦。
老夫喜作黄昏颂，满目青山夕照明。

这就是后来被广为传诵的豪情满怀、脍炙人口的著名诗篇《八十书怀》。

……

叶剑英和邓小平不仅在工作上携手并进、积极配合、互相支持，也在生活上彼此关照、体贴入微、亲密无间。在广东梅县雁洋叶剑英元帅纪念馆里，有这样一张珍贵照片：邓小平和叶剑英两位老人与子女们相聚在一起，他们互相交换抱着刚刚几个月大的外孙女，笑容满面，其乐融融，给人留下了深刻的印象。

1986年10月，叶剑英重病卧床，身体健康每况愈下。邓小平和其他中央领导同志非常关心他的病情，前往探望。此时，正值全国纪念中国工农红军长征胜利50周年之际，学术界有人对长征路上党中央与张国焘分裂主义的斗争中叶剑英及时向毛泽东报告张国焘的阴谋这一重大历史事件提出了不同看法。

10月22日，叶剑英逝世后，邓小平亲笔修改审定中共中央悼词，并主持叶剑英的追悼会。由时任总书记胡耀邦宣读的悼词中，高度评价了叶剑英一生为中国人民的革命事业所建立的丰功伟绩，特别是他在中国革命历史转折关头所作出的正确选择和重大贡献。

悼词对叶剑英长征途中与张国焘斗争的功绩，用精练的语言做了高度概括：

> 长征中，他坚决维护全党和全军的团结。当张国焘拒绝执行党中央的北上方针，并企图分裂和危害中央时，任红军前敌总指挥部参谋长的叶剑英同志识破了张国焘的阴谋，立即报告毛泽东同志。党中央采取正确措施，保证了红军胜利北上。毛泽东同志后来屡次称赞这是叶剑英同志在关键时刻为党为革命建立的一个大功……

邓小平和叶剑英这两位老革命家和老战友，在粉碎林彪、江青两个反革命集团的斗争中，既解决了“国难”，又加深了友情。然而，这十年的交往和友情，只不过是他们在漫长革命岁月中所结成的战斗友谊的一个延伸。他们之间经过血与火的考验而建立起来的深厚友情，用一句古诗来比喻最为恰当，这就是：“持正相倚，嶷如秋山。”

王震：“尊重邓主席的命令”

王震以英勇善战、威震敌胆而著称于世，也以铁骨铮铮、不畏权势、仗义执言而有口皆碑。

“文化大革命”中，邓小平被错误打倒，悲愤异常的王震将军情难自抑，在撤销邓小平职务的文件上愤然写下了四个大字：人才难得。“文化大革命”结束，王震又为邓小平的再次复出奔走呼号，表现了对邓小平的无限崇敬和信赖。

1971 年 9 月，林彪叛逃摔死在蒙古温都尔汗之后，毛泽东进行了深刻的反思，“文化大革命”中遭受林彪、江青一伙迫害的一大批老干部得到解放，恢复工作。不久，王震就回到了北京。

但是邓小平却依然留在江西。王震对被迫害的老战友及其家属子女充满感情，不顾自己的危难处境，尽一切可能提供保护，并为邓小平恢复工作而四处奔波。

林彪事件之后，邓小平一家的处境也有所好转，生活待遇也有所改善，儿女们也被允许探望父母了。1972 年 4 月，邓小平的小女儿毛毛从陕北插队的地方来到江西探望父母，在回陕途中顺便送哥哥邓朴方到北京治病。到北京后，毛毛借住在一个同学家里。五一劳动节前的一天，一个朋友告诉她，王震要见她。

已经体会到世态炎凉的毛毛开始有点不敢相信，但对方的诚恳态度告诉她：这是真的。在朋友的引导下，毛毛来到北太平庄王震家里。王震站起身，绝没有将她当孩子看待的意思，一把握住她的手，十分热情地问：“听说你从江西来，你爸爸怎么样？”

一听这话，毛毛忍不住热泪盈眶。因为几年来，她都没有听到过这样温暖的言语了！已很少有人问起她爸爸了。王震详细地询问了邓小平及全家的情况，然后十分郑重地告诉毛毛：“告诉你爸爸，他的问题一定要解决！我要去找周总理，我也要给毛主席、党中央写信。你爸爸应该出来工作！”

王震顿了顿又说：“你到北京来，我已向有关的中央领导汇报过了，现在外面很乱，我要对你在北京的安全负责。你哪儿也别去，就住在我家里。”

后来毛毛饱含深情地回忆道：

自从“文化大革命”以来，从我成人开始，便历尽那非常时期的世态炎凉，但此时此刻，在胡子叔叔这里竟然受到如此的关怀、如此的厚待，实是令我感动万分。胡子叔叔在那种时刻敢冒天下之大不韪，挺身出来为我父亲说话，怎能不令人敬佩之至，没齿难忘呢！胡子叔叔的这种以正义勇敢、豪情侠胆著称的品格，给我留下了极为深刻的印象。我回到江西把这些告诉父亲后，父亲也是十分感动的。

当得知党中央和毛泽东已经准备让邓小平出来工作后，王震十分高兴。

1976 年 4 月 5 日“天安门事件”发生后，邓小平被撤销了党内外一切职务，并再一次受到隔离软禁。在以后一段时间里，王震一直因病住院，一是为失去他极其尊重的周总理而悲痛过度；二是为江青一伙的反动行径而怒气积心，而更主要的则是为邓小平再次被打倒而义愤至极。他悲愤，他不平，他抗议，他要喊、要叫，还骂娘！他把一些老同志找到医院，直冲冲地对他们说：“我要上山打游击去！你们敢不敢跟我去！”他问一些老将军：“你们能

邓小平和王震在漓江留影（历史图片）

带多少队伍？能带多少枪？”可见他已到了何等悲愤的地步！

1976年9月9日，毛泽东逝世，王震将军洒下了悲痛的泪水。毛泽东逝世后，中国向何处去？当时形势非常严峻：“四人帮”仍在祸国殃民，共和国大厦将倾，王震第一个在叶剑英、陈云等同志之间“穿梭”，商讨抓“四人帮”的方案。打倒“四人帮”之后，“文化大革命”并没有结束，“批邓”还在继续，他所期盼的让邓小平出来工作的局面还没有出现。

王震非常着急，通过各种渠道，不断给邓小平传递各种消息，甚至在邓小平还没有完全被解除软禁的情况下，他就以极大的勇气，悄悄来到邓小平在西山的住地，做了长时间的密谈。同时，他又到叶剑英元帅那里，到李先念副总理那里，找各种各样的人谈话，奔走疾呼，要让邓小平尽快出来工作。

1977年3月，中央召开工作会议，会上陈云书面发言中提出要求恢复邓小平的工作。王震在会上又直言不讳提出恢复邓小平的工作，他在发言中说：“邓小平政治思想强，人才难得，这是毛主席讲的，周总理传达的嘛！……他也是同‘四人帮’斗争的先锋，‘四人帮’千方百计地卑鄙地陷害他。现在全党、全军、全国人民都迫切地希望他早日出来参加中央的领导工作。”

在陈云、王震等许多老同志的强烈呼吁下，1977年7月党的十届三中全会作出了顺应民心的决定：恢复邓小平党内一切职务。

邓小平恢复领导工作后，王震极力支持邓小平的工作。特别是党的十一届三中全会后，王震极力支持邓小平推行改革开放政策，并且是积极的实践者。邓小平提出办特区后，王震即带领国务院十多位部长去深圳，以当年屯边的精神，选项目、下命令。1984年年初，他又随邓小平视察深圳、珠海特区。

1991年，王震不慎摔伤骨折，卧床半年之久。1992年，王震病重，需要切开气管治疗，他不同意，医生和家人都没有办法。无奈之际，家人只好求助邓小平家。得知消息，邓小平夫人带着女儿毛毛很快去医院劝慰，说："小平同志很关心你，问候你，让你一定要服从医生。"

王震说不出话，用颤抖的手，一笔一画，郑重地写下几个字："尊重邓主席的命令！"

手术顺利，他奇迹般地战胜了病魔。

1993年2月，王震逝世前不久，在广东休养时，还和别的同志一起盛赞邓小平为中国改革开放设计宏伟蓝图，使国家日益强盛的丰功伟绩，对祖国前途充满了信心。

罗荣桓："我们是无话不谈"

罗荣桓与邓小平在红军时期的中央苏区，都曾因拥护毛泽东而遭到打击。长征途中，俩人又一起走完了二万五千里征程。在那极其艰难困苦的条件下，俩人互相搀扶，饥饿时进行精神会餐，困顿时抽一支用树叶卷成的"香烟"。中华人民共和国成立后，邓小平分到一套较好的房子，他首先想到的是身体不好的罗荣桓，一句"我不去住，让罗帅去住"，透出了他的高风亮节，也透出了他对罗荣桓的关怀。

说起邓小平与罗荣桓的交往，当年一起长征的红军女战士、罗帅夫人林月琴对前来访问的邓小平的女儿毛毛讲了他们之间生动有趣的故事："罗伯伯和你爸爸两个人，一个人一匹马，1935年长征一直在一起。那时候天天就是行军，罗伯伯这个人不爱说话，而你爸爸就经常说笑，哈哈地笑。他们这些人在一起就经常一块儿吹牛，吹牛吹什么呢？就是说什么好吃。说辣椒好吃，一说辣椒就直流口水。说回锅肉好吃，一个说四川的回锅肉好，一个说湖南的回锅肉好。反正没有吃的，就精神会餐嘛！那时候他们没有烟抽，就沿途找点破纸，找点干树叶子，拿破纸包上树叶子当烟抽。你爸爸还说：'我是香烟厂制烟的！’过草地的时候，他们两个人还在河沟里洗澡，四川人、湖南人都爱干净。”

说到这里，林月琴深情地说：“你爸爸和罗伯伯，性格上一个主动，一个被动，他们长征时行军在一起，宿营在一起，非常合得来！”

邓小平自己也曾说：“我们是无话不谈。”

1935 年年底，红军长征到了陕北后，进行了直罗镇战役，邓小平和罗荣桓在一个山头上共同“观战”。就在这时，二人突然遭到一小股敌人袭击，火力密集，子弹嗖嗖地从身旁飞过，情况相当危急。他们身上的大衣，也被敌人的子弹打了几个洞，万幸的是人没有负伤。正在危急之时，原红七军的一个连猛冲上来，解了他们的围。

邓小平拍拍身上的尘土，诙谐地说：“咱们真是一个战壕生死与共啊！”

解放战争时期，邓小平和罗荣桓各在一个独立战区或一个方面军担任政治委员，相互接触不多。中华人民共和国成立后，他们长期住在北京，一个是中共中央总书记，一个是中共中央政治局委员、总政治部主任，同为国家栋梁，来往自然多起来，两个家庭也产生了亲密的友谊。

中华人民共和国成立以后，罗荣桓夫妇住在南池子 18 号的一座小四合院内。这时他们已经有四个孩子。罗荣桓在家办公，管理部门在院子里又加盖了秘书的办公室和车库。院子里显得很挤。住处紧靠劳动人民文化宫，每逢节假日，人声嘈杂。邓小平调到中央后不久，经常和卓琳一起去看望罗荣桓。当他发现护城河边游客游玩，划船声音较大，从劳动人民文化宫传出来的广播声很嘈杂时，便对罗荣桓说：这哪行？你是病号，干扰太大。

不久，组织上在北京东交民巷盖了四幢房子，邓小平为了照顾身体不好的罗荣桓说：“我不去住，让罗帅去住！”

罗荣桓说啥也不肯去住，邓小平就限期让罗荣桓搬了进去。

两家的友谊还表现在许多日常小事上。有一次，邓小平和卓琳去看罗荣桓，还送给他一个从苏联带回来的淋浴用的喷头。对此，在邓小平逝世一周年时，林月琴在撰写的回忆文章中说：“这种喷头现在许多家庭都有，但在当时，却是我们都没有见过的新产品，俗话说：‘礼轻情谊重。’这个小小的淋浴喷头体现的是小平同志对病中战友的一片深情。”

1955年授元帅衔时，罗荣桓请客吃饭，邓小平夫妇都去了。1963年，罗荣桓逝世时，邓小平全家十分悲痛。卓琳还让毛毛搬到罗家，陪罗荣桓的女儿一起住了几天。后来，他们两家人依然亲密，卓琳和林月琴两位老同志，还不时地相互探望。

邓小平对罗荣桓的评价是：为人朴实、诚恳厚道，在干部中很有威信。所以，邓小平对他十分尊敬。他曾说：“连罗帅这样的人，林彪都不能团结。”

邓小平还和罗荣桓一起，同林彪将毛泽东思想庸俗化的做法进行了坚决的斗争。

1973年，邓小平从江西返京后便去看望罗荣桓的夫人林月琴和孩子们，并询问孩子们的工作、学习、生活的情况，关心地问他们“结婚了没有”？最后，他怀着深情对孩子们说：“要记住你们的爸爸。”

20世纪80年代初，在编写《罗荣桓传》时，传记组的同志曾委托邓榕询问邓小平和罗荣桓的交往时，邓小平言简意赅地说了一句意味深长的话：“交了一个朋友。”

当《罗荣桓传》编写组撰写了《在战斗中成长的罗荣桓》《罗荣桓在山东》《罗荣桓传》，请邓小平题写书名时，他欣然答应，给予满足。

1992年，在罗荣桓90周年诞辰时，发行了纪念邮票。罗荣桓的孩子们希望能得到邓小平在邮票上的签名。林月琴到邓小平家，见到了已经88岁高龄的邓小平并说明来意。邓小平笑吟吟地答应，并亲笔签了一版又一版。

这也是林月琴同邓小平的最后一次见面。

尊师重贤

恩师汪云松："小平真不错呀"

1949年11月30日，大西南的心脏——重庆——解放。12月8日，刘伯承、邓小平率第二野战军机关进入重庆。邓小平担任中共中央西南局第一书记，开始在这里全面主持大西南的工作，时年45岁。

29年前，邓小平还是一个16岁的青年，在重庆顺着"青山遮不住，毕竟东流去"的长江，走出了四川，走出了国门，开始了旅法勤工俭学的生活。29年后，邓小平作为共和国的"封疆"大员回到了四川，回到了重庆，回到了故乡。

29年过去了，多少事烟消云散。但是，29年间，邓小平心中一直记着培养他出国深造的汪云松先生。

汪云松，字德薰，曾经当过清朝的四品道台。20世纪50年代有一年周恩来和陈毅出国访问时途经四川，见了汪云松问起他的这个官是实缺还是候补？汪云松答，是实缺。他虽然做过清朝的官员，但也具有维新思想。他看到西方国家实业发达、国力强盛，看到中国实业落后、国力衰弱，主张培养搞实业的人，走实业救国的道路。

汪云松担任重庆商会会长时，筹办了留法勤工俭学学会重庆分会和重庆留法勤工俭学预备学校，是重庆留法勤工俭学预备学校董事长。汪云松从筹办分会、建立学校、募集资金、办理签证，直到最后送走毕业生都亲力亲为，极其热心，给学生们留下了深刻的印象。

主政大西南时的邓小平（历史图片）

后来成为共和国元帅、国务院副总理的聂荣臻，就是1919年暑期在重庆通过汪云松到法国领事馆办了护照，于1919年12月9日乘“凤凰”号（“司芬克司”号）赴法勤工俭学的。聂荣臻可以说是邓小平在法勤工俭学的学长。

邓小平，时名邓希贤，1919年9月，经过严格的考试后，进入重庆留法勤工俭学预备学校就读，一年后毕业。1920年8月28日，他告别了故乡，赴法勤工俭学，这一别就是29年。

1949年12月的一天，西南军区派了几个人到汪云松家，汪云松不知吉凶祸福，没敢见面。第二天来了辆吉普车，把汪云松接到军区，原来是西南局第一书记、西南军区政委邓小平请他吃饭，汪云松回来十分高兴，逢人就说:“小平真不错呀，我现在才晓得，共产党也不忘故旧！”1950年第二届全国政协开会时，汪云松应邀前去北京列席会议。在中南海怀仁堂举行的宴会上，头一桌的主人是毛泽东，第二桌有邓小平，汪云松也坐在第二桌。当时，邓小平和陈毅还分了工，邓小平请客，陈毅宴会后用自己的车子送汪云松回招待所。

汪云松通过邓小平认识了中国共产党，他由热爱祖国而发展到热爱中国共产党。他把自己珍藏的文物都捐献给了国家。汪云松有一对心爱的古瓷瓶，装瓶子的是珍贵的楠木盒子，他把这个盒子刻上“东方红”三个字，送给毛泽东作为祝寿之用。按一般规矩，中国共产党领导人是不做寿、不收寿礼的。当负责统战工作的同志把这一情况汇报给邓小平时，邓小平满怀深情地说：“我们要了解汪云松。”

于是，作为特例，收下了这份礼物。

后来，邓小平还说过，“汪云松为我们培养了两个副总理”。一个是邓小平，另一个就是聂荣臻。

十年树木，百年树人；兴邦强国，教育为本。

汪云松先生当年筹办重庆留法勤工俭学预备学校为国家和民族的未来培养了栋梁之材，值得敬重，也应该受到敬重。

邓小平敬重汪云松先生不仅仅是念旧故，而且更深刻而生动地体现了中华民族尊师重教的品德与当代中国科教兴国的战略思想。

会见工商业人士，“钱要用起来，人要用起来”

1979年1月16日，荣毅仁、胡厥文、胡子昂、古耕虞、周叔弢五位原工商业者同时接到通知：邓小平要会见他们。这个邀请令五位老人兴奋不已。傍晚他们相约在胡厥文家中，商讨与邓小平见面时的谈话内容，研究他们关于国家建设的建议。随后，古耕虞受托连夜起草了建议书。

1月17日上午10时，人民大会堂温暖如春，邓小平与分别十多年的五位工商业界领导人见面了。

落座后，邓小平亲切地说：“听说你们对如何搞好经济建设有很好的意见和建议，我们很高兴。今天就谈谈这个问题好吗？”

大家高兴地说：“好！好！”

接着，邓小平坦诚而深有所思地对他们说：党的十一届三中全会决定把工作重点转移到社会主义现代化建设上来。过去耽误的时间太久了，不搞快点不行。但是怎样做到既要搞得快点，又不重犯 1958 年的错误，这是个必须解决的问题。我们现在搞建设，门路要多一点儿，可以利用外国的资金和技术，华侨、华裔也可以回来办工厂。吸收外资可以采取补偿贸易的办法，也可以搞合营，先选择资金周转快的行业做起。

邓小平的一席话很使人兴奋、开窍，接着，“五老”便谈开了。大家你一言，我一语，敞开心扉，坦诚进言，气氛极为融洽、热烈。胡子昂说：“要发挥原工商业者的作用，要大力起用人才，有真才实学的人应该把他们找出来，使用起来，能干的人就当干部。”邓小平听后赞赏地说：“对这方面的情况，你们比我熟悉，可以多做工作。比如说旅游业，你们可以推荐有本领的人当公司经理，有的可以先当顾问。”接着又说：“还要请你们推荐有技术专长、有管理经验的人管理企业，特别是新行业的企业。不仅国内的人，还有入了外籍的都可以用，条件起码是爱国的，事业心强的，有能力的。”

当话题转向为原工商业者落实政策时，古耕虞递上他事先起草好的书面建议。邓小平一边接过“建议书”，一边肯定地回答道：“要落实对原工商业者的政策。这也包括他们的子孙后辈，他们早已不拿定息了，只要没有继续剥削，资本家的帽子为什么不摘掉？落实政策以后，工商界还有钱，有的人可以搞一两个工厂，赚取外汇，也可以投资到旅游业。手里的钱闲起来不好。你们可以有选择地搞。总之，钱要用起来，人要用起来。”

接着，邓小平便直截了当地点了荣毅仁的“将”。他说：“荣毅仁同志，你主持的工作要规定一条：给你的任务，你认为合理的就接受，不合理的就拒绝，由你全权负责处理。处理错了也不怪你。你要用经济方法管理经济，从商业角度考虑签订合同，有利润、能创汇的就签订，否则就不签。应该完全排除行政干扰。所谓全权负责，包括用人权。只要把社会主义事业搞好，就不要犹豫。”在拨乱反正刚刚开始时，邓小平的这番话犹如空谷足音，令人耳目一新，精神振奋。

邓小平言谈中透出的巨大信任，使在座的荣毅仁等原工商业领导人感到了知遇的荣幸，他们表示：士为知己者用，决心在有生之年，为祖国现代化建设献出全部身心。

时间好像过得特别快，已到中午时分，邓小平热情挽留大家用餐。胡厥文、胡子昂、古耕虞与邓小平兄弟般的互相搀扶着来到餐桌前。桌上是一个热气腾腾的涮羊肉火锅。他们边吃边谈。事后，古耕虞形象地称这顿午餐是“一只火锅，一台大戏”。

1990 年，全国工商联主任委员、94 岁高龄的胡子昂对十年前人民大会堂这一特殊宴会还记忆犹新，他满怀敬意地说：小平同志有胆略、有魄力，经过一场磨难和新的实践，他更具谋略和胆识了，他善解人意，他能调动千军万马，他是伟大的理论家、实践家，是我国社会主义建设的总设计师。

1979年，邓小平就创建中信公司与荣毅仁亲切交谈（历史图片）

支持创办中信，“人由你找，事由你管，由你负全责”

20 世纪 70 年代末，邓小平点将，请荣毅仁出山，激励支持他创办我国著名的对外开放窗口——中国国际信托投资公司（简称“中信公司”）。1993 年荣毅仁担任国家副主席后，虽然已辞去中信董事长的职务，但新加坡一家报纸仍称他为“CITIC 先生”（CITIC 是中信公司的英文缩写）。因为创办中信始终是荣毅仁人生旅途上的一块丰碑。而托起这块丰碑的则是我国改革开放和现代化建设的总设计师邓小平。

人之相知，贵在知心。20 世纪 50 年代，荣毅仁和邓小平的交往似乎不如与毛泽东主席、周恩来总理的交往多，但邓小平对荣毅仁也是很了解的：荣毅仁在上海解放时坚持留下不走；听党的话攻克难关，让申新各厂的纱锭飞转起来支援国民经济的恢复；抗美援朝时积极捐献飞机；作为民族资产阶级首户把全部企业拿出来和国家合营，在完成对资本主义工商业的社会主义改造中起了带头作用。这些，邓小平一一看在眼里，记在心上。

有一次，毛泽东主席要选择几位党外人士当部长，把这个任务交给了当时的党中央总书记邓小平。邓小平推荐了两个人，其中一个就是民族资产阶级代表人物荣毅仁。后来（1959 年），荣毅仁果然当了纺织工业部副部长。这件事说明邓小平和我党其他老一辈无产阶级革命家一样知人善任，始终不渝地贯彻党的统一战线政策，发挥党外人士的作用。这可说是邓小平对荣毅仁最早的一次点将。

政治生活的风风雨雨，从 20 世纪 60 年代到邓小平的最终复出，时间跨度十多年，邓小平尽管和荣毅仁直接交往不多，但他们的心是相通的。

粉碎江青反革命集团后，满天乌云驱散了，明媚的春天又回到了中华大地。

多少个日日夜夜，邓小平和其他中央领导同志运筹帷幄，共商振兴中华大计。他们认为，要振兴中华，就要从以阶级斗争为纲转到以发展生产为中心、从封闭转向开放、从因循守旧转向锐意改革。这就需要调动一切积极因素，把有经验、有才干的人请出山，让他们去探索、去试验、去开创新天地。

荣毅仁有400多位亲属分散在世界各地，不少人在国外工商界、科技界等领域有一定知名度。这种“海外关系”非但不是什么罪名，而恰恰是对我国走向世界极为有利的条件。

邓小平深知荣毅仁的耿耿忠心和他所能起到的作用，因此在改革开放之前，就已拂去蒙在荣毅仁身上不应有的尘埃，让他显露出明珠的光辉。邓小平和其他中央领导同志商量，请荣毅仁出任全国政协副主席，时为1978年。这是邓小平第二次点荣毅仁的将。

“不甘伏枥添砖瓦”，1978年2月荣毅仁写的这首七律，最能代表他对党中央的敬仰和当时的情愫。诗云：

鹊报春回残雪融，百花齐放趁东风。
高山难阻愚公志，激浪全凭舵手功。
往日风云过眼底，今朝人物数英雄。
不甘伏枥添砖瓦，万里江山代代红。

1978年12月刚刚开过党的十一届三中全会，提出要把全党的工作重点转移到社会主义现代化建设上来，全国人心振奋，1979年的春天似乎来得特别早。

正在这个时候，中央统战部邀请各民主党派、工商联的代表聚集北京，准备举行会议。会议前两天，胡厥文、胡子昂、荣毅仁、古耕虞、周叔弢五位知名人士接到通知，说邓小平要见见他们，想和他们谈谈。到底要谈些什么，他们并不知道。不过每个人内心都很兴奋，凭着几十年党和他们肝胆相照、风雨同舟的一贯传统，知道会有重要的事和他们相商。

会见时，邓小平希望荣毅仁摆脱一些其他工作，集中力量从事祖国经济建设，围绕开放、创汇，或主持某一方面的工作，或搞点什么别的，希望能创出一条新路来。

邓小平还明确指示：国际上资本主义有用的东西，可以拿来为我所用。这是邓小平第三次对荣毅仁点将。

深夜静悄悄，北京一座四合院的一角，荣毅仁书房的灯还亮着。荣毅仁正在把他和老朋友商议的办国际信托投资公司的设想整理出来，起草向中央的报告。夫人杨鉴清则在一旁帮着誊抄。那时荣毅仁还没有秘书，贤淑的夫人充当了这一角色。

报告送上去以后，邓小平、陈云、李先念等中央领导同志很快都指示同意。

不过，对由荣毅仁出面筹备这样一个对外开放窗口，并不是没有人反对。邓小平大力为他排除干扰，提供工作条件。

邓小平一直关注着荣毅仁筹办公司的进展。当年纪念“七一”大会开会前，在休息室邓小平见到荣毅仁，问道：“公司筹办得如何？”荣毅仁做了汇报。邓小平说：“人由你找，事由你管，由你负全责。”“要排除干扰，不用担心其他部门来管你，你们自己也不要搞官僚主义。”以后有几次碰见时，邓小平又关切地问起有关的情况。他深知，一个党外人士办这样全新的公司，没有实权是不行的，一定要有“尚方宝剑”。

在邓小平的支持下，1979年7月8日中国国际信托投资公司筹办组成立，它和我国《中外合资经营企业法》是同一天公布，这本身就很能说明中国对外开放的决心。昔日的资本家居然筹办起了社会主义中国通向国际的金融性公司，自然引起了中外人士的瞩目。同年10月4日，中信公司正式成立。

不仅在改革开放的事业上，而且在对荣氏家族、荣氏后代、荣毅仁本人的生活方面，邓小平也是十分关怀的。

1986年6月，荣氏400多位海外亲属的一半多人，从美国、加拿大、澳大利亚、巴西、联邦德国、瑞士等国回来大团圆。他们中间不少人，在国外从事核能、电子、机械、纺织、面粉、医学、文教等事业，有声誉、有地位。他们也像自己的祖辈一样，有很强的爱国心、事业心，身居海外，不忘故国。有些人从20世纪70年代初尼克松访华以来，就开始与国内有业务往来。改革开放后，他们更是活跃，尽力在各自的岗位上为祖国多作贡献。这次大团圆，既是荣氏家族史上一次空前的盛会，又是中华民族凝聚力的象征，也是我国改革开放深具魅力的一种表现。他们说："中国的大门开了，我们才能回来大团圆啊！"

天公似乎也在欢迎远道而来的海外赤子。初夏的北京，那些日子阳光分外明媚，香山鸟语花香，草木葱茏，别有一番情趣。荣氏亲属住地香山饭店自6月15日以来，一直沉浸在欢乐气氛之中。18日清晨，这种欢乐气氛更是达到了高潮。原来，当天上午邓小平要会见他们中的代表。

在人民大会堂，邓小平和荣氏亲属代表一一握手。荣毅仁的兄长荣尔仁，是荣氏亲属观光团中的年长者，居住在巴西。邓小平像家人似的与他交谈着："你今年79岁，比我小3岁。"荣尔仁说："可你的精神比我好。"邓小平说："你的精神也不错嘛。"

会见中，邓小平说：你们荣家，从整个历史角度来看，对发展民族工业作了贡献，是有功的，是推动历史前进的，人民是不会忘记的。自从粉碎"四人帮"后，我们创造了一个好条件，使你们能够像今天这样很好地团聚。你们的团聚是件喜事，我们还要争取整个民族的大团结。邓小平的话，像春风吹拂，像春雨滋润，使荣氏海外游子沐浴在无限春光中。邓小平还和大家一起合影。当天下午，人大常委会委员长彭真也会见了他们，并在一起照了相。荣氏亲属中不少人在国外社会地位较高，见过的世面不少，但这次回来团聚受到党和国家领导人如此隆重的礼遇、如此亲切的接待，是他们一生中最激动、最难忘的时刻。

1986年6月18日，邓小平接见了荣氏五代海外亲属共200余人和国内亲属20余人（历史图片）

荣氏海外亲属在北京停留了三天，又到西安、无锡、上海观光后离去。祖国、故乡、亲人、朋友的深情厚谊，牢牢铭刻在他们心中，以至事隔七八年之后，海外亲属还能清楚记得邓小平当年会见时的情景和他讲的话，他们深以为荣，并以此鞭策自己。

这次会见对荣毅仁来说印象也极为深刻。邓小平去世后，他曾写文章回忆说："特别令我难忘的是，1986年6月18日小平同志亲切接见我们荣氏海外亲属回国观光团成员和内地荣氏亲属时的谈话。"

邓小平在荣毅仁的心中，已不仅仅是自己十分敬重的中央领导人，而且是自己的良师益友。

邓家和荣家的小字辈，也很合得来，彼此来往很多。邓家有个毛毛叫邓榕，荣家也有毛毛叫智婉，是荣毅仁的小女儿，两个毛毛同岁，常在一块玩得很开心。邓家的毛毛常去荣家串门，看望"荣叔叔"，邓小平总要嘱咐毛毛道："你代我看望他们。"提起荣毅仁，邓小平常有一句"口头禅"："荣老板嘛！……”话不多，但却满含赞赏之情。邓小平还很关心荣毅仁之子荣智健的成长，问：“智健怎么样？”当听到智健作为中信香港集团总经理，把事业办得很兴旺，成为香港异军突起、发展迅猛、引人注目的中资公司时，很是高兴。邓小平对荣氏子女很亲，就像对待自己的孩子一样。

走进荣府的客厅，一眼便能看见正中高悬着邓小平亲书的“戒欺室”匾额，棕底绿字，分外醒目。那是1988年邓小平应荣毅仁之请写的。“戒欺室”原是荣毅仁父亲荣德生生前在书房里挂的匾额，“戒欺”是这位老人的一个信条，认为做生意的人应该诚实，应该以“戒欺”为本，后来这块匾额毁坏了，所以荣毅仁特意请邓小平题写重做一块。这也充分体现了邓小平对荣老先生的尊重和嘉许。

会见班禅大师，“我约你到家里谈，是不把你当外人”

1980年8月26日，夏末的北京已经不再那么酷热。重新当选为全国人大常委会副委员长和全国政协副主席的班禅大师早早就起来了。他念过晨经，便去跑步。在习习晨风中，他感到心情格外舒畅。想到今天还有一个重要的约会，大师比往日提早结束了锻炼。吃了早餐，他一边翻阅藏、汉文字的文件材料，一边等待着出发的通知。一会儿工夫，杨静仁来了，他高兴地对班禅大师说：“咱们走吧，去见一位老朋友。”

汽车很快地开进一个古朴幽雅的四合院，原来他们到了中共中央副主席邓小平的家。邓小平已迎候在门口。班禅大师迈下车，快步走向邓小平，两人有力的双手紧紧地握在了一起。

邓小平和班禅大师交谈着走进会客室。宾主落座后，邓小平关切地询问了大师的生活和工作情况，真诚地对班禅说：“你是我们国家一个最好的爱国者。”一句话，说得班禅热泪盈眶。还有什么能比这种理解和评价更珍贵呢！

邓小平对班禅的评价非常中肯，完全符合实际。

1949年6月3日，当班禅还只有11岁的时候，他就按照宗教惯例接受了剃度、受戒等仪式，在青海塔尔寺坐床。从此，一个普通的藏族孩子正式成为西藏第十世班禅，取法名“罗桑赤烈伦珠确吉坚赞”，简称确吉坚赞。风云变幻的时代和复杂的国内外形势，使少年班禅不可能与世隔绝、静坐禅院修身养性，而必须在政治上作出抉择。班禅因为从小受过经师的严格教导和培育而不同于一般的孩子，活佛这一特殊的身份又使他必须注意观察社会、体察民情。他憎恨国民党的腐败无能，反对亲英美帝国主义的西藏地方政府中的分离主义倾向。他对共产党虽不甚了解，但共产党的节节胜利使他确信共产党“必然有顺应人心，顺应历史的道理”。于是，他断然决定与中国人民解放军进驻在西宁的部队联系，并从此开始了与中国共产党真诚合作、维护祖国统一和民族团结的光荣历史。

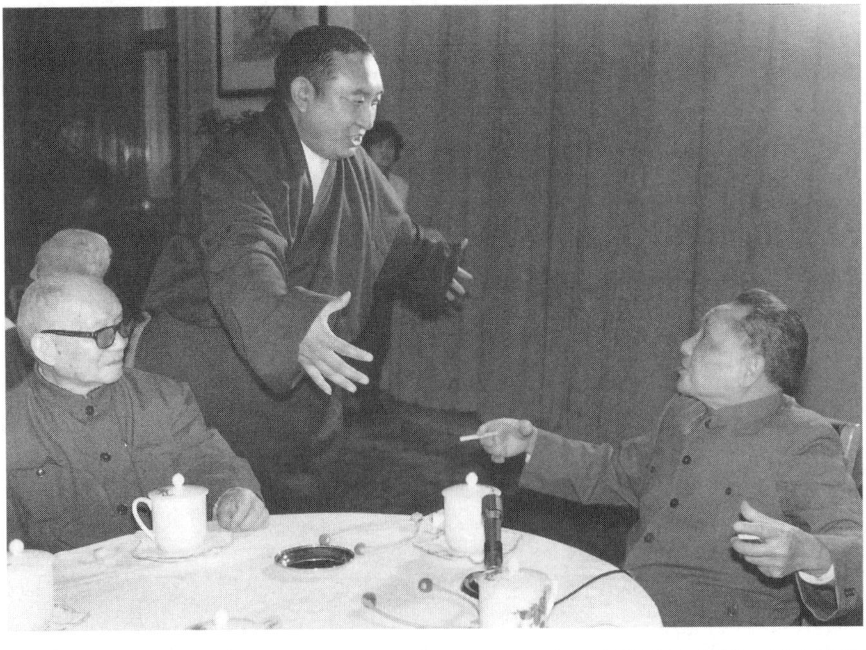

1981年，邓小平与全国人大常委会副委员长、中国佛教协会名誉会长班禅额尔德尼·确吉坚赞亲切交谈（历史图片）

1949 年 10 月 1 日，中华人民共和国成立，班禅额尔德尼·确吉坚赞立即致电毛泽东主席和朱德总司令，表示拥护中国共产党、拥护人民政府，希望早日解放西藏，愿为完成祖国统一大业贡献力量。毛泽东和朱德复电勉慰，对他的爱国主义举动给予高度赞扬。

1951 年 5 月 23 日，中央人民政府、达赖、班禅三方面，在北京经过共同协商，签订了《关于和平解放西藏办法的协议》。当晚，毛泽东主席设宴庆祝协议签订。班禅大师出席并发表热情洋溢的祝酒词。他说：“和平解放西藏是中国各民族大家庭的一大喜事。”表现了少年班禅强烈的爱国热情。

1956 年 11 月，班禅大师与达赖喇嘛一道应邀去印度参加释迦牟尼涅槃 2500 周年纪念活动，并去印度各地朝拜和参观访问。在印度期间，班禅大师热情赞扬中印两国和两国人民的传统友谊，旗帜鲜明地强调西藏要遵守《十七条协议》，以实际行动表明了他光明磊落的爱国立场。

1959 年 3 月，西藏上层反动集团发动武装叛乱。一时间，西藏问题成为举世瞩目的重大焦点，班禅也成了国内外关心的重要人物。在这关键时刻，处在复杂尖锐境遇中的班禅大师，更加坚定地维护祖国的统一，坚持西藏是中国不可分割的一部分的立场。他高举爱国、团结、进步的旗帜，拥护中央关于边平叛边改革的方针，积极支持人民解放军驻藏部队平息叛乱。大师的正确态度，得到了西藏广大僧侣和群众的信任和支持。

班禅大师说：“我爱自己的祖国，也爱自己的民族。不爱自己的民族的人，不可能成为真正的爱国主义者。”他要求民族干部一要爱国，维护祖国统一；二要对自己的民族有感情，使自己的民族团结起来，为本民族的发展做一些事情。班禅大师是这么说的，他本人也是这么做的。对于班禅大师爱国家、爱民族、爱宗教，为建立繁荣、民主、进步的新西藏而日夜操劳，邓小平高度称赞他是我们国家最好的爱国者，确实当之无愧。

交谈中，邓小平再一次肯定地说：“是的，你同达赖不同，你是爱国的，维护国家统一的，而达赖是搞分裂的。”班禅大师丰满的面容因激动而显得更加红润了。

望着眼前这位历尽坎坷却始终如一地热爱党、真诚地相信党的爱国宗教领袖、与党亲密合作几十年的老朋友，邓小平坦诚地说道："过去对你的问题主要是处理重了。你的《七万言书》，大部分是对的。整你主要是两次：1964年和'文化大革命'。挨整后，你又出来了。你两次出来，表现都是好的。"

听了邓小平的话，班禅大师感慨万端。面对邓小平给予他的肯定和表露出来的宽广的胸怀，一向刚直、豪爽的班禅大师不禁哽咽起来，他说："与老一辈革命家、与您所受的迫害相比，我这点委屈算得了什么？！"班禅大师不计个人恩怨的豁达态度和高尚情操，也同样为邓小平所赞赏。

1959年，时任副总理的邓小平与班禅额尔德尼·确吉坚赞副委员长在一起（历史图片）

邓小平与班禅大师推心置腹地谈历史、谈未来，最后邓小平将话题转向现实，说："最近看了你的东西，你还是有思考的，有分析、有能力，希望你对祖国多做一些贡献。""关于你自己的活动，可以放手，不要顾虑。"邓小平如此的信任，使班禅大师深受鼓舞，他表示要在有生之年，在有工作能力的时候，对党对国家对人民做些有益的事，要为祖国统一和建设团结富裕文明的西藏作出自己的贡献。

会见气氛愉快、亲切，时间不知不觉过去了。两位老朋友心心相印，彼此都充满信心。最后，邓小平指了指一同参加会见的乌兰夫、刘澜涛、杨静仁说："你的反映以后可以经常地告诉他们几位。"又说，"我约你到家里谈，是不把你当外人""以后可以再来"。班禅大师怀着恋恋不舍的心情，结束了与邓小平这次难忘的谈话。

鼓励、支持霍英东，"不走回头路"

全国政协副主席、香港著名实业家霍英东先生曾与邓小平多次见面，结下深厚的友谊。

邓小平生前曾对霍英东说过，希望1997年香港回归后走一走、看一看。虽然他未能实现这一愿望，但他设计的"一国两制"的宏伟蓝图已经在香港成为世人瞩目的现实。

霍英东同邓小平第一次见面是在1964年，国庆15周年。霍英东作为港澳地区观礼团的成员，来到北京，在人民大会堂的国宴上见到邓小平。在国庆招待会上，邓小平来到港澳地区来宾中间，同大家逐一握手，并热情地对霍英东说："欢迎您来北京。"

1977年7月26日，霍英东带领香港足球队参加在北京举行的亚非拉国际足球邀请赛，香港队打入了决赛。比赛前，邓小平来到了休息室。他的突然出现使霍英东感到十分惊奇，邓小平热情地和霍英东等人握手，并和大家一起进入球场看台。此时，在场的近10万观众一起鼓掌欢呼，邓小平受到广大人民群众如此爱戴的情形在霍英东心中留下了很深刻的印象。

后来，在1992年邓小平视察南方时，他女儿毛毛从珠海来到中山市送给霍英东一张邓小平在1977年第一次在足球场露面时同霍英东握手的照片。毛毛对霍英东说："这张照片我爸爸用金色笔签了名，让我送给您留念。"这张照片是多么珍贵啊！

邓小平很关心体育运动。他指出中国要在所有的国际体育组织中恢复合法席位，并提了一个新的构想，允许台湾参加国际体育比赛，即一国两队的思想，这和他后来提出的"一国两制"构想是一脉相承的。而在这以前，我们坚持要驱逐"蒋帮"以后，才加入国际体育组织。根据邓小平的这个新构想，中国政府经过多年努力，很多热心人，包括霍英东等香港爱国同胞，在全世界奔走呼号，直到20世纪80年代初，终于恢复了中国在世界上40多个体育组织中的合法席位。台湾则以"中国台北"的名义参加国际体育组织与体育比赛。

1978年12月中共召开十一届三中全会，邓小平提出对外开放，对内搞活，将"以阶级斗争为纲"转变为以经济建设为中心，这是一个非常重要的历史时刻。

霍英东响应改革开放号召，最早来到内地投资。1980年，他在广东中山投资建设了中山温泉宾馆。1983年，在广州建成的白天鹅宾馆正式全面开业。这是改革开放后，在广东乃至全国最早建成的现代化宾馆。在当时物质条件相当困难的情况下，建设现代化的宾馆谈何容易。当时中山县最高级的招待所洗脸池子没有塞子，是用暖水瓶塞来代替。许多用品都要从国外整套运来。但是，霍英东坚持依靠国内力量，自己设计，自己施工，自己管理，创造了世界上建设酒店的奇迹。回忆中山温泉宾馆和白天鹅宾馆的建设历程，霍英东亲身感受到了邓小平理论的正确和伟大。在邓小平理论的指引

邓小平送给霍英东的签名照。邓小平最后一次南方视察后，托人把这张他们第一次见面的照片送给霍英东。邓小平曾向霍英东表示“我们以后每年见一次面”，两人一共见了15次面（历史图片）

下，中国人民充分发挥自己的聪明才智，创造出惊人的奇迹。当时，有的人不仅对“白天鹅”的一些做法有不同意见，而且对整个广东的改革开放有不同的看法，甚至说这是在搞资本主义。当时霍英东对改革开放能否继续坚持也很担心。

1984年，邓小平第一次视察南方时来到了中山。1984年1月26日至29日，邓小平住在中山温泉宾馆。霍英东陪同他，见面比较多。一天，他到中山温泉宾馆附近的一家商店参观。在商场，他仔细地观看了各种商品。快走到门口时，遇到了刚进门的母女二人，邓小平便趋前和她们交谈，详细地询问她们从哪里来、家中收入够不够开支，并慈祥地用双手抚摸小女孩的脸庞。霍英东看到他一有机会便深入到群众中，切实了解人民的生活。这是邓小平一贯的求实的工作作风的体现。邓小平每天早晚坚持散步。一天早上，80岁高龄的邓小平一口气登上了宾馆后面的小山——罗姑山，在山顶上观看中山市全景，在亭子里休息。一会儿，工作人员请邓小平按原路返回宾馆，但邓小平却意味深长地说："不走回头路。"他选择另一条没有石梯、比较难行的山路缓步下山。

1984 年 1 月 31 日上午 10 时 40 分，邓小平第一次来到广州白天鹅宾馆。他在 28 层楼远眺浩荡的珠江时，称赞说："白天鹅好！"他还在西餐厅就餐。邓小平的话给了霍英东和白天鹅宾馆的职工以巨大的鼓舞。从白天鹅宾馆的建设到开业碰到许许多多的问题，如宾馆带头改革物价、改革管理制度，社会上议论纷纷。邓小平说："不走回头路""白天鹅好！"他的这些简短、明确、有力的话语告诉人们：走改革开放之路是坚定不移的，以经济建设为中心是坚定不移的，中华民族要走向现代化是坚定不移的。邓小平的话坚定了霍英东的信心。

1984 年 2 月，邓小平视察南方回到北京后，同中央负责同志谈话指出，要办好经济特区，增加对外开放城市。3 月，中央、国务院召开会议，决定进一步开放 14 个沿海港口城市：大连、秦皇岛、天津、烟台、青岛、连云港、

1984年1月，邓小平在中山温泉宾馆和霍英东交谈（历史图片）

南通、上海、宁波、温州、福州、广州、湛江、北海。邓小平深入基层考察，总结改革开放的经验，充分肯定了建立经济特区的政策，从而保证了中国改革开放不仅没有走回头路，而且继续向前深入发展。

1984 年国庆节，霍英东应邀参加了国庆 35 周年庆典，并第一次登上天安门城楼观礼。当时看到邓小平精神抖擞地乘坐敞篷红旗轿车检阅三军部队，着装整齐、阵容威武的人民军队和现代化的武器显示了我们祖国的尊严和强大。霍英东被这场面深深感动，从内心感到走邓小平指引的中国改革开放的道路走对了，他对祖国的美好前景充满了信心。

1985 年 2 月 19 日（除夕）下午 6 时 55 分，邓小平在王震、邓颖超等同志的陪同下来到白天鹅宾馆参加广东省春节联欢会，受到了广大群众的热烈欢迎。会后，许多群众拥在大门口等着欢送邓小平，场面非常感人，体现了广大群众对他真诚的爱戴和拥护。2 月 23 日（大年初四），邓小平再次来到白天鹅宾馆，接见了霍英东等人，并和他们共进晚餐。席间，邓小平多次提出三个“三角洲”（珠江三角洲，长江三角洲，厦门、漳州、泉州三角地区）的开放问题。霍英东比较熟悉珠江三角洲的风土人情，听了邓小平的谈话，使他进一步开阔了眼界，从改革开放的全局进一步地认识到珠江三角洲优越的地理位置和重要的经济地位。

邓小平逝世后，霍英东撰文深情地回忆道：从 1982 年起，中英两国政府将香港问题正式提到议事日程上来。自此，邓小平多次阐明“一国两制”的伟大构想。

香港回归的整个过程都是在邓小平提出的“一国两制”的伟大构想指导下和他亲身领导下进行的。对“一国两制”的构想和“基本法”的条文，香港人开始不熟悉，有些人甚至感到忧虑，离开了香港。但是中央制定的“一国两制”“港人治港”“高度自治”的方针政策符合香港的实际，符合香港人的利益，给 600 万港人以很大的信心。在香港回归前后，越来越多的离港同胞回到了香港。

十多年来，霍英东参加了《香港特别行政区基本法》起草委员会、香港特别行政区筹备委员会预备工作委员会、香港特别行政区筹备委员会和香港特别行政区第一届政府推选委员会。他怀着时代的情感，全力投入香港回归祖国的各项工作。在这期间，邓小平多次会见港澳地区的各方面人士，对香港回归的许多重大问题发表了谈话。给霍英东留下很深印象的是邓小平在1984年5月25日接见出席六届全国人大二次会议的代表和出席全国政协六届二次会议委员时的谈话。邓小平说："我国在恢复对香港的主权之后，中国政府有权在香港驻军，这是维护中华人民共和国领土的象征，是国家主权的象征，也是香港稳定和繁荣的保证。香港是中国的领土，怎么不能驻军！没有这个权力，还叫什么中国领土。"邓小平在原则问题上总是这样坚定不移，霍英东十分敬佩他这一战略家的品格。

1991年，霍英东曾在人民大会堂受到邓小平的单独接见。邓小平的女儿毛毛当翻译，翻译霍英东的广东话。这次谈话原定45分钟，最后谈了1小

1983年，邓小平会见全国政协常委、港澳知名人士霍英东（右一）和全国人大代表、澳门中华总商会会长何贤（右二）（历史图片）

时15分钟。霍英东说时间到了，邓小平还继续讲。他讲了淮海战役，指出这是很关键的战役，决定了解放战争的最后胜利；谈到香港问题，讲了香港的前途；还谈到了体育问题。他讲话很有条理，思维清晰。后来，邓小平和霍英东接触比较多，谈话也不用翻译了。他曾就香港问题征询霍英东的意见。霍英东谈了关于香港对中国改革开放的重要地位和作用。在北戴河的浴场上他们也几次相见，邓小平热情地接见了霍英东，并合影留念。邓小平说："我们每年都可以在这里见面。"霍英东回忆说："他平易近人。我和他交谈并不拘束，很轻松。他总是把深奥重大的问题用通俗简短的话语说得很明确，给我许多启发和指导。1997年8月，我又来到了北戴河浴场，但我却永远不能再见到敬爱的邓小平先生了。面对浩渺的大海，我思绪万千。邓小平先生把'一国两制'纳入建设有中国特色社会主义理论之中，并作为很重要的内容，这说明他的襟怀就像这大海一样无比宽广。"

霍英东作为世居香港的一分子，亲身经历香港半个多世纪的风风雨雨，耳闻目睹新中国成立以后，特别是改革开放以来祖国的沧桑巨变。最可喜的是香港平稳地回归祖国后，进一步表现出活力，充满创造力的经济持续发展，政通人和，社会生活平稳。邓小平逝世后，霍英东在撰写回忆文章时满怀深情地指出香港特区政府和香港市民一定会坚决贯彻"一国两制"，有能力正确处理和办好各项工作，不会辜负邓小平先生的期望，一定会同心同德开拓香港历史的新纪元，建设好香港，使这颗"东方之珠"更美丽、更璀璨。这是我们港人对邓小平先生的最隆重的纪念。

"江南猫王"：不管白猫黑猫能捉老鼠就是好猫

邓小平家中挂有一幅《双猫图》。图中，一只猫毛色雪白，茸毛轻柔；另一只猫毛色乌黑，黑里透亮。两只猫一前一后，缓缓前进。那毛茸茸的身

《双猫图》（历史图片）

体，那炯炯有神的眼睛，十分惹人喜爱。《双猫图》的右上方，是一行遒劲的题词：“不管白猫黑猫能捉老鼠就是好猫。”

这幅画的作者就是被人誉为“江南猫王”的陈莲涛。陈莲涛，号海石老人，浙江宁波人，1901 年生，从小受家庭影响，爱好书画艺术，14 岁时已能书善画，17 岁时经上海名画家高禅舫指点，画艺日趋成熟。只是自愧艺术缺乏独特风格，还不理想。一次，他在朋友家做客，一只猫突然从窗口蹿到他的大腿上，冷不防被其利爪划得裤破皮伤，从此对画猫产生了浓厚的兴趣。

为了仔细观察猫的形态活动，陈莲涛四处搜寻，养了十几只品种各异的猫，有金丝猫、梅花踏雪猫，有雪地拖枪、金顶挂印、金床银被猫，有波斯鸳鸯眼白猫、英国的狮子猫……家里简直成了猫的世界。

陈莲涛几乎终日与猫为伴，时时捕捉猫的跳跃、嬉戏的动作，就是连细节也不放过：如猫的前脚有六掌五爪，后脚有四掌四爪；猫的眼睛有圆形、有三角形，也有凤眼形的。这样，他胸中有猫，在创作时便可随心所欲，淋漓尽致地刻画出猫的各种神态。难怪别人说，陈莲涛笔下的猫形神兼备，大有呼之欲出之势。因他擅长画猫，被人誉为“江南猫王”。他自画自编的《百猫图》《莲涛猫辑》等被画界视为珍品。

中华人民共和国成立以后，陈莲涛的作品在全国美展中多次展出，特别是他画的猫，那眼睛似嗔、似媚、似怨、似诉，神态各异，惹人喜爱。陈毅、荣毅仁、梅兰芳、姜妙香都很欣赏他的猫画，并收藏了他的作品。

邓小平一向待人热情，礼贤下士，对熟人故友都很关心，有机会总要看望或问候。

1984 年，邓小平得知“江南猫王”仍健在，便托人捎信给陈莲涛向他致意。陈莲涛得知邓小平在百忙中还记着自己这样一个普普通通的老画师，心中久久不能平静。他精心构思，一丝不苟，画了一幅《双猫图》，托人敬献给邓小平。邓小平看了双猫图，对“江南猫王”的高超技艺赞不绝口，随即挂在家中。邓小平的女儿也是画家，看到《双猫图》后爱不释手，向父亲要这幅画，父亲当然不给。于是她托人请陈老再画一幅。陈莲涛欣然命笔，画了一只活灵活现、可意媚人的小花猫赠给她。

爱泼斯坦：“您做的是卓有成效的工作”

爱泼斯坦是人们熟悉的、几乎与斯诺同时代的老新闻工作者，1985 年 4 月 20 日在北京欢度他一生中最难忘的生日——七十寿辰。

爱泼斯坦出生于波兰，但两岁就随父母迁居中国天津，15 岁开始新闻工作的生涯。他在中国整整工作了半个世纪，为中国人民的革命和建设事业做了很多工作。爱泼斯坦一生把国际主义与热爱中国密切结合起来，他经常说“中国就是我的家”。他加入了中国籍，加入了中国共产党。为祝贺他 70 寿辰和在华工作半个世纪，宋庆龄基金会、外国专家局、文化部外文局、《中国建设》杂志社在人民大会堂为他举行了热烈的招待会。

1985年，邓小平出席庆祝中国人民的忠诚朋友、全国政协常委爱泼斯坦70岁寿辰招待会，高度评价爱泼斯坦在华的工作业绩（历史图片）

尤其使爱泼斯坦激动的是，招待会之前，邓小平、邓颖超、康克清等领导同志在福建厅亲切会见了他一家三代人。

下午5点，福建厅喜气洋洋。第一位到的是康克清大姐，她带了一束鲜花，对爱泼斯坦同志说："热烈祝贺你七十大寿！这是我家里自己种的紫丁香，特意采来送你的，愿你像百花盛开，祝你健康长寿！"

不一会儿，邓小平、邓颖超以及其他中央领导人陆续步入福建厅，他们都热烈地向爱泼斯坦表示祝贺。

爱泼斯坦坐在邓小平旁边，一边还有邓颖超及其他领导同志。他们在一起亲切交谈着。

邓小平对爱泼斯坦说："你都70啦！"

爱泼斯坦风趣地说："我还小呢！"接着他问候邓小平："您近来身体都好吗？"

邓小平说：“还好！没什么大毛病。”

此前不久，爱泼斯坦随同一批20世纪40年代来过中国的美国老朋友、老记者重游了延安、重庆等地，刚刚返回北京，所以他对邓小平说：“这次我和美国老朋友跑了许多地方参观访问。我们看到不少变化，感到欣慰。”

邓小平说：“你在中国工作都有52年了？”

爱泼斯坦答：“是啊！我两岁就随父母来到中国，15岁开始到报社工作。”

邓小平说：“你在中国工作了这么长时间，真不容易呀！”他停了一下又问：“你出生在波兰？”

爱泼斯坦说：“我是出生在波兰，但很小就离开了。1916年去日本，1917年才到中国。”

邓小平说：“我也去过华沙，那是1975年从法国回来时经过华沙的。”

爱泼斯坦深情地环视一下高朋满座的大厅，不禁动情地对邓小平说：“今天大家都来祝贺我的生日，我非常感谢中国同志们！”

邓小平接过话说：“祝贺是应该的，你52年来一直为中国人民的革命工作，确实不容易。”

爱泼斯坦说：“我工作得很不够。”

邓小平说：“说不够，就难讲了。”

这时，邓颖超接过话题，回忆了过去在爱泼斯坦帮助下逃出天津到西安办事处的一段经历，并对爱泼斯坦说：“都50年了，可你还没怎么变，只是头发白了。”

邓颖超关切地询问爱泼斯坦的家庭情况：“你们有孩子吗？”

爱泼斯坦指着后排说：“有，今天他们也来了。”

邓颖超说：“快叫他们过来见见面！”

这时爱泼斯坦的女儿、儿子走了过来。这是爱泼斯坦夫妇多年抚育的两个中国孩子，现在都长大成人了，建立了各自的小家庭。所以今天来的有女儿、女婿、儿子、儿媳妇，还有爱泼斯坦最疼爱的外孙小宁宁。

爱泼斯坦向小宁宁招手说："宁宁，快过来向邓爷爷、邓奶奶问好！"

这时，天真活泼的小宁宁跑到邓小平跟前，甜甜地喊了声："邓爷爷好！"他搂着邓爷爷的脖子，让邓爷爷亲了亲他的小脸蛋。然后，小宁宁又跑到邓颖超跟前说："邓奶奶好！"他也和邓奶奶亲了亲。这聪明的孩子纯洁的举止，感染了在座的老爷爷、老奶奶们，大家都开怀地笑起来。

此时，孩子成了中心话题。孩子们代表着未来，今天的话题也许使爱泼斯坦想起他多年来在宋庆龄直接领导下从事的正义事业，其中重要的是为了孩子们的健康成长。爱泼斯坦深有感触地说："我们的工作都是为了孩子们！"

邓小平听说小宁宁6岁了，便扳着手指说："6岁了啊，到20世纪末才20多岁，正是时候。到那时，情况会比现在好多了。"

爱泼斯坦说："孩子们可以进入21世纪，他们可以生活70多年。"

邓小平说："孩子们可以看到我们国家的第二个奋斗目标。"

邓小平在人民大会堂祝贺爱泼斯坦70岁寿辰（历史图片）

爱泼斯坦说：“他们还可以为第三个目标服务！”

邓小平听了点点头，爽朗大笑起来。显然老一辈们交谈，不仅充满信心地展望了未来，也表达了对孩子们的无限希望。

爱泼斯坦以十分崇敬的心情对邓小平说：“我非常敬佩您这样高龄了，还从事大量的工作。”

邓小平说：“我现在工作很少了。”

爱泼斯坦笑着说：“但是，您做的是卓有成效的工作！”

会见结束时，邓小平、邓颖超等中央领导同志与爱泼斯坦一家合影留念，然后一起去参加招待会。

亲善科学家

黄汲清：小平同志真是我们知识分子的知己啊

黄汲清是一位爱国的知识分子。抗日战争时期，他担任过国民党中央地质调查所所长，并被选为中央研究院院士。但在那个战乱的年代，他所学的地质学理论根本无用武之地。于是这位正直的地质学家怀着报国无门的未酬之志漂洋过海，到了大洋彼岸的美国，去继续他的地质学研究工作，以待来日实现自己报效祖国的远大志向。

这一天终于来了。1949 年，我人民解放军已以势如破竹之势解放了大片国土，刘邓大军正准备进军西南，西南的解放指日可待。这时，远在美国，时刻关注着祖国局势的黄汲清再也坐不住了，他感到，报效祖国的时刻来到了。

黄汲清（历史图片）

1949年夏，黄汲清从美国搭船经香港回到中国，随即携家眷来到抗战期间他曾经工作过的地方——重庆北碚，住在他原来担任中央地质调查所所长时所盖的办公室里，等待解放。

1949年11月30日，中国人民解放军第二野战军解放了重庆和北碚，广大人民欢呼雀跃，黄汲清也怀着万分激动的心情汇入了欢庆解放的人流。

重庆解放后不久的一天，重庆军事管制委员会工作人员刘雅清来到黄汲清先生家，了解他的情况，并向他表示慰问。1950年1月初，一辆吉普车把黄先生接到重庆曾家岩，与段君毅、刘岱峰等领导干部会面。这次会谈，谈得十分融洽。段君毅、刘岱峰等着重谈了地质工作的重要性，并希望黄先生把散处在西南几省的地质人员团结起来一同工作。不久，刘岱峰又介绍黄先生同西南军政委员会副主席邓小平见面。

黄先生对于威震四海的“刘邓大军”，早有所闻。在与邓小平晤面之前，他原以为“刘邓大军”首先必是“赳赳武夫、态度严肃”。他是怀着一种敬畏的心情去见邓小平的。一见邓小平的面，黄先生完全改变了以前的想法。

黄先生看到，这位正值人生鼎盛之年的“刘邓大军”统帅之一、西南人民的父母官虽然是一身的军人打扮，英武之中透出几分干练，但为人随和，他在谈话当中不拘泥，谈笑风生，很高兴与客人对话，听取客人意见。笑谈之间，一切都是那么和谐自然，黄先生刚来时的拘束感没有了，他把西南地质机构的情况简要地向邓小平做了汇报，邓小平一面听汇报，一面低头沉思，还不时地点点头，用赞许的目光看着黄先生，黄先生汇报完毕，邓小平表示今后西南的地质工作要由他来负责。

回去后，黄汲清按照邓小平及有关部门的指示，立即和原四川省地质调查所所长常隆庆商谈如何搞好西南地区的地质勘探工作。黄汲清又与贵州省地质调查所所长乐森商量，决定成立西南地质调查所，并推荐乐森、常隆庆担任副所长，所址便暂设在重庆小龙坎原四川省地质调查所内。

1950 年八九月间，西南地质调查所正式成立。邓小平设宴招待黄汲清、乐森、常隆庆三人，并与他们进行了谈话，主要谈西南地质勘探工作问题。黄汲清谈到，他们已经在重庆中梁山开展煤田钻探并正在准备进行綦江铁矿的勘探工作。探矿必须用钻探机器，他们正在了解中华人民共和国成立前水利部门和煤炭部门在四川留下些什么钻探设备，需要军政委员会下令把这些钻机和钻工调入西南地质调查所（其中一部分已在中梁山使用），以便积极开展工作。邓小平听完黄汲清的汇报后，同意下令调钻探机器，并在很短时间内调来六部金刚石钻机，分别在中梁山和綦江使用。他对綦江铁矿的经济价值十分关心，具体的钻探情况都一一询问。

在座谈中，邓小平还以极其愉快的心情回忆起了他在法国勤工俭学的工作和生活情形，他深有感触地说，工人无国别。有不少问题，中法工人共同关心，这就是阶级意识。

邓小平还关切地询问了黄汲清先生的工作和生活情况，并问他在外国有没有地质专家朋友，如有，可以邀请他们回国工作。不久，经过慎重考虑，黄先生向刘岱峰提出，他有一位青年地质专家朋友，叫赵景德，是美国芝加哥大学地质学博士，学识丰富，愿回国效力。刘岱峰嘱黄先生写一正式呈文说明邀请赵景德来西南地质调查所工作，所需旅费全部由我方负担。呈文上去后不到一星期，邓小平即批准。随即由黄先生专函赵景德说明情况。赵景德回信说，非常愿意参加西南所工作，决定携眷属绕道欧洲回来。不久，黄先生再上呈文，请求拨款 3000 美元，汇往美国作赵景德旅费之用。邓小平当即批准同意拨款，并由财经委员会通过香港某银行将旅费汇交赵景德。令人遗憾的是，赵景德收到旅费后，正准备回国，美国当局却已下令禁止中国专家学者离美，赵景德不得成行。

黄汲清先生在邓小平的领导下工作了三年，深受教育，深受启发。他感到，邓小平处理大事总是高瞻远瞩、考虑周到，处理小事也恰到好处。尤其令他感动的是邓小平尊重知识、尊重人才，特别善于接近知识分子，他曾不止一次地感叹：小平同志真是我们知识分子的知己啊！

求教费孝通，“在少数民族问题上我还是个小学生”

费孝通是闻名中外的社会学家。长期以来费孝通致力于社会问题的调查和研究，用自己的心智和理性，提出了许多关系国计民生的有价值的谋略与见解，其中不少受到党和国家领导人的重视。

1950 年 7 月，费孝通率中央民族访问团赴西南地区访问，历时半年多。其间，他一方面向少数民族解释政府的民族政策，另一方面对少数民族地区进行调查研究。

当时，邓小平是中共中央西南局第一书记。云、贵、川是少数民族居住比较集中的地区。作为政治家的邓小平深感在此担负领导职务，必须首先要处理好民族问题。

一天，邓小平邀请费孝通到他办公室叙谈。

邓小平思想敏锐，办事干练，说话干脆。他开门见山地问费孝通：“你认为当前民族问题主要应抓些什么？”

费孝通知道邓小平最喜欢实事求是，所以坦率地说：“还是少数民族和汉族的关系问题。中华人民共和国成立前，少数民族除了受本民族统治阶级的剥削和压迫，还要受汉族统治阶级的压迫。因此，他们对汉族有一种反感心理。中华人民共和国成立以后情况完全不同了，在中华人民共和国这个大家庭里，各民族一律平等。但是因为现在是刚解放，少数民族地区与广大的汉族居住地区的经济发展和生活水平差距很大，因此，他们在心理上对汉族的隔阂仍然存在。所以，使少数民族了解共产党的民族政策很重要。”

邓小平说，问题抓到点子上了。少数民族有点怕汉人，确实有历史原因。因为历史上的反动统治阶级实行的是大汉族主义政策，这只能加深民族仇视。现在我们的干部就要用自己的行动来改变他们心目中的汉人形象。凡是在少数民族地区工作的干部，都要深入下去，和他们交朋友，要使他们认识到我们是新汉族人。

当然，要解决民族隔阂绝不是轻而易举的事。邓小平接着中肯地说，汉族和少数民族有了矛盾，首先我们要承担责任，自己要先认错，道歉，这样才能取得人家的谅解。比如，长征时，红军经过西南少数民族地区，传播了一些革命的种子，产生过一些好的革命影响。红军北上时，有的同志饿慌了，为了生存，做了一些违反纪律的事。解放了，我们应该跟他们说，“当时全国革命的负担放在你们的身上，你们对保存红军尽了最大的责任”。对那时办得不对的事，应当向他们赔礼。这次我们到那里，一些少数民族人士也很坦率地说，“那时把粮食吃光了，心里不愿意，现在理解了”。他们为自己的解放感到高兴。这就叫以心换心。

费孝通被邓小平的坦诚所感动，又接着进言：“要解决民族隔阂，主要应该反对大民族沙文主义。”

邓小平接着说，狭隘民族主义和大民族主义都要反对。但是应当首先老老实实取消大民族主义。只要大民族主义一抛弃，就可以换得少数民族抛弃狭隘的民族主义，两个主义一取消，团结就会出现了。

望着邓小平真挚的神情，费孝通暗自钦佩共产党。这是一个真心实意为百姓的党啊！为这样的党办事，和这样的党合作，应该。费孝通十分动情。

谈话从上午 9 点多钟开始，进行了两个多小时。邓小平热情地留费孝通吃饭，他们边吃边谈。邓小平说："民族团结很重要。在少数民族问题上我还是个小学生，你是专门做这项工作的，要多参谋啊！"

"不敢当，有什么需要我做的，尽管指示。"

"不要说指示，你是先生嘛，欢迎你再来。"

苏步青：感到科学的春天来了

著名数学家、复旦大学名誉校长苏步青生于1902年，与邓小平年龄相仿，德高望重。他们俩人的情谊在粉碎"四人帮"后的20年间颇不平常。

1977年7月16日，73岁的邓小平复出，担任中共中央副主席、中央军委副主席、国务院副总理、中国人民解放军总参谋长。时任复旦大学教授的苏步青欢欣鼓舞，自告奋勇，向中央表示，愿意管一些科教方面的工作，中央予以同意。

1977年11月，邓小平主持召开科学和教育工作座谈会，发表讲话，以科教战线为突破口，领导全面拨乱反正（历史图片）

1977 年 11 月 4 日，北京召开科学教育工作座谈会。在人民大会堂，邓小平向大家说：“我们国家要赶上世界先进水平，从何着手呢？我想，要从科学教育着手。听听大家的意思，向大家学习。”这正是科教兴国的第一声。

著名的数学家、教育家苏步青首先发言，提出要推翻教育战线的“两个估计”，要实事求是地估计教育战线的成绩和知识分子的现状。

邓小平鲜明地答复：“对全国教育战线 17 年（新中国成立后 17 年）的工作怎么估计？我看，主导方面是红线。”

苏步青又提到在“四人帮”横行的日子里，也有 60 多位爱好数学的青年寄论文给他，其中有十几位很有数学才能，可以作为研究生培养。

邓小平对身旁的教育部负责人说：通知这十几位青年到苏老那里考研究生，路费由国家负担。

苏步青还谈到数学研究所有 18 位科学研究骨干，被称为“十八罗汉”，由于“文化大革命”，至今 16 人尚未归队。

邓小平说：“叫他们统统回来。”他又说：“有人建议，对改了行的，如果有水平，有培养前途，可以设法收一批回来。这个意见很好。”

北京座谈会归来，苏步青着手重建数学研究所。“十八罗汉”回来了一批，所推荐的青年有 12 位成了研究生，其中两人取得博士学位。

1978 年，苏步青当选为全国人大代表，又出任复旦大学校长。尽管他公务繁忙，依然不忘给研究生上课，把星期日改为星期七了。1983 年 2 月，他辞去校长职务，国务院任命他为复旦大学名誉校长。

1988 年 4 月，苏步青当选全国政协副主席。当时，他赋诗述志：

十载明堂鬓已秋，如今更上协商楼。
老为民仆寻常事，尽罄余微方得休。

从 1988 年到 1994 年，邓小平连续七年在上海欢度春节，苏步青五次与邓小平相叙。

苏步青数十年教学，桃李芬芳，培养了大量数学优秀人才。例如谷超豪，就是苏步青的得意门生之一，为中国科学院院士。

20世纪90年代中后期，苏步青觉得自己还有精力，曾为中学教师举办三次培训班，让教师多掌握一些数学知识，有利于提高中学数学质量。

老当益壮的苏步青，还笔耕不辍，撰写数学著作，出版了8本专著，计100多万字，其中有4本是在国外出版的。之所以如此，是因为苏步青感到科学的春天来到了！教育的春天来到了！

李政道："感谢邓主任的关心和支持"

1984年10月7日，中国科学院高能物理研究所北京正负电子对撞机国家实验工程举行隆重的奠基典礼。工地上彩旗飘扬，洁白的大理石上镌刻着邓小平书写的“中国科学院高能物理研究所北京正负电子对撞机国家实验室奠基”的铭文。邓小平在著名的美籍华人科学家李政道教授的陪同下参加了奠基仪式，并为工程的奠基石培上了第一锹土。

李政道是美籍华人理论物理学家、美国科学院院士、哥伦比亚大学研究院教授。1946年赴美国留学，1957年和另一位美籍华人科学家杨振宁一起获得诺贝尔物理学奖和爱因斯坦科学奖。

1972年，李政道第一次回国探亲。周恩来总理在会见他时，曾提出如何使高能物理在中国发展的问题。此后，他一直在思考这一问题，主要是如何将基础理论和应用结合起来。

1976年秋，有关电子对撞机及同步辐射的成套资料通过李政道从美国斯坦福高能物理所寄到中国。次年，他来京时建议造一架二三十亿电子伏的正负电子对撞机，规模较小，能量不高，但有很多基础物理实验可以解决，同时还可以产生同步辐射，有极广泛的应用前途。

1978年中国决定建造大型的质子加速器。李政道教授积极给予支持，并做了大量的工作，其中包括联合美国五大实验室的援助，促成了中美高能合作的协议；还组织和安排了中国40多位物理学家到美国、西欧的二十几个研究单位学习、进修，这些人1981年回国后，都成为国内高能研究所的骨干。

1984年，邓小平参加北京正负电子对撞机工程奠基仪式（历史图片）

当中国对高能物理的研究方向有所改变时，李政道教授又提出了小型电子对撞机方案。中国科学院采纳了他的建议，并在他的支持下在北京、合肥建立两架同步辐射机。另外台湾也在准备建立一架同步辐射机。为了这项工作，他先后多次奔波于大洋两岸。

奠基典礼举行之前，邓小平、杨尚昆、万里等人观看了工程的模型，并听取了工程经理谢家麟关于对撞机性能和用途的汇报。当谢家麟说到在工程的论证过程中，李政道教授付出了艰巨的劳动时，邓小平当面向李政道教授表示感谢。

李政道教授说："应该感谢邓主任的关心和支持。"

1984年5月21日，邓小平曾在人民大会堂安徽厅会见李政道教授。

李政道教授此次回国有两个目的：一是关于电子对撞机工程，二是关于CUSPEA回来的科技青年的安排问题。

CUSPEA，意思是通过中美物理联合考试录取的中国赴美国留学的研究生。1978年中国决定派遣大量的学生到国外去深造。这些学生的费用都由国家负担。但是美国所有的第一流大学如哈佛、普林斯顿、耶鲁等物理系对中国学生不太信任，不肯接受中国留学生作为正式研究生。李政道了解到这一情况后，首先给美国40多所大学的教授写了上百封信，让他们同意按照本国研究生的条件和待遇招收中国研究生。他还到中国来，从听课的学生中通过面试选了五人，又委托中国科技大学研究生院举行了一次小规模考试，选了11人，作为首批赴美正式研究生。他回到美国后，考虑到美国申请读研究生的手续很烦琐，要考GRE（美国研究生入学考试）、TOEFL（检定非英语为母语者的英语能力考试）……当时中国学生根本无法通过考核。于是他就把招生制度改革了一下，发明了一个新制度，后来起名为CUSPEA。这一方法后来在美国60多所大学中被广泛采用。

1979年春，李政道教授在北京讲课时，提出发动美国物理界招收中国研究生。其目的是：一、使中国研究生进入美国第一流的研究院，受到同美国学生完全一样的训练；二、费用（生活费、学费、医疗费）全部由美国民间负担。经过两次小规模的试验后，1980年，他正式向方毅副总理提出这个计划方案，受到科学院和教育部的支持。当时，CUSPEA学生已有两届共362人，按计划再办两届，一共约700人。在362人中，除77人尚未选专业，285人都选了专业，其中231人的专业与国家建设有密切的关系，如固体、半导体、材料、激光等，占五分之四。为了给他们回国工作创造一个有利条件，李政道建议先建立十几个博士后流动站作试点，他说，这样可以保证流动，研究单位可以通过流动站选人，造成竞争，使人尽其用。流动站具有可以辨别超等和一等的作用，其中超等的，可以成为自己找新的方向、带领别人前进的科技带头人。流动站建立后，学士后、硕士后和一般研究员都可以参加。几百个流动站，几千个站员，将使全国科技青年都可以流动起来。

1972年10月，周恩来和美籍华人著名物理学家李政道在一起（历史图片）

邓小平对此深表赞赏，他说：这是一个新的方法，成百上千的流动站形成了培养、使用科技人才的制度。培养和使用相结合，在使用中培养，以便发现更高级的人才。主管领导和部门应尽快予以落实。

会谈中，邓小平询问了“博士后”一词的历史。他说：“博士这个名称恐怕在汉朝就有了，博士的知识既然已经很博了，为什么还要有博士后呢？‘博士后’对我来说是个新名词，在国外可能是老名词了。”

李政道解释说：真正形成制度是在第二次世界大战后。普通大学生，是由教师出题目，然后指导解题。如果学生解题得出的解和教师的解一致，这个学生就能完成大学学业获得学士学位。研究生在读博士时，是教师定方向，定题目，可是教师并不指导怎么解题，研究生按照自己所学的知识解题，由教师和同行们评价，如果大家认为这个解是对的，就可以从研究院毕业获得博士学位。但是，真正做研究，方向、题目都要自己定，这是独立工

1984年，邓小平亲切会见老朋友、美籍华人物理学家、诺贝尔物理学奖获得者杨振宁（右二）、李政道（右四）、丁肇中（右一）（历史图片）

作能力的锻炼和判断，博士后研究工作一般需要二年至六年。有了博士后，才能使优秀的博士生成为独立的研究人员，杰出的年轻学者。博士后制度在国外也是很新的。二次大战后，一些发达国家都知道，竞争必须有一支能独立研究的精锐部队，才能够面向世界去发展，这是博士后制度产生的根本原因。所以这个博士后说来也不过40多年的历史。

邓小平听后连连点头。

1985年10月16日，邓小平在人民大会堂福建厅会见李政道教授时又谈到了博士后的问题。

针对博士后的科研费、生活费问题，李政道说：要吸引人回来，没有好的风气和工作环境就比较困难。中国的最大优势是，10年、20年后全世界的科技领袖有相当部分是华人。目前，全世界最先进的科技是以美国为主，而在美国，几乎每一个第一流的研究里最优秀的研究生都是华人。其中相当一部分是中国派出去的留学生。这是祖国的财产，是不能放弃的，尖锐的问题是怎么吸引他们回来，怎样让他们回来发挥作用，团结起来发扬民族的理想，这是非常迫切的问题。要吸引海外将来的科技领袖为祖国出力，为民族争光，必须培养和发展基础科学和应用基础科学的工作和风气。他建议成立国家科学基金委员会，必须有浓厚的学术风气，必须有独立性；科学基金应该完全用在基础研究和应用上。比较大规模的项目，请国家用长期计划和拨款的方法，而不是用科学基金。

邓小平表示，没有问题，一定要尽全力去解决。

会见后，邓小平对陪同会见的方毅、胡启立、宋健等人说：我们要加强同国外留学生的联系，科研机构要招聘最优秀的科研人员，要少讲空话多做实事。他还提出要赶快搞出一个规划。

一年后，邓小平又一次会见了李政道夫妇，同时会见的还有意大利学者齐吉基教授。

齐吉基教授来北京参加世界实验室的高等科学技术中心成立仪式。担任这个中心主任的李政道向邓小平介绍说：这个中心在北京有三个分部，一个在北京大学，一个在高能物理研究所，一个在理论物理研究所。齐吉基教授出了大力。

邓小平向齐吉基教授表示感谢。齐吉基说：我们感谢您对世界科学技术的支持，当今世界科技要发展，需要有一个伟大领袖的支持，把科学无国界、科学为和平的工作推向前进。世界实验室的建立主要是为中国和其他第三世界国家发展科学技术提供资金。我们愿意帮助中国，使中国的科学技术发展到世界水平。

邓小平说：对于科学，我是外行，但我是热心科学的。中国要发展，离开科学不行，在这方面，我们在国际上还是比较落后的。你们成立国际科学文化中心——世界实验室——是一个重要的创举。特别是可以使第三世界国家得到益处。中国是第三世界国家，中国的科学技术人员要积极参加这个世界实验室的工作。

齐吉基说：中国有很多有能力的科技人员，如李政道教授，他在世界实验室起着重要作用。现在世界实验室的高等科学技术中心已经成立，它将有助于中国培养的科学技术人员参加中国国内的工作。在您的帮助下，中国的科技发展是很快的，您是国际上卓越的领导人，对中国和国际的科技发展起着重要作用。

邓小平说：发展高科技，我们还是要花点钱，该花的要花。前几年有的外国科学家问我，你们在不富裕的情况下为什么要搞加速器，我说，我们是从长远考虑。现在看来搞对了，起码争取了几年时间。

李政道向邓小平介绍了前一年在美国召开的国际加速器会议的情况，谈到北京的加速器工作进展比台湾快。

邓小平听后，高兴地说：我们的决心是下对了，在高技术方面，我们要

邓小平等党和国家领导人视察北京正负电子对撞机工程，并慰问参加工程建设的代表（历史图片）

放开步子走，不然就赶不上，越到后来越赶不上。

1988 年 10 月 24 日，北京正负电子对撞机实验室建造成功，邓小平又一次来到这里。四年前他来这里培土奠基，今天他兴高采烈地参观了全部的实验设备。

还是李政道教授陪同他参观，并一一作了介绍。

邓小平说："过去也好，今天也好，将来也好，中国必须发展自己的高科技，在世界高科技领域占一席之地。"后来，李政道教授在谈到这件事时说："我想小平先生最了解，中国要有前途，就必须要有发展。我们现在是站在高科技的社会里，没有高科技的发展，实际上中国社会是不能真正地发展起来。""没有小平先生就不会有北京正负电子对撞机，而现在不光是'一席之地'，在这个领域，全世界公认，中国是第一。"

1989 年 9 月，李政道教授又一次来到中国。

这一次，李政道是怀着特殊心情而来的。

这一年的春夏之交，北京发生了一场政治风波。风波平息后，以美国为首的西方国家粗暴地干涉中国的内政，纷纷制裁中国。作为炎黄子孙，李政道忧心忡忡。他关注着祖国，期盼中国能渡过这一难关。

他来到北京，邓小平于 9 月 16 日会见了他。

两个星期前，邓小平给中央政治局写信，请求辞去他担任的最后一个职务——中共中央军委主席，从岗位上完全退下来。但李政道是他的朋友，所以他和李政道进行了亲切友好的谈话。

一见面，邓小平便笑容满面地对李政道说："我的身体还好，头脑还清楚，记忆力还不错。在北戴河每天游泳一个小时。"

邓小平又饶有兴致地谈起了他的这一爱好："我不喜欢室内游泳池，喜欢在大自然里游泳，自由度大一些，有股气势。"

这就是邓小平的性格。

邓小平告诉李政道："我在练习怎样适应完全退下来以后的生活。几十年了，一直在繁忙的工作中，就是后来事情管得不多了，脑子里也放不下问题，总在活动。”

当李政道对邓小平说“您的健康是中国稳定的需要”时，邓小平说：“我历来不主张夸大一个人的作用，这样是危险的。把一个国家、一个党的稳定建立在一两个人的威望上，是靠不住的，很容易出问题，所以要搞退休制。我已经85岁了，多年来我提出退休，每次都遭到大家的反对。”

“最近香港传说我被刺了，病危了，引起了股票波动，这说明早退好些。”邓小平接着说，“你是我们最好的朋友，就算谈谈心吧……我主要就是希望完全退下来。”

说到这里，李政道教授很感兴趣地把身体往前靠了靠，全神贯注地听邓小平往下说。

略停片刻，邓小平继续说：“我主要讲两点：第一，中国目前局势是稳定的；第二，中国人吓不倒。请你告诉美国所有对我们友好的和不友好的人，在判断中国局势的时候这两点是必须看清楚的根本的两点。”

“有一点可以肯定，那就是一定要发展，改革开放一定要继续，生产力要以适应的速度持续增长，人民生活要在生产发展的基础上一步步改善。”邓小平坚定地说着。

李政道教授也十分相信地点点头。

谈话继续进行着……

美国专家：“中国领导人的眼光很远，我们很佩服”

1983年6月18日上午，初夏明丽的阳光照进人民大会堂。从大会堂北门大厅传出阵阵欢声笑语，邓小平正在这里同出席1983年北京科技政策讨论会的20位外籍华人科技专家愉快地交谈。

邓小平在会见客人前已经听取了国家科委领导同志的汇报。他向客人们热烈祝贺讨论会圆满成功。他说："讨论会是个新的方式，这次会议开了个头，以后可以继续下去。在一年中，作一些准备，到中国看一些材料，再集中讨论一次，十分重要。下次讨论题目还可以更集中一些。"

这些来自美国和加拿大的有成就、有名望的科学家，开始与邓小平握手时还有点拘束，当听到邓小平亲切的话语时，他们的话匣子也打开了。

美国全国科学院院士、贝尔实验室电子物理部主任田炳耕坐在邓小平旁边。他亲切地问道："您身体很好吧？"79岁的邓小平说："还可以。没有大毛病。当然，自然规律不能违背。"他接着说："我的办法是日常事情少管。"美国加利福尼亚大学工学院院长葛守仁教授说："有些事您非管不可。"

大家热烈地谈起人才培养问题。

过去几天，这些外籍专家和30多名中国专家一起，围绕科技政策、规

1983年6月，邓小平会见出席北京科学技术政策讨论会的外籍专家（历史图片）

划、管理及一些专业领域的技术方向等宏观的、战略性的问题交换了意见。这些外籍科学家的专业领域广泛，包括计算机、通信、生物技术、农业工程、能源、化工等，他们对我国在科技领域里存在的问题，特别是人才培养问题，提出了许多有价值的意见和建议，邓小平说“益处很大”。

美国纽约州立大学石溪分校物理教授聂华桐说：“谈到人才培养，这次大家都感到，中国要培养一批既有管理能力又有科技水平的人才。这样科技政策执行才有效。”

邓小平说：“我们是缺乏这方面的人才。我们有人，但要经过训练，大有希望的还是40岁左右的人，要学点东西，学会管理。所以青年人、中年人的培养是我们目前最大的课题。各行各业都是这样。当然，不是说老的没有用。”

邓小平说：“40岁左右、50岁以下的人要加以培养，不是一个两个，而是成千上万。几年后，他们要接班，这是我们改革的核心问题。这个问题不是三五年能解决好的，要花十年。”

刘全生教授是美国通用原子能技术公司的能源专家。他问邓小平：“是不是将来也开个教育政策讨论会？”

人们都还记得，几年前由于邓小平的倡议，使全国大学招生由“推荐”改为考试，推动了亿万青年人的学习热潮。他的心里时时装着教育。他面对专家的提问，回答说：“可以嘛。”

他强调说：“搞四个现代化的关键是知识问题。智力投资要加速，不过也不能太快，主要是没有钱。但要作为投资的重点之一。从经济建设来讲，能源、交通是重点。但更重要的恐怕是智力开发。”

专家们见邓小平兴致勃勃，就更加无拘无束，争相提问或发表见解。这场礼节性会见活动变成了讨论会。

有些专家谈到了中国科技人员区域性流动问题。他们提议，科技人员在科学院工作几年以后，可以到大学工作几年，再到生产部门工作几年，这会有很大好处。

邓小平说："这个意见很对，我们肯定要办。这样对各部门、对科学家本身都十分有利。不然学非所用，不能发挥专长，是知识的浪费。"

他指出：由于长期以来"各霸一方"，做起来就难了，要逐步地改。

葛守仁接着说："中国领导人的眼光很远，我们很佩服。今年授予 18 个博士学位，以后应该大大增加，因为大学培养人要靠这些专家。"

美国柏克德电力工程公司首席工程师梁佩璐说："中国应该培养一批系统工程学方面的科技人员。有几门功课，在美国工程院校是必修的，像决策学、工程经济学、企业管理学、系统工程学。邓主席刚才谈的都是系统工程学的观点。"

邓小平摆了摆手，说："系统工程学，我们前几年才看到。过去，我们注意基础理论，像物理学等，系统工程学方面忽视了。前两年才重视。"

参加会见的方毅插话说："这方面的书，国内有人在写。过去钱学森写过，现在各大学也在提倡。"

在座的外籍科技专家对于中国的国情和传统是素来有所了解的。特别是近几年，他们多次来华访问，温故与知新兼而有之，对中国科学技术的长短得失有所研究。同时他们知道，邓小平在 1978 年全国科学大会上讲他要做科学工作者的"后勤部长"，对科技发展事业很热心。所以，他们畅谈了自己的看法。

在座的北美科技专家还饶有兴趣地谈起了其他方面的问题。

美国马里兰大学生物系教授孔宪铎问："中小学教育特别是农村教育是不是也要改变一下？"

邓小平说："农村教育有希望。最近农村教育探讨了新的路子。小学可以民办，农民有钱了，他们请专家肯花钱。过去不可能，一个农民收入才几十块钱。现在有每人平均收入 300 元、400 元以上的农户了，万元户也有。如今，他们请专家，重视知识。"他说，小学由农民办，国家集中精力搞中学、

1983年6月，邓小平会见美国新泽西州西东大学教授杨力宇，全面阐述了用“一国两制”方针实现祖国大陆和台湾和平统一的设想（历史图片）

大学教育，就可以把中学教育加强。这个路子才开始。

聂华桐提出，农村情况很好，要好好发展一下，希望政府贷一部分款给农村，使生产更加发展。

邓小平说：“现在农民有钱啊！农村存款已有300亿元。贷款也可以嘛。问题是对万元户宣传太多，这不好，要照顾到全面。社会主义的好处是：尽管中国犯了很多错误，但能保证贫困地区的人穿上衣，吃上饭。我们反对平均主义，因为它不利于发展。三中全会提出，一部分地区、一部分人先富起来，是好事。”

廖子照是廖承志的亲戚，曾任美国大陆海外石油公司副总裁。他请邓小平谈谈经济体制改革问题。

邓小平说：“这个问题很复杂。经营管理，如何提高经济效益，包括利改税，都是改革中的问题。要逐步来，步子一定要十分稳妥。”

有些专家问：“中国的政策会不会变？信心如何？”

邓小平说：“不会变。路子走对了，人民高兴，我们也有信心。路子走对了，为什么要变呢？要变的话，只会变得更好，对外开放政策只会变得更加开放，路子不是越走越窄，只会越走越宽。”

邓小平接着说：“我们完全有信心地说，20 世纪末的目标可以达到。我们搞的四个现代化，是中国式的现代化。我们建设的是中国式的社会主义，要充分考虑自己的实际情况和自己的能力，以自力更生为主。”

谈到政策不变之后，邓小平向客人们谈到了对祖国统一大业的看法。这是海外人士最关心的问题，专家们静静地听着，许多人不停地记着笔记。

邓小平说：“将来祖国统一后，我们对台湾的政策也不会变，允许台湾有自己的军队。如果台湾发生财政困难，要求补贴，中央政府可以给予补贴。”他语重心长地说：“我们都是炎黄子孙，祖国要统一，不统一就没有出路。我们这些人岁数都不小了，都希望中华民族来一个真正的统一。前人没有完成的事业，我们来完成，我们的后人总会怀念我们的。如果不做这件事，后人写历史，总会责备我们的。”

在座的外籍科学家祖籍都在中国，不少人在中国读了小学、中学、大学。他们多么希望中国各行各业人才辈出，早日实现四化，早日看到中国统一啊！

会见结束了，为期五天的讨论会也要在当天下午闭幕。

这次难忘的会见在专家们的心目中是讨论会的高潮。

/第六章/

世纪伟人的晚年生活

◎退休，是邓小平多年来的心愿。从他第二次复出开始主持工作以来，就在着手安排接班人；从20世纪80年代开始，他就力排众议，带头退出一些领导职务。今天，他的愿望终于完全实现了，他的心里怎能不自觉欣然呢！作为邓小平的亲人们，又怎能不为他感到由衷的高兴呢！

◎从50层上下来，邓小平观看了京广大厦的一些设施，并在贵宾簿上签了名。临行前，邓小平对陪同人员说："现在我是个老百姓了，总想多出来走走。北京建设得这么好，我要多看几个地方，看了高兴！"

京城一市民

“我最终的愿望是过一个真正的平民生活”

1989年11月9日。

清晨，天还未亮，飘飘洒洒的细雨就已润湿了深秋的大地。邓小平像往常一样，按时起了床。像往常一样，准时而又有规律地吃了早饭，坐下来看书、看报、看文件。

邓小平最小的孙儿因患感冒而未去幼儿园，邓榕带他去看爷爷。

邓小平问道，还下雨吗？

开始下雪了，邓榕回答。

邓小平一听，马上起身，先把窗户大大打开，进而索性开门走出室外。

外面的空气寒冷而湿润，雨水中果然夹杂着点点雪花，飘飘扬扬随风而下。

邓小平望着雨和雪，感慨地说：“这场雨雪下得不算小呀，北京正需要下雪啊！”

大概是所谓的“温室效应”吧，这年秋来得迟，冬也到得晚。虽已是11月，天气仍然不冷。虽然这场雨雪不是很大，但毕竟是北京这年冬天的第一场雪。

9点多钟，办公室主任王瑞林来了，向邓小平讲述了正在召开的党的中央全会的一些情况。当然，重点汇报了这次全会上关于邓小平退休的议程、日程的安排和讨论情况。他告诉邓小平，经过阅读有关文件和讨论，与会的同志们逐渐理解了邓小平请求退休的决心和意义，许多同志在发言中讲了很多相当动情的肺腑之言，今天下午全会将进行表决，晚上由新闻公布。

邓小平听后十分高兴，说：“总之，这件事情可以完成了！”

中午吃饭的时候，邓小平一家人围坐在桌旁，席间的话题自然离不开邓小平退休这个题目。邓林和邓楠说，咱们家应该庆祝一下。邓朴方说，我捐献一瓶好酒。卓琳说，如果身体好，我也想去参观下午的照相活动。邓小平则说：“退休以后，我最终的愿望是过一个真正的平民生活，生活得更加简单一些，可以上街走走，到处去参观一下。”大孙女眠眠笑着说：“爷爷真是理想主义！”

下午3时，中国共产党第十三届中央委员会第五次会议进行表决，通过了邓小平辞去中共中央军事委员会主席的请求。

4时许，邓小平驱车前往人民大会堂，和参加本次中央全会的全体与会者一起照相。

在休息厅里，刚刚从五中全会会场内出来的中央各位领导同志，看到邓小平进来，纷纷走过来和他握手。刚刚当选为中共中央军事委员会主席的江泽民一步趋前，紧紧握住邓小平的手。他建议，几位领导同志一起和邓小平照一张相。当江泽民、杨尚昆、李鹏、姚依林、乔石、宋平、李瑞环、王震、薄一波、万里、宋任穷、胡乔木12位同志簇拥着邓小平一字排好后，记者们一拥而上，照相机“咔嚓”“咔嚓”地拍下了这一历史性时刻。

这些就是我们党和国家的领导人，他们有的银丝红颜，有的乌发满头，他们紧紧地站在一起。

当邓小平一行人走进大厅时，掌声骤起。邓小平走过纪委委员的行列，走过中顾委委员的行列，走过全体中央委员的行列。

邓小平笑容满面地站在麦克风前，他说：“感谢同志们对我的理解和支持，全会接受了我退休的请求。衷心感谢全会，衷心感谢同志们。”随后，邓小平与参加和列席全会的全体同志合影留念。

1989年11月9日，中共十三届五中全会接受邓小平退休的请求。邓小平来到会场，与江泽民亲切握手，向全会表示感谢（历史图片）

在离开大会堂的时候，江泽民一直把邓小平送到门口，他紧握住邓小平的手说："我一定鞠躬尽瘁，死而后已。"

夜幕渐渐降临，而邓小平家却是一片灯火通明。

全家人忙忙碌碌了整整一下午，到了吃饭的时间，四个孙子孙女一齐跑去请爷爷。他们送给爷爷一个他们亲手赶制的贺卡，上面贴有四朵美丽的蝴蝶花，代表他们四个孙辈。卡上端端正正地写道："愿爷爷永远和我们一样的年轻！"他们四个人轮流上前亲爷爷，才 3 岁的小孙子小弟亲了爷爷一脸的口水，逗得全家人哈哈大笑。在餐厅里，桌子上摆满了在邓小平家工作了 30 多年的杨师傅精心设计的丰盛宴席，淡蓝色的墙壁上高高地贴着一排鲜红的字：

1922—1989—永远

邓小平望着这一排字，脸上浮现出了深沉的笑容。邓榕后来满怀深情地回忆说："看着爸的笑容，看着我们这欢乐的十数口人之家，看着大家高高举起的红光闪烁的酒杯，我的心中激情难言。"

80余年的人生生涯、60余年的革命历程，对任何人来说，都不会是轻而易举。

该休息一下了，该轻松一下了！

退休，是邓小平多年来的心愿。从他第二次复出开始主持工作以来，就在着手安排接班人；从20世纪80年代开始，他就力排众议，带头退出一些领导职务。

全家人支持他退休，为的是他能更加健康长寿。

退休之日，邓小平与家人在一起（历史图片）

而他坚持退休，为的则是国家的前途、党的利益。

今天，他的愿望终于完全实现了，他的心里怎能不自觉欣然呢！作为邓小平的亲人们，又怎能不为他感到由衷的高兴呢！

第二天，也就是11月10日，《人民日报》发表了邓小平要求退休的信和中共十三届五中全会的决议。

邓小平写道："一九八〇年我就提出要改革党和国家的领导制度，废除干部领导职务终身制。近年来，不少老同志已相继退出了中央领导岗位。一九八七年，在党的第十三次全国代表大会召开以前，为了身体力行地废除干部领导职务终身制，我提出了退休的愿望。当时，中央反复考虑我本人和党内外的意见，决定同意我辞去中央政治局常委、中央政治局委员、中央顾问委员会主任的职务，退出中央委员会和中央顾问委员会；决定我留任党和国家的军委主席的职务。此后，当中央的领导集体就重大问题征询我的意见时，我也始终尊重和支持中央领导集体多数同志的意见。但是，我坚持不再过问日常工作，并一直期待着尽早完成新老交替，实现从领导岗位完全退下来的愿望。

"党的十三届四中全会选出的以江泽民同志为首的领导核心，现已卓有成效地开展工作。经过慎重考虑，我想趁自己身体还健康的时候辞去现任职务，实现夙愿。这对党、国家和军队的事业是有益的。恳切希望中央批准我的请求。我也将向全国人民代表大会提出辞去国家军委主席的请求。

"作为一个为共产主义事业和国家的独立、统一、建设、改革事业奋斗了几十年的老党员和老公民，我的生命是属于党、属于国家的。退下来以后，我将继续忠于党和国家的事业。我们党、我们国家和我们军队所取得的成就是几代人努力的结果。我们的改革开放事业刚刚起步，任重而道远，前进中还会遇到一些曲折。但我坚信，我们一定能够战胜困难，把先辈开创的事业一代代发扬光大。中国人民既然有能力站起来，就一定有能力永远岿然屹立于世界民族之林。"

全会的决定写道：“邓小平同志是我国各族人民公认的享有崇高威望的杰出领导人，在党所领导的革命和建设的各个历史时期都做出了重大的贡献。”

全会高度评价邓小平同志对我们党和国家作出的卓著功勋。“几十年来的革命实践表明，邓小平同志不愧是杰出的马克思主义者，坚定的共产主义者，卓越的无产阶级革命家、政治家、军事家，我们党和国家久经考验的领导人。他根据马克思列宁主义同中国实际相结合的原则提出的一系列观点和理论，是毛泽东思想的重要组成部分，是毛泽东思想在新的历史条件下的继承和发展，是中国共产党和中国人民的宝贵精神财富。”

这是当一个人为祖国、为党、为人民付出了全部的生命和辛劳之后，党和人民对他的崇高评价。

……

从这一天开始，邓小平退休了，可以休息一下了，可以稍事轻松一下了。

1989 年 11 月 13 日，邓小平于人民大会堂福建厅最后一次会见外宾。

还是这间透着八闽风情的大厅，还是上午 10 点这一时刻，背景依然是那幅日光岩巨画，茶几上照例摆放着两盆鲜花……

会见现场的一切似乎都和往常一样，但是今天这里熟悉的一切，却又给人以不同于过去的感觉。

这是一个历史性的时刻。

邓小平身着深灰色中山装，站在屏风旁边，容光焕发，同来访的日中经济协会访华团的日本客人一一握手。当着几十位日本客人、几十位中外记者，邓小平向他们，也是向中国、向全世界宣布：“日中经济协会代表团将是我会见的最后一个正式的代表团，我想利用这个机会，正式向政治生涯告别。”

短短几句话，像以往那样说得明快、平和，几十位在场的中外记者却由此得到一条重要信息：今天，敬爱的邓小平将正式告别他60多年的政治生涯。

“退就要真退，这次我就要 100%地退下来。我退下来，也是想让党、政府、军队的领导人能够放手工作。我相信他们能够把工作做好。”

记者注意到，当邓小平说这句话时，深邃的目光中透露出的神情是坚定的、是自信的。

整个会见充满亲切、友好的气氛。从斋藤英郎先生向邓小平问候开始：“看到您满面红光我很高兴”，到最后道别时斋藤先生双手紧握邓小平的手，深情地说：“为了中国的繁荣、亚洲的繁荣，为了中日两国人民的友好情谊，希望您健康长寿！”近70分钟的会见，就像一瞬间那么快地过去了。

以往会见结束时，在场的工作人员深知邓小平时间宝贵，虽然都想和他说上几句话，但谁都不忍心去占用他的时间。然而今天，几位经常采访邓小平会见外宾的记者再也按捺不住对邓小平的崇敬之情，异口同声地请求：“邓主席，与我们这几位中国记者合个影吧！”“好！和记者们合影要轻松多了。”邓小平答应得这么痛快，引起一片欢笑，连几位大会堂工作人员也挤了过

1989年11月13日，邓小平在人民大会堂最后一次接见外宾。会见后，邓小平和记者合影（历史图片）

来，说："我们也要和邓主席合个影。"邓小平愉快地满足了大家的要求。

邓小平告别了他光辉的政治生涯，但人们永远不会忘记他……

"现在我是个老百姓了，总想多出来走走"

古都北京，以天安门、故宫、景山公园为中轴线，将市区划为东西两个城区。

就在绿树成荫、亭阁辉映的景山公园附近的一个胡同里，有一座普通的四合院。灰色的院墙，宽大的院门，依稀可见昔日初建时的气派和威严。

这儿，居住着一位受到中国人民热爱和敬仰、被誉为中国改革开放和现代化建设总设计师的老人——邓小平。

作为中国共产党的第二代领导集体的核心，邓小平呕心沥血，高瞻远瞩，致力于整个中华民族的崛起、祖国的繁荣昌盛。作为北京的市民，邓小平和普通市民一样，时刻关心着北京和全国各地的建设。

1990 年 7 月，距在北京举办第十一届亚运会仅有两个月了。伴随着炎热夏季的到来，"亚运热"席卷京城。大街小巷，到处是迎接亚运会召开的彩旗、标语，北京城平添了一份节日的色彩和气氛。

邓小平一直关注着亚运工程的建设。7 月 3 日，他前往亚运村和京广大厦，考察亚运会的准备情况和北京的城市建设。

这天上午，邓小平首先来到位于北京北四环路的亚运村。视察国家奥林匹克体育中心场馆。"国家奥林匹克体育中心"的馆名，就是邓小平亲笔题写的。已是 86 岁高龄的邓小平谢绝了工作人员的搀扶，轻松地走上 28 级宽大的台阶，登上奥林匹克体育中心田径场的南看台。

站在看台上，偌大的现代化田径场尽收眼底：绿色的人造草坪，红色的环形跑道，白色的起跑线……邓小平高兴地对陪同的国家体委、北京市的负

1990年7月3日，邓小平视察北京亚运会体育馆建设时赞誉说：中国的月亮也是圆的（历史图片）

责人说：“有人讲外国的月亮也比中国圆，我看未必。去年我来这里时还什么也没有，这么快的建设速度，这么漂亮的设计，这么好的质量，我看还是中国的月亮圆，这就是社会主义制度的优越性啊！”他语重心长地说：“现在有些年轻人总以为外国的月亮比中国的圆，对他们要进行教育。”

邓小平踱到东看台，看到有几个圆柱基础种着花，成了花坛，当时陪同参观的亚运会工程总指挥、北京市副市长张百发解释：搞奥运会时，这里接上柱子就是看台。邓小平点点头：“办完亚运会就要办奥运会，不然就是浪费了一半。举办奥运对振奋民族精神、振兴经济有好处。你们下决心了没有？”

由香港著名人士霍英东捐资兴建的英东游泳馆内，国家水球队正在训练。当邓小平来到这里时，游泳池内旋起一片欢腾，队员们纷纷要求与邓小平合影。邓小平和蔼地说：“可以，可以。”

从亚运村出来，旅行车驶往城东南的京广中心大厦。这座52层、208米高的大厦，已成为北京城除正在建设中的中央电视塔外的最高点。

邓小平乘电梯登上京广中心大厦第50层的花园，居高临下，俯瞰京城的壮丽景色。

明媚的阳光下，一座座高楼大厦拔地而起，一片片小区建筑井然有序，特别是崭新的亚运建筑群蔚为壮观。望着这充分显示着北京城市建设勃勃生机的景象，邓小平连声称赞："北京建设得好，亚运会建筑搞得好！"

邓小平面向城西，正在紧张施工中的中央电视塔遥遥可见。邓小平问："是电视塔高，还是京广大厦高？"有人回答："电视塔高，有405米，是为了纪念四五运动的。"张百发接着说："电视塔建设好以后，请小平同志登高视察。"

邓小平在浏览市容的同时，也未停止对国策的思考。他再次谈到坚持社会主义道路的问题，说：如果不是社会主义好，北京能改造得这么快啊？资本主义只能慢慢地一步一步来，社会主义能够集中力量，什么困难的事都能搞成。1959年，那时是非常困难的时候，我们还能搞十大建筑，没有社会主义，行吗？人民大会堂就是十大建筑之一。人民大会堂现在看起来，保证质量，经得住考验，特别是宴会厅、大会堂好。

1990年7月，邓小平在伍绍祖、张百发等人陪同下，视察亚运会场馆（历史图片）

不一会儿，邓小平又谈到改革开放。邓小平说："我们实行改革开放，这是怎样搞社会主义的问题。作为制度来说，没有社会主义这个前提，改革开放就会走向资本主义，比如说两极分化。搞资本主义，中国有 11 亿人口，如果十分之一富裕，就是 1 亿人富裕，相应的有 9 亿多人摆脱不了贫困，就不能不闹事，不能不爆发革命啊！所以，中国只能搞社会主义，不能搞两极分化。"

邓小平站起身来，走到窗前，再次眺望京城。他的目光从京广大厦、王府饭店掠过，落在楼群间成片的危旧房屋上。当他听到北京市有关领导向他汇报，争取十年内把北京破旧危房基本改造完时，邓小平点头对北京市的这一计划表示满意。

从 50 层上下来，邓小平观看了京广大厦的一些设施，并在贵宾簿上签了名。临行前，邓小平对陪同人员说："现在我是个老百姓了，总想多出来走走。北京建设得这么好，我要多看几个地方，看了高兴！"

"北京全变了，我都不认识了"

1992 年 5 月，邓小平视察了北京西厢工程。

时隔一年，邓小平再次视察了北京新落成的首都机场路等地。

1993 年 10 月 31 日，星期天。虽然国庆节已经过去了一个月，但街头的花坛仍时有所见，傲然盛开的菊花点缀街头巷尾。

上午 9 时，一辆乳白色旅行车驶入宽阔的长安街。邓小平坐在车上，透过车窗注视着掠过的人群、建筑、街道。早在 1 个月前，邓小平就惦记着出来，想看看北京新建的马路、老百姓的房子。

同车的医生要求活动控制在一个小时以内，因此巡视路线确定以看新落成的道路为主，先经长安街目的地市区，再上东南三环快速路、四元立交桥和首都机场高速路。

车子缓缓行进。走到哪儿，邓小平都要问问，国际饭店、海关大楼……唯一陪同的是当时北京市常务副市长张百发。他手指路旁，告诉邓小平，新建的长安大戏院将在那儿建起。“再有两年可以投入使用了，到时请您去看戏。”张百发笑着对邓小平说。邓小平退休以后，在北京视察，不止一次让张百发为他当向导。他说过：我现在是普通老百姓了，不要过多地惊动部长、市长。他高兴地叫张百发为“队长”。

出建国门，奔劲松路，上了东三环高架桥。邓小平看着窗外，感慨地说：“北京全变了，我都不认识了。”经过京广中心大厦，邓小平马上记起来了：“这楼那年我来过。”张百发说：“是啊，三年前我陪您登上过这座大楼。”虽然京广中心大厦仍巍然挺立着它那高大身躯，但东三环高架桥的建起、周围建筑的拆迁，使这个地方已不是三年前的样子了。邓小平环视了一下周围，再次说：“噢，这地方我来过，全变了，都变了！”

交谈中，张百发建议邓小平常出来走动走动。邓小平说：年纪大了，不

张百发陪同邓小平逛京城（历史图片）

愿多走动。张百发怂恿他：有些老人同您年纪一般大，还打网球呢。邓小平笑着说：他们胆子都比我大，我不行啊。

谈笑间，一条现代化的道路——机场高速公路——展现在眼前。邓小平要下车看看。因外面有风，车上人劝他：到四元桥吧，那里气势恢宏。车子到了四元桥停下，随行的大夫却坚持不让邓小平下车。邓小平向车上的人做了个无奈的表情，然后问亚运村在哪儿。张百发将亚运村的方位指给邓小平看。

离开四元桥继续前行，到了机场路收费站。邓榕问张百发："收多少钱？"张百发说："像咱们坐的这种车，过一次交20元。"邓榕转身将手伸向父亲，调皮地说："拿钱。"邓小平风趣地答道："我哪里有钱哟，从1929年起我就身无分文，谁有钱找谁要去。"邓小平的夫人卓琳和全车的人哈哈大笑起来。

已是10点钟，邓小平兴致不减。在归途中，邓小平指着脚下的高速公路，突然问："这样的路，算不算小康水平？"显然，老人家时刻在惦记着中国现代化建设的进程，牵挂着能否实现20世纪末的经济发展战略的第二步目标。张百发答："这已经超过小康啦。"邓小平欣慰地点点头，又扯扯自己身上穿的烟色水洗绸夹克衫，风趣地问："我这个算不算小康？"张百发笑着说："您这件是名牌，早就超小康了。"车上又一次响起了一片愉快的笑声。

张百发提出：明年请小平同志看西客站，已有规模了。邓小平点点头说道："好，好。"张百发又说："两年后，京九线就与西客站接通，1997年实现您去香港的愿望就不用坐飞机了。"邓小平说："那好！"众所共知，1997年我国能恢复行使对香港的主权，这首先应归功于邓小平提出的"一国两制"的方针。邓小平曾多次在公共场合表示，希望1997年香港回归后能到那儿去看看。

邓小平又问到申办奥运会的事。张百发简要地介绍了蒙特卡罗最后投票的情况，说：主要是西方一些国家反对。邓小平沉默一下，说：这是应该预料到的。坐在车内的大夫告诉张百发："投票那天，老人家还想看电视实况转播呢，我们动员他睡觉。可早上起来，第一句话就问投票结果怎样，我们回答没有成功。他说，预料中的事，没有什么了不起，关键的还是把我们自己的事搞好！"

分手时，邓小平指指警卫和医生，对张百发说："我总想出来逛逛公园和商店，可是他们不让。"张百发再次提出：明年春暖花开时，请您去看看世界公园和北京西客站。老人家欣然点头，露出慈祥的笑容。

邓小平对人民倾注的深情，对北京城市建设的厚爱，真是溢于言表，令人难忘。

"晚餐一定要家人到齐才开饭"

邓榕回答记者提问时曾说，邓小平退休后，这几年一直过着一个退休老人的正常生活，在家里与儿女和孙子孙女们共享天伦之乐。

通常，邓小平每天清晨6时半起床，然后在庭院内散步半小时。8时许进早餐，早餐简单而朴素，多是喝豆浆，吃油饼或馒头，一如普通北京市民。8时，在书房（工作办公室）听取秘书读国内外报刊新闻摘要。他如果听到了一些有兴趣的新闻时，就会叫秘书再读一遍或将原文送给他。到了10点钟左右，他开始阅读中共中央办公厅送来的简报和文件，对送来的文件一般看了就写上一个"阅"字，不作任何批示。如果中共中央政治局要求或政治局常委签了意见要求他必须作最后的拍板时，邓小平才批上自己的意见，但后面仍照例会写上："请泽民同志暨各常委议定。"

邓小平通常在12点进午餐。如果没有人来拜访，一般多和家人一起用餐。全家人包括秘书有十三四人，因此分坐两桌。午餐通常是四菜，而邓小平桌边常放一碟盐渍辣椒（四川泡菜）。因为邓小平是一个地地道道的四川人，爱吃麻辣的，但家人却并不习惯，所以他就要求有一样菜是为他特别准备的。

午饭后，邓小平一般要休息到 3 点钟。如果约好牌友打桥牌，一般下午 4 时开始打到晚 7 时才意尽而散。别人有什么事要请示或他召见某领导人，一般也是安排在下午 4 点钟左右。

晚上一般 6 点半开饭。邓小平要求晚餐一定要家人到齐才开饭。1990 年秋天，邓小平的女儿从广州返京，由于飞机起飞时误点，回到家已近晚上 9 点。邓小平硬是等着她到了才开饭。晚饭有 17 至 18 人，一般有一个汤和一碟炸花生、黄豆、蚕豆、杂果仁。邓小平在晚饭时喝两小杯用中药泡的药酒。吃饭时，他爱问子女外面一些情况，但只听不作回答，以此作为了解社会情况的渠道。这一点，邓小平跟毛泽东生前的习惯有相似之处。

邓小平的饭桌上，一盘瓜子，两杯黄酒（历史图片）

邓榕曾对记者谈起，他的父亲戒烟也是听从了医生的劝告。她回忆道：他在 85 岁时就戒烟了。当时，医生劝他最好不要再抽烟。他说：“那我试试吧。”就把香烟放下。从此，他再也不抽了。邓榕说：“我想他抽烟抽到 85 岁也抽够了。”

“不过，酒还是照样喝。”邓榕说，“他每

天喝一杯黄酒，中国绍兴的黄酒。酒量不大，他从来酒量都不大。”

邓小平很留意子女的进食胃口，一发现子女吃饭少时就会关切地询问：“是否是身体不好，去看过医生吗？”但邓小平自己却有个性，即使有什么病痛也不愿找医生，看了医生也不会依嘱服完开的药。例如，1991年春天，邓小平从外地视察返回北京，患了感冒，但他只打了针，药也不服，还得由保健医生通知他女儿倒好水催她父亲服药。保健医生每星期都要为他做一次身体检查，以便及时发现问题，不使病情延误。

邓小平甚是关心家人还可从以下的事迹得到证实：逢年过节前夕，邓小平总是叫工作人员早点回家团聚，并且还吩咐秘书了解一些要回家过年的工作人员的经济情况。当有一次他知道有位工作人员的子女在上大学，开支较紧，妻子又病休时，他就叫秘书送去500元钱。节日里，煮饭烧菜任务是由邓小平夫人卓琳和女儿担当的，吃饭时，邓小平每次总要为夫人和女儿倒上一杯葡萄酒，说：“辛苦了，节日的厨师，我来敬你们一杯。”

给孙子发饼干。邓小平说：在家里，我就这么点权力（历史图片）

晚上10点，夜空蓝得深邃，蓝得透明。星星像刚刚洗完澡，又清爽，又明亮。这时，邓小平阅读完中共中央办公厅送来的报告，结束了一天的工作和生活。

每年入冬后，邓小平的一些老乡会从四川捎来四五箱广柑和福橘（红橘），他照例分给他的秘书和工作人员，还叫拣些送去给邓颖超、康克清、王光美和聂荣臻。

如有闲暇，他便戴上老花镜读书。同时他也喜欢到各地走走，或登山，或踏青。

邓小平赏花（历史图片）

遇有重大的足球比赛，当健儿们绿茵场上追逐、射门时，他便成了电视荧光屏前的热心观众。

记得有这样两句诗："莫道桑榆晚，为霞尚满天。"老骥伏枥，志在千里。邓小平虽然晚年含饴弄孙，意趣超然，却时时与人民同呼吸、共命运。

正因为如此，当1991年江淮流域发生特大水灾时，邓小平慷慨解囊捐助，但不肯宣传自己，而中央也果真对此采取低调的淡化介绍，李鹏总理在讲话时只轻轻提了一句：我们党和国家的一位重要领导人也捐了款，但他不愿意透露他的姓名。

1994 年 10 月 1 日，共和国迎来 45 岁生日。党和国家领导人与首都军民在天安门广场举行盛大庆祝晚会。在这欢乐之夜，邓小平没有出席晚会，他在离天安门广场不远的地方和家人一起观看了北京城上空五颜六色的烟花。

这时，他刚刚度过 90 岁的生日。

伟人辞世

“我的生命是属于党、属于国家的”

1997 年 2 月 19 日 21 时 08 分，邓小平在北京病逝，享年 93 岁。

一位以自己的一生书写中华民族崭新历史的伟人，完成了他人生的最后一个篇章。

捐献角膜，解剖遗体，不留骨灰，撒入大海——这是把毕生毫无保留地献给祖国和人民的邓小平同志的遗愿，也是他留给党和人民的一份珍贵遗产，表现了一个彻底的唯物主义者的高尚情怀。

1920 年，他远渡重洋，到欧洲大陆勤工俭学，寻求救国救民的真理。1922 年，18 岁的邓小平在法国参加旅欧中国少年共产党，从此，他走上无产阶级职业革命家的道路。

从百色起义到浴血太行，从挺进中原到决战淮海，从横渡长江到挥师西南，他出生入死，南征北战，为共和国的创建立下了不朽功勋。

半个多世纪的革命生涯中，虽历经风险，三落三起，但他始终百折不挠，总是能一次次在历史的紧要关头力挽狂澜，在沧海横流中显出伟大的无产阶级革命家大无畏的英雄本色。

历史不会忘记，1978 年 12 月，第三次复出的邓小平，以党的十一届三中全会为起点，揭开一场新的伟大革命的序幕，开创了一条有中国特色的社会主义康庄大道——

“如果现在再不实行改革，我们的现代化事业和社会主义事业就会被葬送……”

在他倡导的解放思想、实事求是思想路线指引下，改革大潮汹涌澎湃。从农村到城市，从沿海到内陆，从经济基础到上层建筑……改革，以神奇般的魔力，使古老的中华大地焕发出勃勃生机。

晚年邓小平（历史图片）

1992 年春天，邓小平视察南方，又一次为中国的改革开放和现代化建设指明了航程。被称为社会主义改革开放和现代化建设总设计师的邓小平，以他大海般的气魄，又一次在中国大地掀起改革开放的巨澜。

早在 1926 年，邓小平在莫斯科学习时，他就“打定主意”：“更坚决地把我的身子交给我们的党，交给本阶级。”60多年后，他在退休之前，依然深情地说：“我的生命是属于党、属于国家的。退下来以后，我将继续忠于党和国家的事业。”

“如果没有毛泽东同志，我们中国人民至少还要在黑暗中摸索更长的时间。……如果没有邓小平同志，中国人民就不可能有今天的新生活，中国就不可能有今天改革开放的新局面和社会主义现代化的光明前景。”江泽民在悼词中的这段话，道出了亿万人民的共同心声。

邓小平，这是一个改变了中华民族历史进程的名字；这是一个让世界为之瞩目的名字；这是一个将永远载入史册的名字。

“中国人民爱戴邓小平同志，感谢邓小平同志，哀悼邓小平同志，怀念邓小平同志，是因为他把毕生心血和精力都献给了中国人民，他为中华民族的独立和解放、为中国的社会主义现代化事业建立了不朽功勋。”

记得1981年2月14日，邓小平为英国培格曼出版社出版的《邓小平文集》写的序言中，有这么几句话：

“我荣幸地以中华民族一员的资格，而成为世界公民。我是中国人民的儿子。我深情地爱着我的祖国和人民。”

这是邓小平的心声，也是他那旺盛生命的原动力。

邓小平现在虽然已经离开了我们，可是，他开创的事业将与世同存。党的十五大确定以邓小平理论作为全党的指导思想。这是全党和全国人民的共识，中国人民将高举邓小平理论的伟大旗帜，迎着21世纪的灿烂曙光奋勇前进！

他永远与大海同在，与祖国同在，与人民同在

按照邓小平生前的意愿和亲属的意愿，邓小平的骨灰于1997年3月2日撒入祖国的辽阔大海。

关于撒放骨灰的全过程，何平、刘思扬的文章这样写道：受中央委托，胡锦涛等中央领导同志和邓小平的夫人卓琳等亲属护送骨灰撒放，以最朴素、最庄严的方式，表达对我党我军我国各族人民公认的享有崇高威望的卓越领导人，伟大的马克思主义者，伟大的无产阶级革命家、政治家、军事家、外交家，久经考验的共产主义战士，我国社会主义改革开放和现代化建设的总设计师，建设有中国特色社会主义理论的创立者邓小平的深切哀思和无限缅怀。

邓小平是彻底的唯物主义者，关于后事，近年来对家人多有交代。他嘱托家人：捐献角膜，解剖遗体供医学研究，不留骨灰，撒入大海。邓小平把一生毫无保留地奉献给了祖国和人民。

这天上午，邓小平生前长期工作的中南海下半旗志哀。怀仁堂礼堂庄严肃穆，哀乐低回。蓝色的幕布上，悬挂着邓小平的彩色遗像，两侧低垂着黑

邓小平一生迷恋大海（历史图片）

黄相间的挽幛。遗像下方，摆放着邓小平的骨灰盒，上面覆盖着中国共产党党旗。骨灰盒前是由卓琳率子女敬献的花圈。四周摆放着鲜花和翠柏。八名解放军礼兵持枪肃立，守护在灵前。

邓小平治丧委员会办公室的领导同志胡锦涛、丁关根、尉健行、温家宝、张万年、任建新，治丧办成员罗干、曾庆红、曹志、朱训、于永波、王瑞林、张全景、杨德中、胡光宝、曾建徽、何椿霖、刘华秋、贾庆林、徐光春、唐家璇，同邓小平的亲属一起，在这里肃立默哀，怀着极其沉痛和深切缅怀之情，向邓小平遗像三鞠躬。随后，在胡锦涛等领导同志和邓小平夫人卓琳等亲属及礼兵的护送下，邓小平的子女捧着遗像、骨灰盒和花圈，缓步走出怀仁堂。

灵车缓缓驶出中南海。中共中央办公厅、国务院办公厅的工作人员和解放军指战员胸戴白花，聚集在道路两旁，挥泪为邓小平送别。

灵车驶入西郊机场。机场降半旗志哀，松柏枝上缀满了白花，寄托着亿万人民对邓小平的崇敬与怀念。哀乐声中，胸佩白花的空军官兵脱帽列队，默默地目送载有邓小平骨灰的专机向着大海飞去。

专机内悬挂着邓小平的遗像和“敬爱的邓小平同志永垂不朽”“敬爱的邓小平同志永远活在我们心中”的横幅。遗像前摆放着邓小平的骨灰盒，上面覆盖着中国共产党党旗。机舱四周垂挂着挽幛，上面缀满了白花。

苍天含悲，大海呜咽。胡锦涛同志和邓小平同志的夫人卓琳及子女邓林、邓朴方、邓楠、邓榕、邓质方，怀着悲痛，含着热泪，将邓小平同志的骨灰和缤纷的花瓣一起缓缓撒向碧波万顷的大海。其他领导同志与其他亲属肃立默哀。

邓小平虽然离开了我们，但他永远与大海同在，与祖国同在，与人民同在！

……